utb 6261

Eine Arbeitsgemeinschaft der Verlage

Brill | Schöningh – Fink · Paderborn
Brill | Vandenhoeck & Ruprecht · Göttingen – Böhlau · Wien · Köln
Verlag Barbara Budrich · Opladen · Toronto
facultas · Wien
Haupt Verlag · Bern
Verlag Julius Klinkhardt · Bad Heilbrunn
Mohr Siebeck · Tübingen
Narr Francke Attempto Verlag – expert verlag · Tübingen
Psychiatrie Verlag · Köln
Ernst Reinhardt Verlag · München
transcript Verlag · Bielefeld
Verlag Eugen Ulmer · Stuttgart
UVK Verlag · München
Waxmann · Münster · New York
wbv Publikation · Bielefeld
Wochenschau Verlag · Frankfurt am Main

Larissa Rogner

Erfolgreich studieren und glücklich im Traumjob

Ein Leitfaden für den persönlichen Student Life Cycle

Vandenhoeck & Ruprecht

Dr. Larissa Rogner ist Inhaberin des Institutes „Bildungslebenswelten“ in Lindau. Zu ihren Schwerpunktthemen gehören Studierendenberatungen und Lehrkräfte-fortbildungen. Außerdem ist sie Dozentin, Autorin, ehemalige Schuldirektorin und arbeitet mit zahlreichen Bildungspartnern zusammen.

Online-Angebote oder elektronische Ausgaben sind erhältlich unter **www.utb.de**

Bibliografische Information der Deutschen Nationalbibliothek
Die Deutsche Nationalbibliothek verzeichnet diese Publikation in der Deutschen Nationalbibliografie; detaillierte bibliografische Daten sind im Internet über https://dnb.de abrufbar.

Umschlaggestaltung: siegel konzeption | gestaltung, Stuttgart
Satz: SchwabScantechnik, Göttingen
Druck und Bindung: Plump Druck & Medien GmbH, Rheinbreitbach
Printed in the EU

Vandenhoeck & Ruprecht Verlage | www.vandenhoeck-ruprecht-verlage.com

UTB-Band-Nr. 6261
ISBN 978-3-8252-6261-7

Inhalt

Vorwort

Studierenden-Ratgeber gibt es zahlreiche. Sie beziehen sich auf verschiedene Themen, z. B. Beschreibung von Universitäten, Lern- oder Zeitmanagement, BAföG-Anträge, wissenschaftliches Arbeiten etc.

Was bisher allerdings weitestgehend außer Acht gelassen wurde, ist der Rat für junge Menschen, sich mit dem Sinn und Ziel eines Studiums sowie der damit verbundenen Orientierung – persönlich, fachlich, örtlich, perspektivisch usw. – auseinanderzusetzen. Anders gesagt, es macht wenig Sinn, „einfach drauflos zu studieren". Die Studierenden bzw. Schülerinnen und Schüler sollten sich vor Studienbeginn hinreichend damit beschäftigt haben, ob ein Studium für sie das Richtige ist. Und wenn ja, welches Studium. Erst wenn man sich „richtig am Platz" fühlt, ist man auch erfolgreich! Dann gelingt das Studium, dann ist das Lernpensum zu meistern und der Weg zum Abschluss erfolgversprechend; zumeist formt sich der Berufswunsch dann fast von allein. Ein weiterer Punkt, der bei bisherigen Ratgebern vernachlässigt erscheint, ist die Betrachtung der umfassenden, ganzheitlichen und individuellen Abläufe von Studienbeginn bis zum Beruf. Andere Werke beschränken sich zumeist auf einen Teilbereich, z. B. nur den Studienstart oder die Prüfungsphasen.

An dieser Stelle setzt das vorliegende Werk an: Die Ganzheitlichkeit des „Student Life Cycle" wird betrachtet. Das ist mir eine Herzensangelegenheit. Denn Studierende durchlaufen viele Phasen, die wiederum unmittelbar miteinander verbunden sind bzw. aufeinander aufbauen. Deswegen werden in diesem Buch alle relevanten Abschnitte und Themen des Studiums in den Fokus genommen, so dass ein „Rundum-sorglos-Paket" entstanden ist.

Das Entscheidende ist: Die Persönlichkeit und Individualität stehen immer im Vordergrund!

Durch meine langjährige Arbeit mit Studierenden (Coachings, Fortbildungen, Mentoring etc.), eigene Dozententätigkeit (das Lernen lehren, wissenschaftliches Arbeiten, Beratung in Sprechstunden u. a.) sowie die Kooperation mit Studierenden-Beratungsstellen (Service- und Career-Center, Arbeitsagenturen) und die Zusammenarbeit mit Firmen (Assessoring und frühzeitiges Akquirieren von Führungskräften) sind die Coaching-Ansätze in diesem Buch erprobt und stetig optimiert worden. Die Tipps, Aufgaben und Lösungsansätze sind also aus dem Studierendenalltag hergeleitet und berücksichtigen die tatsächlichen und aktuellen Herausforderungen Studierender.

Aus der Praxis für die Praxis – das ist mir wichtig. Insofern werden zahlreiche Praxisbeispiele beschrieben, wie genau tragfähige Lösungen für die einzelne Person aussehen und adaptiv angewendet werden können.

Noch zwei Hinweise:

1. Als Anredeform habe ich in diesem Werk die DU-Form gewählt. Auch wenn wir uns auf Erwachsenen-Niveau bewegen, so ist doch die Ansprache in der DU-Form wesentlich persönlicher bzw. erscheint mir die SIE-Variante zu distanziert. Aus der Praxis der Beratungen hat sich zudem gezeigt, dass die SIE-Form zumeist nur beim Erstkontakt besteht und spätestens beim Zweitkontakt von der DU-Form abgelöst wird. So kann man gemeinsam weiter, vertraulicher und gewinnbringender in die Thematiken einsteigen.
2. Um der Lesbarkeit willen habe ich in diesem Werk bei Personen- und Berufsbezeichnungen i. d. R. die männliche Form verwendet, aber Frauen und Diverse sind ausdrücklich miteingeschlossen. Vielen Dank für das Verständnis.

Ich wünsche viel Freude und Erfolg mit diesem Buch!

Alles Gute wünscht
Larissa Rogner

Einleitung

Die Schule geschafft – was nun? Viele junge Menschen stellen sich die Frage, wie es nach dem Abitur weitergehen soll. Studieren oder nicht? Die Studienanfängerquote liegt in Deutschland inzwischen bei über 50 %; die Studienabbrecherquote jedoch schon bei knapp 30 %. Wie kommen diese Zahlen zustande? Haben sich Studierende hinreichend mit dem Sinn und Ziel sowie der individuellen Passfähigkeit eines Studiums beschäftigt, und haben sie ausreichend Orientierung und Hilfen vor und während des Studiums in Anspruch genommen, um den für sie passenden Weg zu gehen? Auch rückt bereits im Studium die Frage in den Vordergrund, wie der richtige Schritt in den Job gelingt bzw. welches der passende Job sein kann.

Der zentrale Aspekt ist die Person selbst, mit ihren Vorstellungen, Wünschen, Begabungen, Interessen und Potenzialen. Diese vielfältigen und relevanten Punkte werden im vorliegenden Werk leicht verständlich aufbereitet.

Zentral ist dabei der Ansatz nicht nur den Weg zu fokussieren, sondern sein individuelles Ziel genau zu kennen. Wie Friedrich Nietzsche schon sagte: „Viele sind hartnäckig in Bezug auf den einmal eingeschlagenen Weg, wenige in Bezug auf das Ziel." In der Festlegung des Zieles („Wo will ich hin? Was ist mein Ziel?") liegt der Erfolg jedes Weges. Das Ziel kann man aber nur anstreben, wenn man sich selbst genau kennt, einschätzen, dazulernen und neue oder hilfreiche Ansätze anwenden kann. Um den persönlichen Weg und das individuelle Ziel „*Erfolgreich studieren und glücklich im Traumjob*" erreichen zu können, soll dieser Ratgeber für Studierende mithilfe bewährter und viel erprobter Coaching-Methoden – immer im Blick auf die Persönlichkeit und die individuellen Voraussetzungen jedes Einzelnen – Tipps und Lösungsansätze liefern für alle Anforderungen und Problemlagen im Studium sowie für die Vorbereitung auf den Job.

Jedes Kapitel bearbeitet einen Themenblock des Studiums bzw. Schritt in den Beruf – dazu werden jeweilig entsprechende Übungen mit insgesamt 50 Aufgaben und demgemäß relevanten Tipps gegeben. Alle Übungen sind leicht verständlich und ohne großen Aufwand oder Vorbereitungszeit zu absolvieren.

Da sich das Werk zum einen um die Welt des Studierens dreht, zum anderen um die Vorbereitung auf den Job oder einen Jobwechsel bzw. Unternehmensgründung, ist es zweigeteilt aufgebaut. Teil I setzt sich mit den vielfältigen Aspekten und Phasen des Studiums auseinander. Teil II fokussiert die Fragestellungen hinsichtlich der beruflichen Themen, die sich automatisch an die Studienzeit anschließen:

Teil I (Inhalte zusammengefasst):
1. Lerne dich selbst kennen – individuelle Interessen & Kompetenzlandkarte
2. Finde heraus, welches Studium zu dir passt – dein „Match“
3. Lernen und Lernmanagement – gemäß deinen persönlichen Möglichkeiten
4. Wissenschaftliches Arbeiten und deine Persönlichkeit – dein Weg
5. Stress, Prüfungen und Blockaden überwinden – deine Methoden
6. Studium geschafft, nun Vorbereitung auf den richtigen Job – dein Ziel

Teil II (Inhalte zusammengefasst):
7. Der passende Job – Berufsorientierung mit ID, Profiling, Cultural Fit
8. Steps für Bewerbungsprozesse – individuelle Unterlagen & Maßnahmen
9. Bewältigung von Vorstellungsgesprächen und Assessments – dein Erfolg
10. Erster Job nach dem Studium ... – deine Resilienzerfahrung
11. Individueller Marktwert & ungeahnte Challenges – deine Führungsrolle?
12. Selbstständigkeit und Start-up – dein Unternehmen

Die inhaltliche Strukturierung stellt sich also analog zum realen *Student Life Cycle* dar: beginnend bei der Entscheidung zum Studium bis hin zu den vielfältigen beruflichen Aspekten, denen sich junge Menschen gegenübersehen – ein vollumfassender Ratgeber für Studierende, der stets die individuelle Persönlichkeit fokussiert.

Dieser Leitfaden kann dich in allen Phasen des Studiums und bis hinein in die Berufswelt begleiten.

Von der Studienorientierung bis zur Bewerbung und zum Job:
Deine Persönlichkeit ist der Schlüssel!

1 Schule geschafft – was nun? Das Studium kann kommen, oder?

1.1 Fragen klären, sich selbst nähern, „Wer bin ich"? Kennenlernen im Spiegel-Gespräch, Informationsmöglichkeiten

In der letzten Phase der Schulzeit gilt die meiste Aufmerksamkeit oftmals dem „Punkte-Status", den Noten und den Abschlussprüfungen. Hie und da kommt die Frage nach dem Anschluss auf: Ausbildung, weitere Schule, Studium, elterlicher Betrieb o.ä. Jede Person sollte den für sich richtigen Bildungsweg finden und mit der Entscheidung glücklich sein.

In diesem Werk wird der Bildungsweg *Studium* betrachtet. Dafür wird zunächst der Frage nachgegangen, ob ein Studium überhaupt die richtige Entscheidung ist. Hieran schließen sich bei den meisten Personen viele weitere zentrale Fragen an wie:

- Wer bin ich eigentlich, jetzt, als „Quasi-Erwachsener"?
- Wie frei bin ich in meinen Entscheidungen, was beeinflusst mich?
- Was interessiert mich?
- Worin werde ich gut sein?
- Wie organisiere ich mich, wenn ich zu Hause ausziehe?
- Welche Maßnahmen für gutes Zeit- und Lernmanagement gibt es?
- Gelingt mir das wissenschaftliche Arbeiten?
- Schaffe ich die Prüfungen?
- Wie bekomme ich Prüfungsängste in den Griff?
- Reichen meine Englischkenntnisse für ein „internationales Studium"?
- Wie finde ich Anschluss und mit wem kann ich mich austauschen?
- Mit welchem Studium erlange ich einen guten Job?
- Kann ich den Studiengang wechseln, wenn es für mich nicht passt?
- usw.

Um sich den vielfältigen Fragen zu nähern, werden in diesem Buch chronologisch alle zentralen Punkte durchgegangen. Damit du dir als Schulabsolvent die Frage „Schule geschafft – was nun?" beantworten kannst, sollte zunächst die Betrachtung der eigenen Persönlichkeit stattfinden: Du versuchst zu verstehen, wer genau du bist, was dich ausmacht, einzigartig macht, was du besonders gut kannst – zumeist das, was dich interessiert –, und was du nicht so gut kannst – zumeist das, was dich nicht interessiert. Bei der Beantwortung dieser Fragen ist von zentraler Bedeutung, dass du ehrlich zu dir selbst bist! Es geht also nicht darum, was andere über dich sagen oder von dir erwarten, auch nicht um das Erreichen einer übertriebenen Wunschvorstellung. Diese Ehrlichkeit dir selbst gegenüber ist kein einfacher Schritt. Oftmals sind wir Menschen gewohnt, im Alltag so zu funktionieren, wie es von uns erwartet wird – unabhängig davon, ob uns eine Aufgabe liegt bzw. Freude bereitet oder nicht. Ziel ist nun aber, zu ehrlichen Antworten zu gelangen. Deswegen sind Gespräche in der Familie oder mit Freunden nicht immer zielführend. Innerhalb der Familie können Erwartungshaltungen vorhanden sein, so z. B. unerfüllte Berufswünsche der Eltern oder die Übernahme des elterlichen Betriebs. Und im Freundeskreis sind möglicherweise keine unvoreingenommenen Austausche realistisch, weil z. B. Konkurrenzdenken oder Missgunst eine Rolle spielen. Sofern neutral gehaltene Unterhaltungen allerdings machbar sind, sollte man diese in Anspruch nehmen. Darüber hinaus dient die Beantwortung der folgenden Fragen dazu, zu einer ehrlichen Auseinandersetzung mit sich selbst und einem Erkenntnisgewinn zu gelangen. Wenn du die beschriebenen Übungen korrekt absolvieren möchtest, dann sei aufrichtig, interessiert und locker. So machen die Übungen sogar Freude.

Es soll mit der ersten Übung in diesem Buch eine erste zentrale Frage bearbeitet werden, nämlich ob ein Studium der richtige Bildungsweg ist. Weil es vermutlich leichter fällt, diese Übung mit sich allein statt mit einer zweiten Person durchzuführen, kannst du wie folgt vorgehen:

ÜBUNG 1: Spiegel-Gespräch

Schritt 1: Nimm ein Blatt Papier, fertige 2 Spalten und zunächst 5–10 Zeilen an:

Das mag/kann ich	Das mag/kann ich nicht

Nimm das Papier sowie einen Stift, mit dem du gut und zügig schreiben kannst. Jetzt stelle dich vor einen Spiegel, sodass du locker stehen und dein Gesicht gut anschauen kannst. Alternativ nimmst du einen Handspiegel und setzt dich an einen Tisch, dann positionierst du den Spiegel so, dass du dich einwandfrei sehen und bequem sitzen kannst. Als Erstes schließt du nun die Augen und sagst in etwa diesen Wortlaut zu dir selbst, am besten laut: „Jetzt schaue ich einmal auf das, was ich mag und kann. Und dann auch auf das, was ich nicht so mag und eventuell auch nicht kann. Ich bin ehrlich zu mir selbst, denn ich möchte etwas über mich herausfinden. Los geht's." Nun öffnest du die Augen und begrüßt dich freundlich im Spiegel, sinngemäß wie folgt: „Hallo, jetzt habe ich Zeit für mich. Ich möchte etwas über mich herausfinden, zunächst, was ich besonders gerne mag." Nun kommen dir vermutlich Dinge in den Sinn, die eher etwas mit Hobbys zu tun haben, wie *Sport* oder *Buch lesen.* Das ist in Ordnung. Schreibe sie auf. Fallen dir zuerst Dinge ein, die du nicht magst oder kannst, etwa *Fisch essen* oder *Ordnung halten,* kannst du ebenso gut mit diesen Punkten anfangen. Es ist häufig so, dass man zuerst an Punkte denkt, die zunächst einmal nichts mit Schule, Lernen, einem Studium o.ä. zu tun haben. Das liegt daran, dass wir uns für diese Aspekte tiefergehend mit uns beschäftigen müssen und sehr wahrscheinlich ein paar Minuten mehr Zeit dafür benötigen. Schreibe also alle Aspekte auf, die dir zunächst in den Sinn kommen. Das kannst du als Aufwärmübung für den nächsten Schritt verstehen.

TIPP Spontan sein, alles zulassen, direkt aufschreiben, nicht werten!

Schritt 2: Fertige wiederum 2 Spalten und 5–6 Zeilen an:

Das mochte/konnte ich in der Schule	Das mochte/konnte ich in der Schule nicht

Jetzt wiederholst du das Vorgehen. Schaue wieder in den Spiegel und frage dich: „Was mochte/konnte ich in der Schule, was nicht?" Ohne zu lange nachzudenken oder zu werten, schreibst du die Punkte auf, die dir zur Schulzeit in den Sinn kommen, z. B. *meine Mitschüler* und *die Ferien* mochte ich, *langes Sitzen* und *Deutsch-Text-Hausaufgaben* konnte ich nicht gut.

Schritt 3: Fertige erneut 2 Spalten und 5–6 Zeilen an:

Das würde ich vermutlich beim Studium mögen / können	**Das würde ich vermutlich beim Studium nicht mögen / können**

Wie schon in Schritt 1 und 2 gehst du nun in Schritt 3 vor. Du stellst dir vor, du würdest studieren. Du antizipierst, was dir daran gefallen könnte und was nicht. Stelle dir szenarienhaft vor, dass du in eine Universität/Hochschule gehst und dich vertiefend und im Verbund mit anderen Studierenden einem Thema mit seinen Nachbardisziplinen widmest: „Wenn ich an ein Studium für mich denke, könnte ich mir folgende positive und negative Punkte vorstellen." Vielleicht kommen dir Vorstellungen, Bilder, Begriffe, Berufe in den Sinn. Schreibe auf, was dir spontan einfällt, was dich reizen würde usw., z. B. *weg von zu Hause* oder *mit Peers zusammen sein.* Und notiere, was du dir überhaupt nicht vorstellen kannst, z. B. *mehrere Jahre lernen, in Hörsälen mit anderen sitzen, mit Theorien auseinandersetzen* o. ä.

Es geht an dieser Stelle noch nicht darum, welches Fachgebiet und Thema dich für ein Studium nachhaltig interessiert. Wir nähern uns zunächst mit diesen drei Schritten der Frage, ob ein Studium überhaupt für dich die richtige Wahl sein könnte. In den Kapiteln 1.1 und 1.2 beschäftigen wir uns damit, wie du herausfinden kannst, welches Thema eines Studiums/Studiengangs das geeignete für dich sein könnte.

Zurück zu Schritt 1. Diese erste Einteilung von *Was mag/kann ich? – Was mag/kann ich nicht?* dient mehr dazu, die Systematik der Selbstbefragung einzuüben und zu beginnen, sich selbst zu analysieren. Deswegen ist die Frage offen gestaltet. Es gibt grundsätzlich kein Richtig oder Falsch. Vielmehr ist entscheidend, dass du etwas in beiden Spalten identifizieren kannst.

Anders ist es im Schritt 2. Hier sollst du konkret einen längeren Abschnitt in deinem Leben reflektieren, in welchem du dich mit herausfordernden Themen wie Lernen, Lehrer, Mitschüler, Prüfungen und Abschlüsse auseinandersetzen musstest. Das ist eine vergleichbare Situation wie im Studium. Zwar sind der Selbstentscheid und die Eigenverantwortung beim Studieren höher, dennoch gleichen sich diese Lebensabschnitte. Wenn du also bei der Beantwortung dieser Fragen eindeutig überwiegend negative Aspekte gesammelt hast, finden wir hier einen Hinweis darauf, dass lange und anstrengende Zeiten des Lernens vielleicht keine tragende Rolle mehr in deinem Leben spielen sollten, ein Studium also gründlich abzuwägen wäre. Beispielhaft für diese Haltung wäre eine Auflistung wie diese:

Das mochte/konnte ich in der Schule	Das mochte/konnte ich in der Schule nicht
Sport	Langes Sitzen
Mit den Klassenkameraden Blödsinn machen	Konzentriert arbeiten
In den Freistunden zum Bäcker gehen	Hausaufgaben machen
	Lernen für Referate & Prüfungen
	Die Noten im Blick haben
	Einen guten Abschluss schaffen

Du wirst merken, inwieweit die linke oder die rechte Spalte überwiegt bzw. ob die Schulzeit eine eher positive oder negative Assoziation bei dir hervorruft. Selbstredend gibt es kein Schwarz-Weiß-Bild. Und manches Schuljahr war besser/schlechter als ein anderes. Ziel ist jedoch, zusammenfassend festzustellen, ob die Schulzeit mit den Lern- und Prüfungszeiten eher einen positiven Eindruck bei dir hinterlassen hat oder nicht.

Nun zu Schritt 3. Natürlich kannst du noch nicht vollumfänglich beantworten, was dir an einem Studium gefallen könnte oder nicht. Denn du hast noch nicht studiert. Aber du hast möglicherweise schon von anderen gehört oder erlebt (Freunde, Familie, ...), was ein Studium ausmacht, hast dich eventuell im Internet erkundigt (Studiengänge, Programme, Forschung, ...) oder einen Tag der Offenen Tür an einer Universität/Hochschule mitgemacht. Sicherlich hast du eine Grundvorstellung davon, was Studieren bedeutet. In gewisser Weise wäre die Beantwortung der Fragen in Schritt 3 die Umkehrung zu Schritt 2, d.h. wenn du deutlich positivere Antworten in der linken Spalte verzeichnen kannst, bist du zumindest gegenüber den Themen Lernen, Prüfungen, Abschlüsse, Peers etc. aufgeschlossen. Insofern könnte deine Auflistung dann in etwa so ausschauen:

Das würde ich vermutlich beim Studium mögen / können	**Das würde ich vermutlich beim Studium nicht mögen / können**
Studentenbude & Selbstständigkeit	Teure Mieten
Mich einem Thema meines Interesses widmen	Blöde Professoren/Dozenten
Mit Kommilitonen zusammen lernen (auch im Ausland)	
Einen tollen Abschluss erlangen	
Durch Studium besserer Job/mehr Gehalt	
...	

Die Auflistung der Punkte, die du nicht magst, werden vermutlich verdeutlichen, dass sie nicht durch dich als Persönlichkeit bedingt sind. Die Mieten der Studentenwohnungen haben nichts mit dir als Persönlichkeit zu tun, ebenso wenig die an einer Universität/Hochschule tätigen Lehrpersonen. Hingegen zeigt die linke Spalte auf, was du als Mensch mit deinen Interessen und Vorstellungen möchtest: selbstständig sein, dich deinen Interessen im Studium hingeben, Lernen im Verbund und mit Peers bis hin zur Reflektion, dass ein guter Studienabschluss sehr vorteilhaft für einen dich erfüllenden Beruf oder auch ein gutes Einkommen sein könnte.

Genauso kann es aber andersherum aussehen, dass du zur Feststellung gelangst, dass ein Studium nicht der richtige Weg ist. Dann würde der Überhang der Punkte auf der rechten Spalte liegen und eher ablehnende Argumente für ein Studium beinhalten.

Um sich „ein Bild vor Ort“ machen zu können, bieten – wie oben erwähnt – Universitäten und Hochschulen *Schnuppertage, Tage der offenen Tür* o. ä. an. Man kann dort einen Tag als „Studierender“ verbringen. Zusätzlich werden – speziell an solchen Tagen – erweiterte Beratungen der Student Services (Unterstützung in Organisation, Administration und Durchführung eines Studiums) angeboten. Somit kann man Fragen gleich vor Ort klären und ggf. Informationsmaterial mitnehmen.

TIPP Die Übung der drei Schritte kann man vor und nach einem Besuch an einer Universität/Hochschule durchführen. Dann kann man vergleichen, ob sich vorher gemachte Annahmen verifizieren oder falsifizieren lassen.

Eine schnelle Antwort auf die Frage „Soll ich studieren?" ergibt sich aus der Notwendigkeit für spezifische Berufe. Arzt, Jurist oder Architekt kann man beispielsweise nur werden, wenn man studiert hat. Hingegen kann man im Einzelhandel, Handwerk oder im Coachingbereich auch ohne ein Studium tätig werden. Durchaus interessante und weniger bekannte Berufe wie etwa Fluglotse, Berufstaucher, Synchronsprecher oder Flavorist erfordern kein Studium, sondern eine Ausbildung. Um sich eingehender mit Berufsbildern und Berufsbeschreibungen auseinanderzusetzen, ist die Konsultation von Berufsberatungen ein lohnender Weg, z. B. bei der Bundesagentur für Arbeit[1]. Dies ist ebenfalls eine sehr gute Möglichkeit, sich mit den Berufsthemen auseinanderzusetzen, die ein entsprechendes Studium erfordern. Berufsberatungen zielen darauf ab, gemäß den Interessen, Fähigkeiten und dem Charakter der Person einen geeigneten Beruf zu identifizieren. Bestenfalls sollte es eine Passung zwischen dem Berufsbild und den Persönlichkeitseigenschaften geben.

Mit Persönlichkeitseigenschaften wie Charakter, Stärken, Schwächen usw. setzt sich das folgende Kapitel auseinander.

1.2 Jeder Mensch ist einzigartig: Erkenne deine Persönlichkeitseigenschaften – Charakter, Stärken und Schwächen – durch Hemisphären-Analyse und Quadranten-Profil

Natürlich wissen wir, wie wir heißen, was wir gerne essen und welche Filme wir mögen. Aber könntest du auch die Frage „Welcher Typ Mensch bist du?" schnell und klar beantworten? Das fällt schon schwerer, denn es gibt viele Aspekte, die den Menschen als Typen, Charakter o. ä. beschreiben. Hinzu kommt, dass die jeweiligen Persönlichkeits- und Charakterzüge unterschiedlich stark ausgeprägt und von wiederum anderen Kriterien beeinflusst, verstärkt oder unterdrückt werden. Obendrein haben die biologisch-genetischen Voraussetzungen Einfluss. Deswegen sagt man auch: Jeder Mensch ist einzigartig. Die Entwicklung der eigenen Identität ist eine zentrale Entwick-

1 vgl. https://www.arbeitsagentur.de/bildung [Stand: 05.03.2024].

lungsaufgabe für junge Erwachsene, also die Definition einer Person, die sie einmalig und unverwechselbar macht.[2] Dennoch kann man probieren, die Beschreibungen einer Person Kategorien oder Schwerpunkten zuzuordnen. Dadurch lernt man sich mit seinem persönlichen Denken, Handeln und Interessensgebiet besser kennen, was wiederum dabei hilft, sich bei den Planungen, was man nach der Schule machen möchte, welches Studium passend ist und welchen Beruf man anstrebt usw., klarer zu werden. Was steckt nun hinter der Frage „Wer bin ich?"

Der US-amerikanische Neurobiologe Roger Sperry[3] hat eine Hemisphärentheorie zur Persönlichkeitsanalyse entwickelt. Sperry fand bei seinen Forschungen heraus, dass die verschiedenen Arten des Denkens und somit auch die Verschiedenartigkeiten des Handelns ihren Ursprung in unterschiedlichen Teilen des menschlichen Gehirns haben. Sperry wurde 1981 für seine Entdeckungen mit dem Nobelpreis ausgezeichnet. Zusammengefasst kann man sagen, dass die linke Gehirnhälfte (linke Hemisphäre) für das logische und kritische Denken verantwortlich ist, die rechte Gehirnhälfte (rechte Hemisphäre) hingegen die Kreativität verantwortet. Hier werden z. B. Gefühle, Farben und Bilder verarbeitet. Diese Erkenntnis ist nicht nur für die Medizin und zur Behandlung von Krankheiten bedeutend gewesen. Sie sagt auch viel darüber aus, wie ein Mensch als Persönlichkeit veranlagt sein und welche Aufgaben und Herausforderungen er mühelos bewältigen kann. So gibt es Personen, denen das systematische und abwägende Denken leichtfällt. Sie verstehen die Verbindungen zwischen Ereignissen und ihren Folgen, sie nehmen Beobachtungen vor und können daraus Schlussfolgerungen ableiten. Das Ursache-Wirkung-Prinzip können sie leicht interpretieren. Die Logik und die Abläufe in der linken Hemisphäre sind die Stärken, das Kreative steht eher im Hintergrund. Dabei geht es nicht darum, dass man ein Mathematik-Ass sein muss. Vielmehr steht oftmals im Vordergrund, für komplexe Probleme effektive Wege oder Lösungen erarbeiten zu können. Insbesondere für Berufsbilder wie Berater, Informatiker, Journalisten, Bau- oder Verkehrsplaner sowie Übersetzer kommen diese Fähigkeiten zum Tragen.

Genau andersherum verhält es sich bei denjenigen Personen, die als „kreativ" bezeichnet werden können, bei denen also die Stärken des Denkens in der rechten Hemisphäre verortet sind. Menschen mit diesen Fähigkeiten

2 vgl. Gudjons, H. (2008), S. 134.
3 vgl. Sperry, R. (1975), S. 30 ff.

können „out of the box“ denken, finden neue Ansätze und Lösungen. Diese Wege können außergewöhnlich und innovativ sein. Kreatives Denken ist eine Fähigkeit, zu neuartigen und/oder originellen Lösungen zu gelangen. Besonders gefragt sind diese Fähigkeiten z. B. für Innenarchitekten, Friseure, Konditoren, Fotografen oder Modedesigner sowie Maler. Die rechte Hemisphäre sorgt dafür, dass mit Gefühl für Ästhetik, ausgeprägter Fantasie, räumlichem Denken, sehr sorgfältigem Arbeiten und weiteren spezifischen Talenten agiert werden kann. Das Hemisphären-Modell soll hier dazu dienen, die Veranlagungen des menschlichen Gehirns und im Rückschluss dazu unsere Möglichkeiten, zu denken und zu handeln, in Bezug auf mögliche Berufe bzw. Studiums-Ansätze zu reflektieren.

Es ist nicht so, dass die Gehirnhälften unabhängig voneinander in unserem Kopf existieren und arbeiten. Wir brauchen beide Bereiche – so findet es auch tagtäglich statt. Am Beispiel der Sprache wird deutlich, dass die Gehirnhälften miteinander korrespondieren, einander benötigen. Während die linke Hemisphäre zügig Sprache bzw. gesprochene Wörter versteht, übernimmt die rechte Gehirnhälfte die Aufgabe, aus dem Gesprochenen Schlüsse zu ziehen.

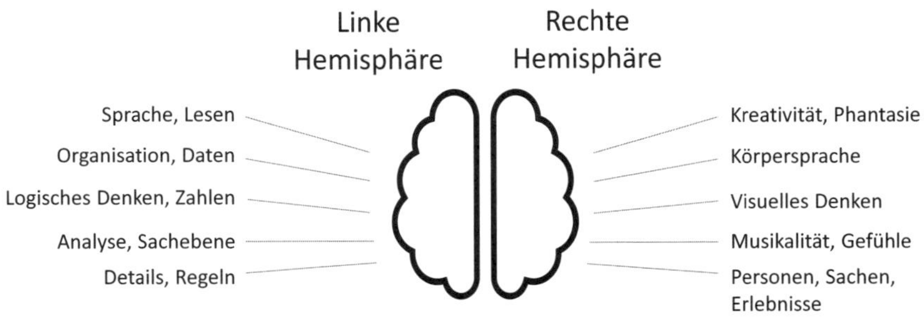

Darstellung 1.1: Linke und rechte Hemisphäre und deren Aufgaben (Auswahl)

Es wäre auch falsch zu sagen, dass eine Person nur Anteile, Kategorien oder Schwerpunkte aus einer einzelnen Hemisphäre zeigt. Vielmehr gibt es Mischformen, und im Verlauf des Lebens können sich leichte Verschiebungen ergeben. Unser Gehirn ist ein Muskel, lernfähig und trainierbar. Deswegen können wir im Verlauf des Lebens Anteile aus den jeweiligen Hemisphären trainieren und stärker ausprägen.

Dennoch sagt die sachliche Betrachtung der eigentlichen Aufgaben der Hemisphären viel über den Typus Mensch aus. Eine Person, die gerne Kochrezepte entwirft, sich an viele Personen und Erlebnisse erinnert und gerne starke Gefühle zeigt, hat ihre Stärken eindeutig in der rechten Hemisphäre. Von dieser Person zu verlangen, sie solle komplexe IT-Prozesse beschreiben, Betriebsanleitungen lesen und diese in Details in Schemata wiedergeben oder eine Analyse einer politischen Rede verfassen, wäre nur sehr schwer bis gar nicht möglich. Die Stärken und vermeintlichen Schwächen eines jeden Einzelnen hängen also wesentlich mit der Struktur und Leistung der Hemisphären zusammen. Im Wissen um die Funktionen und Verantwortungen unserer linken und rechten Hemisphäre kannst du die Frage „Wer bin ich?" nun schon zu einem weiteren Teil beantworten. Du bist also eher der logisch-kritische Analyst oder der kreativ-innovativ gefühlsbetonte Typus. Die Analyse und Zuordnung fallen dir sicher leicht, da du in dem vorangegangenen Kapitel bereits mit der Übung des Spiegel-Gesprächs einige Informationen über dich zusammengetragen hast. Durch die Hemisphären-Analyse kannst du übrigens ebenso andere Personen zügig einschätzen lernen.

TIPP Inzwischen gibt es viele Coaching-Anbieter und Webpages sowie Literatur, die Beratungen zu Persönlichkeitsanalyse und Karriere-Wegen bereithalten. Du musst dir nicht zahlreiche Unterlagen besorgen, um dich noch besser kennenzulernen. Hier sind hinreichend Tipps gegeben.

Versuche es vertiefend mit diesem Ansatz:
Der Amerikaner Ned Herrmann entwickelte – basierend auf dem Ansatz von Sperry – eine detailliertere Analyse bzw. Spezifizierung der Hemisphären. Die weitere Unterteilung von Herrmann sieht zusätzlich eine obere und eine untere Ebene vor. Dadurch entstehen vier unterschiedliche Quadranten, die repräsentativ für einen Denkstil stehen. Dabei repräsentiert die obere Ebene die gedankliche Verarbeitung von Informationen und die untere die gefühlsmäßige.

- *Rational (erster Quadrant):* Die Vernunft bestimmt das Tun; die Person hat ein gutes Zahlenverständnis, sie ist ausschließlich durch den logisch durchdachten Willen kontrolliert; ein überlegtes, analytisches Handeln ist gegeben; Person erscheint wenig flexibel; evtl. wirkt sie altmodisch.
- *Experimentell (zweiter Quadrant):* Das Spontane bestimmt das Tun; Neugierde und Risikobereitschaft sind stark enthalten; es gibt eine große Offen-

heit für alle sich ergebenden Situationen und Handlungsweisen; Person ist oft fantasievoll und kreativ; evtl. wirkt sie unbedacht.
- *Organisatorisch (dritter Quadrant):* Die Planung bestimmt das Tun; das Handeln und die Situationen werden jeweils strategisch vorgedacht; es ist eine verlässliche, ordentliche und sicherheitsbedürftige Person; evtl. wirkt sie statisch/„spießig".
- *Fühlend (vierter Quadrant):* Die Emotionen bestimmen das Tun; es gibt nach außen gewandtes Handeln; eloquentes und zugewandtes Sozial- und Kommunikationsverhalten sind gegeben; es ist eine mitfühlende und hilfsbereite Person; sie wirkt evtl. „nervig" oder spirituell.

Herrmann beschreibt damit die geistige Dominanz bei Menschen. Wenn du hier tiefergehend einsteigen möchtest, kannst du dir die 120 Fragen[4] von Herrmann anschauen, anhand deren Antworten er eine Zuordnung der Person zu diesen Quadranten vornimmt. Er nennt dieses Analyse-Instrument auch das HBDI, d.h. Herrmann Brain Dominence Instrument. Die hier erfolgte Beschreibung der vier Quadranten sollte ausreichen, um dich hinsichtlich deiner geistigen Dominanz einordnen zu können. Du weißt, in welcher Beschreibung du dich wiedererkennst. Dabei geht es nicht darum, einen einzelnen Quadranten zu identifizieren. Es gibt Ausprägungen; Abgrenzungen sind jedoch nicht immer eindeutig. So kann deine geistige Dominanz durchaus z.B. im ersten und dritten Quadranten liegen, vermutlich weniger im zweiten und vierten. Oftmals gibt es Mischformen und verschiedene Ausprägungsgrade. Weiterhin kann es faktorenabhängige Kategorien geben, wie z.B. der Einfluss einer Umgebung (Menschen, Strukturen, Einrichtungen etc.). Schließlich weist das Quadranten-Modell auch nicht unmittelbar Kompetenzen aus. Kompetenzen müssen erst herausgebildet bzw. trainiert werden. Entscheidend ist, dass es keine Gewichtung in bessere oder schlechtere Quadranten gibt. Sie existieren gleichberechtigt nebeneinander.

4 vgl. Herrmann, N. (1991), S. 275.

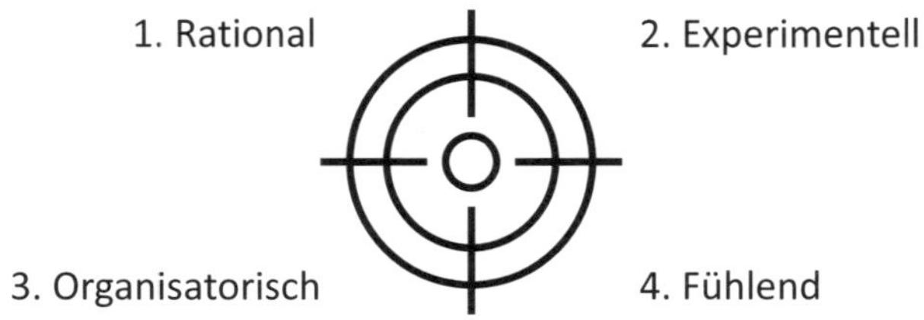

Darstellung 1.2: Quadranten-Profil für geistige Dominanz – blanko

ÜBUNG 2: Quadranten-Profil

Schritt 1: Nimm ein Blatt Papier und fertige die obenstehende Skizze an:

Nun liest du dir die Beschreibung der vier Quadranten durch und setzt Punkte in den jeweiligen Quadranten, wenn eine Beschreibung auf dich zutrifft. Du führst hiermit eine Kurzanalyse zur geistigen Dominanz bei dir durch.

Schritt 2: Setze die Punkte je nach zutreffender Beschreibung in die Quadranten (für jeden zutreffenden Aspekt einen Punkt).

Das Ergebnis könnte beispielhaft wie folgt aussehen:

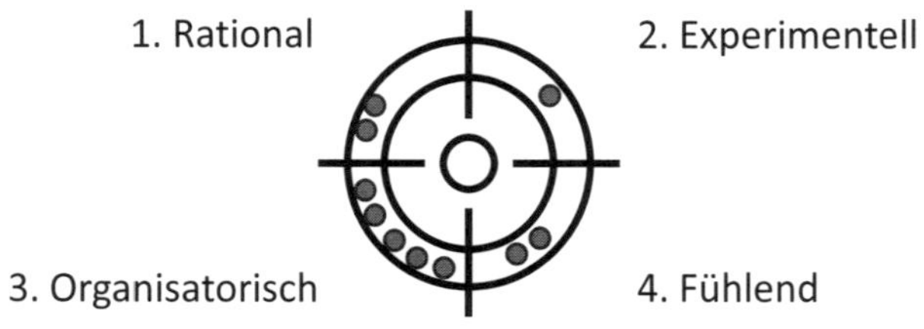

Darstellung 1.3: Quadranten-Profil für geistige Dominanz – ausgefüllt

Hier ist deutlich abzulesen, dass der dritte Quadrant, „Organisatorisch“, die geistige Haupt-Dominanz ausmacht.

Von der Ausprägung der geistigen Dominanz lässt sich auch der jeweilige Lernstil ableiten. Mehr dazu kannst du in Kapitel 3.1 nachlesen.

Im folgenden Kapitel kannst du dich vertiefend kennenlernen, indem du dich mit deinen Interessen und Kompetenzen auseinandersetzt. Es geht um eine Kompetenzlandkarte und die Betrachtung deines Potenzials.

1.3 Lerne dich selbst kennen mittels Selbstbefragung & Interview: Interessen allgemein und fachlich-berufliche Interessensbereiche, individuelle Kompetenzlandkarte mit Schlüsselkompetenzen und Potenzialentfaltung

Wenn du deine individuellen Interessen und Kompetenzen beschreiben sollst, denkst du spontan vielleicht an Punkte wie
- Kaffee statt Tee
- Hobbys: ins Kino gehen
- Sternzeichen Wassermann – steht für Erfindungsreichtum und Freiheitsliebe, Lockerheit
- Sport: Handball und Wandern
- usw.

Welches sind aber die eher abstrakten Fähigkeiten und Talente, über die man nachdenken muss? Zum Beispiel:
- kann gut mit Menschen umgehen
- besitzt ein hohes Maß an Stressresistenz
- kann hochkonzentriert arbeiten
- umfassende Aufgaben werden in Teilaufgaben zufriedenstellend gelöst
- o. ä.

Um dich diesen Fähigkeiten und Talenten zu nähern, kannst du wieder eine Übung durchführen:

ÜBUNG 3: Selbstbefragung

Schritt 1: Stell dir folgende Fragen und notiere die Antworten stichpunktartig:

1. Was kennzeichnet mich als Mensch?
2. Wie sehen mich andere?
3. Was denke ich, was andere über mich sagen?

4. Wie wirke ich?
5. [Du kannst hier gerne noch weitere Fragen hinzufügen.]

Die Antworten (Stichpunkte reichen) können beispielsweise wie folgt aussehen:
Zu 1. zuverlässig, einfühlsam, gehe liebevoll mit Menschen um; wenn es mir zu viel wird, ziehe ich mich zurück
Zu 2: ich werde oft um Rat gefragt, wirke kompetent; werde zu Gruppen-Veranstaltungen eingeladen – anscheinend mag man meine Anwesenheit
Zu 3: vielleicht wirke ich manchmal überheblich? Bin aber hin und wieder unsicher ...
Zu 4: als wüsste ich viel, als wäre ich selbstsicher

Schritt 2: Du suchst dir 3 Personen deines Vertrauens – Eltern, Geschwister, Freunde, Sport-Kollege o. ä. – und befragst diese Personen nacheinander. Du stellst allen die gleichen Fragen, die du dir selbst gestellt hast. Bringe die Fragen sachlich und ohne weitere Kommentare an. Die Antworten sollen unbeeinflusst und ehrlich gegeben werden.

Schritt 3: Dann vergleichst du die Angaben mit deinen Antworten. Gibt es Übereinstimmungen, Abweichungen? Hast du ein realistisches Bild von dir selbst? Was fällt auf? Lass dir Zeit in der Betrachtung der Antworten. Sei neutral und werte nicht. Versuche zunächst nur festzustellen, wie das Ergebnis ausgefallen ist. Übereinstimmende Antworten von dir und anderen markierst du jeweils, sodass du im Schritt 4 die relevanten Punkte gut zusammenstellen kannst. Bei denjenigen Antworten, bei denen keine Übereinstimmungen vorliegen, gehe wie folgt vor:

- Hinterfrage, ob die Sicht der anderen auf bestimmten Ereignissen beruht und weniger eine generelle Aussage ist.
- Hinterfrage, wenn du die Aussagen nicht exakt zuordnen kannst.
- Hinterfrage bei dir selbst, ob nicht die Sicht der anderen eher einer Beschreibung deiner Person entspricht; vielleicht hattest du vorher – auch unbewusst – nicht die tatsächlich richtige Einschätzung formuliert, sondern bist z. B. eher einer Wunschbeschreibung aufgesessen.
- u. ä.

TIPP Je nach Angaben der Befragten können die Schritte 3 und 4 auch getauscht werden.

Schritt 4: Jetzt setzt du dich mit den Aussagen hinter den Antworten auseinander. Zum Beispiel:

Zur Frage 1: Ich mag dich als Mensch, weil du immer ehrlich und zuverlässig bist.

Das bedeutet, dass andere Menschen sich gerne auf dich verlassen, z. B. wenn du nach einer Einschätzung oder Meinung gefragt wirst. Du versuchst nicht, etwas anders darzustellen, als es ist, sondern bleibst bei der Wahrheit. Zum anderen wirkst du verlässlich, weil du in Bezug auf terminliche Dinge und Verabredungen bisher niemanden enttäuscht hast.

So gehst du nun Frage bzw. Antwort für Antwort durch und fertigst eine Zusammenfassung an:

- Ich als Mensch: einfühlsam, ehrlich, zuverlässig; abschalten, wenn zu viel, ...
- ...

So erhältst du einen guten Überblick über deine Fähigkeiten und Talente sowie darüber, wie du dich selbst einschätzt und ob andere dies bestätigen.

Setz dich nun auf eine andere Art und Weise mit deinen Interessen und Kompetenzen auseinander.

Hier geht es wiederum um die Beantwortung von Fragen auf ehrliche Weise. Dafür solltest du dir einen Interviewpartner nehmen, den du als Gesprächspartner schätzt. Du stellst einen Fragenkatalog zusammen und lässt dich dann interviewen. Hintergrund ist, dass man oftmals anders reagiert, wenn man gefragt wird, als wenn man sich im Stillen selbst befragt. Und die folgenden Fragepunkte sind nicht zu persönlich/vertraulich, dass du nicht auch mit einer dir gut bekannten Person darüber sprechen könntest.

ÜBUNG 4: Lass dich interviewen

Schritt 1: Stell einen Fragenkatalog wie etwa nachfolgend zusammen:

- Was hast du jemals gesagt, was dich am meisten im Leben interessiert? (Sammlung)
- Ist das heute immer noch so? Wenn nein, warum nicht?
- Welche Fächer haben dich in der Schule am meisten interessiert? Oder welche Projekte o. ä.?
- Welche Praktika hast du schon absolviert? Haben sie dir gefallen – warum ja/nein?
- Bist du in einem Verein aktiv? Wenn ja: Bereitet dir das Freude? Warum?
- Sind deine Eltern Vorbilder für dich? Welche Interessen haben sie?
- Welche anderen beruflichen Vorbilder hast du? Woran orientierst du dich?
- Deine Freunde wissen schon/wissen noch nicht, was sie werden wollen ... Beschäftigt dich das? Warum?
- Was waren bisher deine größten Erfolge (allgemein und schulisch)?
- Welche deiner Eigenschaften willst du weiter ausbauen?
- Welche Umgebung hilft dir bei der Entfaltung deiner Fähigkeiten und Talente?
- In welchem Klima blühst du auf (Ruhe, Musik, Zusammensein mit anderen, Farben, Kleidung, Essen o. ä.)?
- In welchen Bereichen möchtest du dich weiterentwickeln?

Du kannst die Liste erweitern oder kürzen.
Die vorgenannten Fragen richten sich auf allgemeine Lebensbereiche und vorwiegend soziale Interessensgebiete.

Überdies kannst du deine Interessen versuchen fachlich-beruflich einzugrenzen. Deine denkbaren Interessensbereiche werden deswegen hier erklärt und interpretiert. Darüber hinaus werden Beispiele für dazu passende Berufe genannt.

Schritt 2: Erweitere deinen Fragenkatalog deshalb um folgende Fragen:

- Bist du wissenschaftlich-forschend interessiert? D. h. durch wissenschaftliches Arbeiten und Forschung Erkenntnisse zu einer Thematik erlangen; Berufe wie: Professor, Wissenschaftsmanager, Forensiker, Meeresbiologe, Astrophysiker, Ingenieur, Patentanwalt

- Bist du künstlerisch interessiert? D.h. inspirieren lassen von Ideen, originelle Werke schaffen, Offenheit & Leidenschaft für Neues; Berufe wie: Architekt, Dirigent, Florist, Artist, Bühnenmaler, Film-Editor, Modedesigner, Kunstlehrer
- Bist du sozial interessiert? D.h. Bezug von sich selbst zu anderen/Interaktion mit anderen, in andere einfühlen, ihnen helfen und eigene Interessen zurückstellen; Berufe wie: Arzt, Logopäde, Hebamme, Ergotherapeut, Erzieher, Hauswirtschafter, Augenoptiker, Sozialarbeiter
- Bist du wirtschaftlich-unternehmerisch interessiert? D.h. erfolgs-, strategie- und zielorientierte Denk- und Arbeitsweise, Wert und Verwendung von Gütern, marktbezogene Leistungen; Berufe wie: Marketingmanager, Steuerberater, Bürokaufmann, Unternehmensleiter
- Bist du organisatorisch-verwaltend interessiert? D.h. Projekte, Aufgaben, Termine etc. mit Ressourceneinsatz planen, Büro, Ordnung, Buchhaltung stehen im Fokus; Berufe wie: Archivar, Jurist, Richter, Zollbeamter, Sekretär, Bautechniker, öffentliche Verwaltung (Stadt/Land/Bund)
- Bist du technisch-handwerklich interessiert? D.h. Maschinenkenntnisse (Aufbau/Einsatz), Technik-Affinität in Industrie und Handwerk (Elektronik, Holz, Metall ...), Kundenorientierung; Berufe wie: Zahntechniker, Berufskraftfahrer, Mechatroniker, Bäcker, Goldschmied, Dachdecker

Durch die Beantwortung obenstehender Fragen hast du dich nun deinen fachlich-beruflichen Interessensbereichen genähert. Du bist jetzt in der Lage auszusortieren, welche Richtung für dich von Interesse sein könnte und welche tendenziell nicht. Du wirst dich ungefähr verorten können, z.B. ob du wirtschaftlich-unternehmerische Interessen hast, oder ob du eher organisatorisch-verwaltende Interessensbereiche festmachen kannst.

Halte deinen fachlich-beruflichen Interessensbereich auf einem Post-it fest und klebe diesen auf den zuvor bearbeiteten Interviewfragebogen.

Nun soll der Blick auf die vier zentralen Schlüsselkompetenzen für eine umfassende Handlungskompetenz gerichtet werden:

1. Persönlichkeitskompetenz
2. Sozialkompetenz
3. Fachkompetenz
4. Methodenkompetenz

Schlüsselkompetenzen sind nicht angeboren, sondern müssen erworben und trainiert werden. Es ist wichtig zu wissen, in welchen Schlüsselkompetenzen du spezifisches Wissen besitzt. Denn es bedeutet, dass du dies entweder gut kannst/beherrschst (deswegen ggf. hohes Ansehen genießt) und/oder es dir Freude bereitet – bestenfalls beides. Die vier Kompetenzbereiche bieten die Basis für eine notwendige Handlungskompetenz. D. h. fähig zu sein, sich als mündiges Wesen in der Lebens- und Berufswelt zurechtfinden zu können. Zentrale Aspekte der vier Kompetenzbereiche sind z. B.:

Persönlichkeitskompetenz	Sozial-Kompetenz	Fach-Kompetenz	Methoden-Kompetenz
• Selbstbewusstsein • Analytisches Denken • Zuverlässigkeit • Entscheidungsfähigkeit • Ehrgeiz/Engagement • Verantwortungsvolles Handeln • Eigenverantwortung • Loyalität/Integrität	• Empathie & Auftreten • Kommunikationsfähigkeit/ Umgang mit anderen/ Interkulturelle K. • Teamgeist/Kooperation • Kompromissbereitschaft & Toleranz • Problemlösungsk. • Kundenpflege	• Fachliches & fachübergreifendes Wissen • Berufstypische Aufgaben fachmännisch & selbstständig erledigen • Sachgerechtheit • Allgemeinwissen • Sprachen/IT/Recht • Wirtschaft/Politik	• Informationsbeschaffung & Auswertung • Zeit-, Selbst- & Projektmanagement • Arbeitstechniken & Zielerreichung • Präsentationsfähigkeit • Gesprächs-/Moderationstechniken

↓ ↓ ↓ ↓

Handlungskompetenz

Darstellung 1.4: Vier Schlüsselkompetenzen für notwendige Handlungskompetenz

Hinweis: Im Kapitel 8 wird erneut auf die Thematik der Kompetenzen eingegangen, dann im Zusammenhang mit Bewerbungen und der eigenen Darstellung in Bewerbungsunterlagen.

ÜBUNG 5: Erstelle deine Kompetenzlandkarte

Schritt 1: Zähle die jeweilig bei dir zutreffenden Kompetenzbeschreibungen pro Schlüsselkompetenz und positioniere die am stärksten bei dir vertretene Schlüsselkompetenz an einen zentralen Punkt auf einem Blatt Papier (s. u. die Stecknadel). Entscheidend ist, dass du die Gewichtung der Kompetenzen erkennen kannst. Was am wenigsten bei dir ausgeprägt ist, ist am weitesten von dem zentralen Punkt der Stecknadel entfernt.

Hier wird verdeutlicht, dass die Person in der Darstellung 1.5 im Bereich der Persönlichkeitskompetenzen am meisten Punkte bestätigen konnte. Zweitplatziert folgen die Sozialkompetenzen. Am wenigsten Punkte konnten in den Methoden- und schließlich Fachkompetenzen bestätigt werden. Insofern weiß diese Person nun, wo ihre meisten Kompetenzen verortet sind und in welchem Bereich der Schlüsselkompetenzen eventuell noch „Aufholbedarf“ besteht.

Eine individuelle Kompetenzlandkarte könnte z. B. derart aussehen:

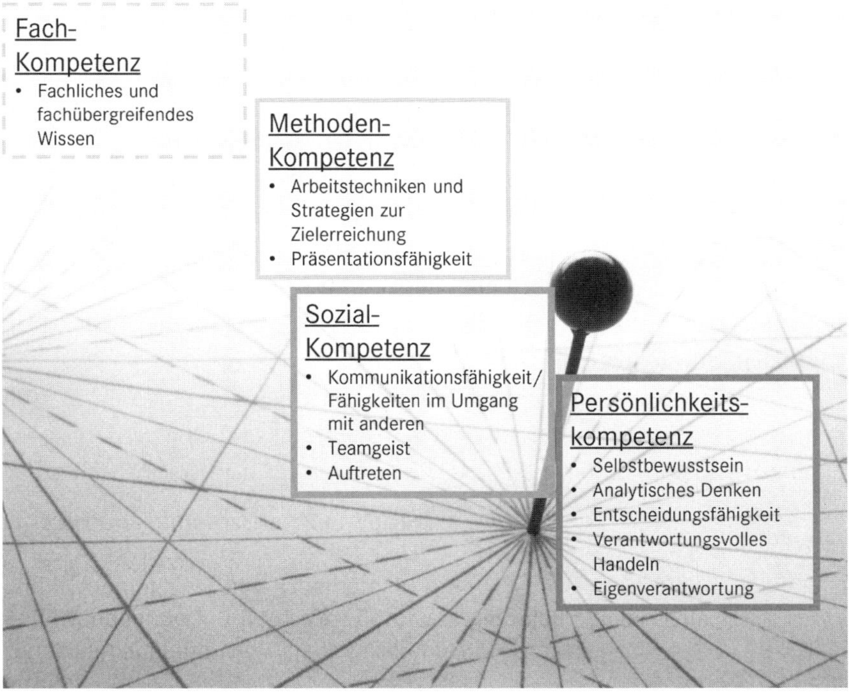

Darstellung 1.5: Individuelle Kompetenzlandkarte

TIPP

Selbst- und Fremdwahrnehmung können auseinanderliegen. Überlege deswegen, mit wem du diese Übung gemeinsam noch einmal durchführen könntest. Es sollte jemand sein, der dich in den vier Schlüsselkompetenzen kennengelernt hat, z. B. ein Schulkollege oder Vereinskollege.

Relevant für die Kompetenzbetrachtung ist die Notwendigkeit des Vorhandenseins für den Alltag. Was wird für Schule, Studium, Beruf, Familie oder

Freizeit benötigt? Was sind die persönlichen Ziele, wofür noch nicht vorhandene Kompetenzen aufgebaut werden sollten? In welcher Rolle und Aufgabe fühlt sich die Person wohl und kann ganz sie selbst sein? Danach richten sich der weitere Kompetenzaufbau und die Potenzialbetrachtung.

Auch Personen mit bereits ausgeprägt vorhandenen Kompetenzen möchten oftmals ihre Potenziale – also ihre noch möglichen vorhandenen Leistungsfähigkeiten – erweitern. Sie sehen darin einen sinnvollen persönlichen Entwicklungsspielraum. In Bezug auf die Kompetenzlandkarte oben erkennt die Person nach der Auseinandersetzung mit der Kompetenzlandkarte, dass sie noch Potenziale im Bereich der Persönlichkeitskompetenzen sieht, etwa in dem Punkte der Gesprächs- und Moderationstechnik. So macht sie sich darüber Gedanken, durch welche Maßnahmen dies möglich ist, z.B. durch Seminarbesuche oder ein persönliches Coaching. Wichtig bei der Kompetenzbetrachtung und Potenzialentfaltung ist, dass die Person sich wohlfühlt und authentisch ist: „Erfolgreiche Menschen haben es […] geschafft, ihr inneres Potenzial und ihr äußeres Verhalten miteinander in Einklang zu bringen. Sie sind ganz sie selbst und versuchen, weder bewusst noch unbewusst Rollen zu spielen, die nicht zu ihnen passen."[5]

Neben jenen Personen, die ihre Potenziale kennen und einschätzen können, inwiefern sie sich weiterentwickeln wollen, gibt es auch jene, denen ihre Potenziale noch nicht bewusst sind. Ebenso wie für den Kompetenzaufbau gibt es auch für die Potenzialentfaltung verschiedene Möglichkeiten, sich mit diesem Thema auseinanderzusetzen. Vielleicht reichen die Anregungen in diesem Buch. Es gibt aber auch Literatur[6], die dieses Thema vertiefend aufgreift. Oder man entscheidet sich für ein Analysegespräch bei einem Coach. Dafür empfiehlt es sich, nach Kriterien wie Ort, Preis, Sympathie etc. zu recherchieren, welches Unternehmen bzw. welcher Coach einem zusagt.

Nachdem du dich nun mit den Persönlichkeitsmerkmalen, Stärken und Schwächen, Charaktereigenschaften, der geistigen Dominanz, den Talenten und Interessensbereichen und Kompetenzen sowie deinem Potenzial auseinandergesetzt hast, richtest du nun im nächsten Kapitel den Blick auf die Zukunft.

5 Seiwert, L./Gay, F. (2016), S. 11.
6 vgl. Purps-Pardigol, S. (2021), S. 176 ff.

1.4 Aussicht Zukunft: Szenarien-Arbeit mit „Zeitblumen" – deine Vorstellungen und Wünsche, Lotto-Gewinn und Adlerblick

Als junger Mensch liegt der größte Teil des Lebens noch lange Zeit vor einem. Man hat viele Ideen und Wünsche und stellt sich einiges vor. Deswegen sollst du dich in diesem Kapitel mit deinen Zukunftsvorstellungen und -wünschen beschäftigen. Diese werden dir dann wieder ein Stück mehr in deiner Entscheidungsfindung helfen, ob und was du studieren möchtest.

ÜBUNG 6: Erstelle deine Zeitblumen

Dafür kannst du wieder Übungen in folgenden Schritten absolvieren: Fertige eine Zeitblume an. Gehe wie folgt vor.

Schritt 1: Zeichne dir auf einem Blatt Papier oder mit einem Zeichenprogramm am Computer eine Blume mit mindestens 6 Blütenblättern – Lebensthemen – auf.

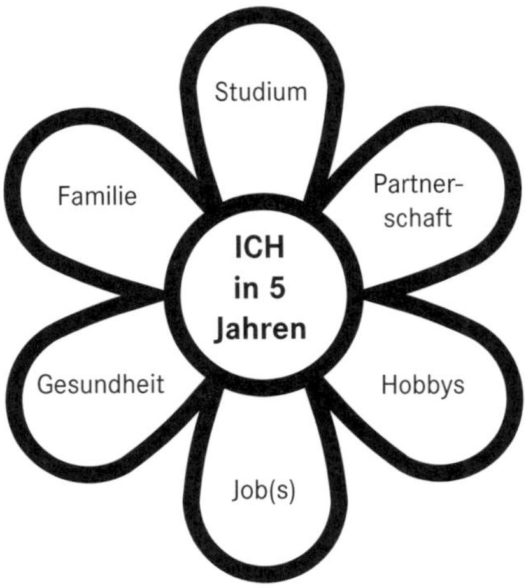

Darstellung 1.6: Zeitblume 5 Jahre – blanko

Im Zentrum der Blume stehst du mit deinem Namen oder einfach als „ICH“. Darunter schreibst du „in 5 Jahren“. Nun befüllst du die Blütenblätter mit folgenden Begriffen:

- Familie
- Studium
- Partnerschaft
- Hobbys
- Job(s)
- Gesundheit
- Du kannst je nach Bedarf z. B. noch 2–3 Blütenblätter hinzufügen.

Schritt 2: Du stellst dir nun vor, wie du dich in 5 Jahren in Bezug auf die Begriffe in den Blütenblättern siehst. 5 Jahre ist zwar ein langer Zeitraum, aber noch gut überschaubar hinsichtlich konkreter Ziele und Vorstellungen.

Zum Punkt *Familie* reflektierst du z. B. nachstehende Fragen:
Lebst du (noch) zu Hause? Wie weit lebst du von deiner Familie entfernt? Welche Verbindung besteht zur Familie? Mit wem soll der Kontakt eng bleiben? Wie oft möchtest du deine Familie besuchen? Sonstiges ...

Zum Punkt *Studium* überlegst du z. B. diese Aspekte:
Du stellst dir ein Studium vor, das dir thematisch naheliegend erscheint und das sich aus den Analysen der vorherigen Kapitel vielleicht schon ergeben hat. Du stehst kurz vor deinem Studienabschluss; was möchtest du nun tun? Sofort arbeiten? Die Welt bereisen? Oder ...

Zum Punkt *Partnerschaft* wägst du z. B. diese Punkte ab:
Du wünschst dir, dass deine jetzige Partnerschaft dann noch Bestand hat. Du möchtest frei sein. Du möchtest dich neu verlieben. Dein/e Partner/in soll ... sein – du hast konkrete Vorstellungen. Oder Weiteres ...

Zum Punkt *Hobbys* überlegst du z. B. folgende Aspekte:
Sind deine jetzigen Hobbys jene, die du weiterverfolgen möchtest? Interessiert dich noch etwas anderes? Was würde dich reizen auszuprobieren? Welche Potenziale siehst du? Usw.

Zum Punkt *Job* oder *Jobs* denkst du über folgende Aspekte nach:
Du möchtest neben dem Studium arbeiten. Dich würde ein Job als ... interessieren. Du kannst dir auch zwei Jobs vorstellen, einen durchgängig als ... und einen zeitweise als ... Deine Jobs dienen dem Gelderwerb. Durch deine Jobs möchtest du deine potenziell spätere Arbeitswelt kennenlernen. Etc.

Zum Punkt *Gesundheit* erörterst du folgende Aspekte:
Du bist mit deiner Gesundheit und Fitness zufrieden. Daran soll sich nichts ändern. Du möchtest dich gesünder ernähren und würdest gerne deine Lebensweise umstellen. Eine Operation, die du vor dir herschiebst, ist bis dahin erledigt. Oder anderes ...

Die jeweiligen Aspekte/Ergebnisse deiner Überlegungen zu den Blütenblättern schreibst du daneben in Gedankenfelder/Wolken.

TIPP Zum Ausfüllen der Gedankenfelder solltest du Ruhe und eine positive Umgebung haben. Lege dich z. B. auf die Couch, lasse leise Musik laufen. Oder du setzt dich auf den Balkon und schaust in die Weite oder den Himmel. Suche Ort/Position danach aus, wo du dich entspannen kannst.

Hier sei noch einmal daran erinnert, dass die Gedankenfelder keine Erwartungen Dritter an dich enthalten sollen. Einzig deine Vorstellungen und Wünsche sind relevant.

TIPP Es empfiehlt sich, diese Übung allein durchzuführen, damit du vollkommen unbeeinflusst deine wahren Wünsche und Vorstellungen skizzieren kannst.

Wenn du feststellst, dass du abgelenkt bist oder dich etwas von der Skizzierung deiner Vorstellungen und Wünsche abhält, dann verschiebe diese Übung am besten auf einen anderen Tag.

In etwa so könnte deine Zeitblume für „in 5 Jahren“ aussehen:

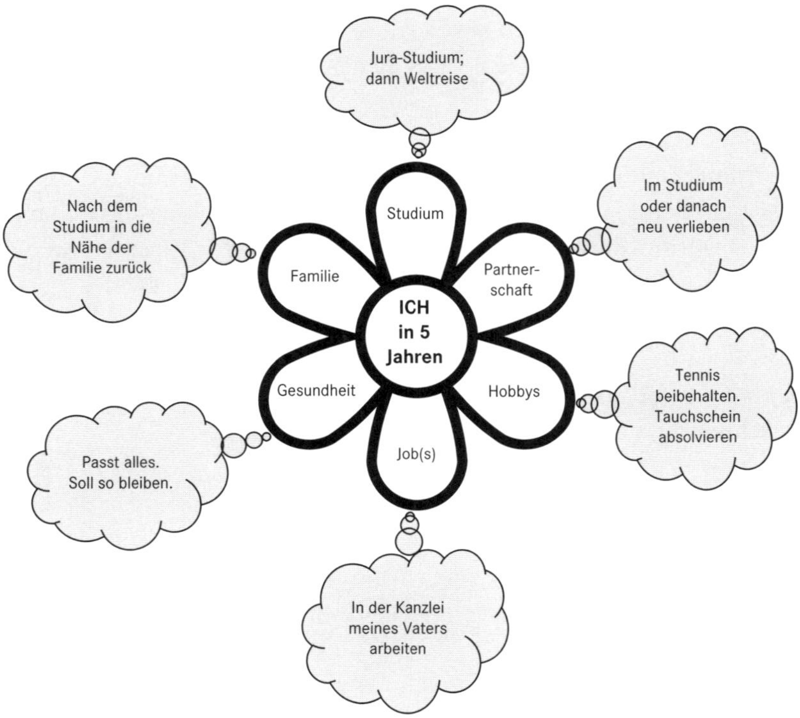

Darstellung 1.7: Zeitblume 5 Jahre – ausgefüllt

Schritt 3: Du erstellst eine neue Zeitblume, allerdings steht nun in der Blütenmitte „ICH in 15 Jahren". Die 6 Blütenblätter bleiben gleich, ggf. kannst du weitere hinzufügen.

Hiermit bewegst du dich nun in einer reinen Szenarien-Arbeit. Denn das Befüllen dieser Gedankenfelder basiert auf zuvor gemachten Vorstellungen und Wünschen, keinen Realitäten.

TIPP Nimm dir ausreichend Zeit für diese Übung. Wenn du gerade „im Flow“ deiner Vorstellungen und Wünsche bist, fertige die nächste Zeitblume an. Fällt es dir schwer, diese Szenarien-Arbeit umzusetzen, mache eine Pause oder vervollständige die Gedankenfelder an einem anderen Tag.

In etwa so könnte deine zweite Zeitblume befüllt sein.

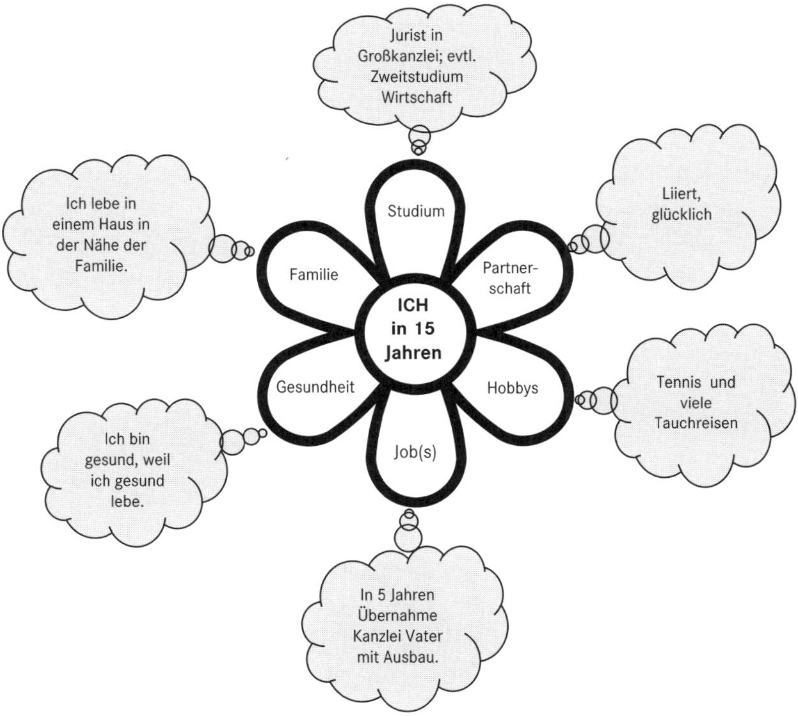

Darstellung 1.8: Zeitblume 15 Jahre – ausgefüllt

Optional Schritt 4: Wenn dir die Übung mit den Zeitblumen gut gefallen hat und dir die Szenarien-Arbeit leicht von der Hand ging, kannst du den Schritt 4 ausprobieren. Das wäre dann eine Szenarien-Arbeit mit einem „ICH in 25 Jahren". Selbstredend kann man sein Leben nicht derart exakt vorausplanen. Es geht hier vielmehr darum, Wünsche als Vorstellungen anzudenken.

Optional Schritt 5: Lottogewinn, d. h. finanzunabhängige Szenarienvorstellung.

Es ist schwierig, sich sein zukünftiges Leben ohne die Ökonomie eines Gehalts vorzustellen. Noch weniger, sich mit einem sehr überschaubaren Gehalt Umsetzungswünsche vorzustellen und demgemäß sein Leben zu skizzieren. Das soll nicht heißen, dass man unbedingt ein Großverdiener werden muss.

Viele Menschen sind mit einem bescheidenen Gehalt zufrieden. Dennoch lohnt die Maßnahme, sich einmal über seine Wünsche im Klaren zu sein, ohne den monetären Aspekt im Hinterkopf zu haben. Deswegen heißt dieser Schritt 5 *Lottogewinn*. Stelle dir vor, du gewinnst so viel Geld, dass du dir alle Wünsche erfüllen könntest und deine Arbeit bzw. dein Gehalt nicht grundlegend für den Lebensunterhalt benötigt wird. Interessanterweise fällt diese Übung den meisten Personen recht schwer. Zumeist werden schnell Antworten gefunden, die sich auf den Erwerb von Haus, Auto, Kleidung u. ä. beziehen. Aber bei den Blütenblättern der Wunschblume geht es auch darum, wie man sein Leben sinnvoll und wunschgemäß gestaltet, z. B. in Bezug auf die Familie. Man kann vieles kaufen, aber eben nicht alles. Einiges im Leben „verdient" man finanzunabhängig. Man braucht also einen Plan für sein Leben – auch unabhängig von Geld und Einkommen. Dann ergeben sich Fragen wie: Was sind deine Lebenswerte? Welche Menschen sind dir wichtig? Wie möchtest du deine Zeit sinnvoll und erfüllend verbringen? Wie und wo möchtest du leben, wenn alles möglich wäre? Möchtest du Gutes tun bzw. andere an deinem Glück teilhaben lassen? Usw. Wiederum interessant ist, dass zunächst diese Szenarien-Arbeit als „fern der Realität" erscheint. Im Abschluss kommen dann jedoch Antworten zustande, die in den Grundzügen sehr viel Gemeinsamkeiten mit den zuvor geäußerten Vorstellungen und Wünschen in Schritt 2 und 3 aufweisen – nur das Ausmaß ist manchmal different. Dies ist ein valider Beleg dafür, dass du dich hinreichend mit den für dich tatsächlich relevanten Vorstellungen und Wünschen auseinandergesetzt hast. Du kennst dich gut!

Schritt 4 bzw. 6: Adlerblick – alles einmal mit Abstand anschauen …

Bei dieser Aufgabe steht im Vordergrund, Abstand zu gewinnen und dann genau hinzuschauen. Der Adler fliegt in großen Kreisen und beobachtet seine Umgebung, bevor er sein Ziel erfasst hat und zur Zielerreichung ansetzt. Genau das solltest du auch tun. Lass deine Übung mit den Szenarien-Arbeiten liegen, gewinne ein bis zwei Tage Abstand und schaue dir dann alles noch einmal ganz genau an. Du wirst vielleicht etwas entdecken, was du noch überarbeiten möchtest. Aber dann kommst du zu einem Endresultat und hältst das zufriedenstellende Ergebnis in Händen.

1.5 Finde den erfolgreichen Weg: Studium und Alternativen – pro-aktiv und mit Sinn gecheckt: Vor- und Nachteile Studium/ Ausbildung, Auslandsjahr, Work & Travel, Orientierungsjahr, Freiwilliges Soziales Jahr

In den vorangegangenen Kapiteln hast du dich ausführlich damit auseinandergesetzt, wer du als „Typ Mensch" bist. Dafür hast du bedeutende Informationen erhalten sowie sinnvolle Übungen und Schritte durchlaufen:

Zusammenfassung der Übungen aus Kapitel 1.1-1.4:

1. In einem Spiegelgespräch hast du dich der Auseinandersetzung mit dir genähert: zunächst allgemein gehalten, was magst du/was magst du nicht. Weiterhin hast du in Bezug auf die Schulzeit bewertet, was dir gefiel und was nicht, sowie hinsichtlich eines Studiums antizipiert, was dir zusagen könnte oder eben nicht.

> Bereits bei dieser Übung hast du vermutlich eine Tendenz gespürt, ob dir ein Studium zusagen würde.

2. Um die Frage „Wer bin ich?" hinreichend beantworten zu können, hast du dich mit deinen Persönlichkeitsmerkmalen, Charaktereigenschaften sowie Stärken und Schwächen beschäftigt. Du konntest herausfinden, welche deine dominante Hemisphäre ist – eher logisch-kritisch oder kreativ-künstlerisch – und hast weiterhin durch das Quadranten-Profil erfahren, welchem Denkstil du dich zuordnen kannst: rational, experimentell, organisatorisch oder fühlend.

> Bei diesen Auseinandersetzungen hast du erfahren, ob deine gedanklichen Voraussetzungen sowie dein Denkstil zu einem Studium passen könnten. Hierauf wird im nächsten Kapitel noch näher eingegangen, wenn du dich mit der Wahl deines Studiums beschäftigst.

3. Anschließend hast du dich vertiefend kennengelernt, indem du zunächst in einer Selbstbefragung Stellung zu deinen Fähigkeiten und Talenten genommen hast; dann hast du dies mittels einer Befragung durch eine andere Person verifizieren/falsifizieren lassen. In einem nächsten Schritt wurdest du bezüglich deiner allgemeinen Interessen sowie deiner fach-

lich-beruflichen Interessensbereiche interviewt. Im Anschluss daran hast du eine individuelle Kompetenzlandkarte mit deinen persönlichen Schlüsselkompetenzen erstellt und darauf aufbauend deine Potenzialentfaltung analysiert.

> Bei diesen Analysen wirst du festgestellt haben, ob deine Schlüsselkompetenzen und Potenziale eher für die Aufnahme eines Studiums oder einer Ausbildung sprechen. Für beides benötigst du Schlüsselkompetenzen – es kommt hier auf die Gewichtung an.

4. Nachfolgend hast du dich in einer ausführlichen Szenarien-Arbeit mit drei Zeitblumen zu deinen Vorstellungen und Wünschen deines Lebens auseinandergesetzt. Du hast Zeitblumen zu je „ICH in 5, 15 und 25 Jahren" erstellt. Optional hast du mit der Lottogewinn- und Adlerblick-Übung deine Gedankengänge überprüft und überarbeitet.

> Durch diese Übungen konntest du in Erfahrung bringen, wie deine gewünschte zukünftige Lebenssituation aussehen könnte. Die Zeitblumen sehen jeweilig sehr unterschiedlich aus. Du wirst aber hinreichend Hinweise erhalten, ob ein Studium für dich sinnvoll erscheint, denn du kannst überprüfen, ob du mit dem Bildungsweg Studium oder einer Ausbildung deine Vorstellungen und Wünsche realisieren kannst.

Du hast jetzt wichtige Analyse-Arbeiten durchlaufen und zusammenfassend viel über dich erfahren und gelernt. Einiges ist sicherlich neu für dich und vermittelt eine neue Perspektive auf deine Person und deine Vorstellungen für den nächsten Schritt in deinem Leben. Das war das Hauptziel dieses Kapitels. Daran schließt sich nun final die Beantwortung der Frage an, ob ein Studium im Anschluss an den Schulabschluss der richtige Weg ist.

- Die grundlegende Entscheidung für ein Studium oder eine Ausbildung basiert auf deiner Persönlichkeit mit deinen Stärken und Schwächen, deinen Interessen, Kompetenzen, Potenzialen und Wünschen – so wie zuvor analysiert.
- Es können beeinflussend dringende finanzielle oder gesundheitliche Probleme gegeben sein, die ein Studium erschweren oder unmöglich machen. Dann kann zu einem späteren Zeitpunkt ggf. ein Studium aufgenommen werden.

- Eventuell kommt ein Duales Studium in Betracht. Dies beinhaltet fest integrierte Praxiseinsätze in Unternehmen. Es ist eine Kombination aus akademischem Studium und Betrieb-Arbeitszeiten.[7]
- Die Abwägung von Vor- und Nachteilen hilft abschließend bei der Entscheidungsfindung, ob ein Studium oder eine Ausbildung mehr Sinn für dich macht:

Mögliche Vorteile / begünstigende Faktoren für Studium
Lebensphase selbst gestalten; viel Freiheiten
Selbstbestimmtes Lernen; eigener Lernplan
Neue Lernmöglichkeiten; Methoden, Peers
Hohe Wahrscheinlichkeit für ein gutes (höheres) Gehalt
Erhöhte Chancen für eine Führungsposition
Praxiserfahrung durch Jobs und Praktika sammeln
Arbeitslosigkeit unwahrscheinlicher

Mögliche Nachteile / hemmende Faktoren für Studium
Eigenverantwortung des Lernens führt zur Überforderung
Loslösen vom Elternhaus oder „falscher Umgang" führt zu Orientierungsproblemen
Zeitmanagement zwischen Lernen, Arbeiten und Praktika kann misslingen
Mögliche finanzielle Unsicherheiten (Nebenjob), Abhängigkeiten (Eltern) oder Schuldenaufbau (z. B. BAföG)

Mögliche Vorteile / begünstigende Faktoren für Ausbildung
Lebensphase ist strukturiert (Arbeitszeiten/Schule)
Sammlung von Praxiserfahrung, oftmals in unterschiedlichen Bereichen, um umfangreiche Einblicke in Berufsbilder zu erhalten
Für Bewerbungen sind Praxiserfahrungen vorteilhaft
Durchlässigkeit und Bologna-Reformen ermöglichen vielfältige Anschlüsse nach einer Ausbildung (und währenddessen)
Eigenes Gehalt vermittelt „schönes Freiheits- und Selbstwertgefühl"

7 vgl. z. B.: https://www.wegweiser-duales-studium.de/infos/was-ist-ein-duales-studium/ [Stand: 05.03.2024].

Mögliche Nachteile / hemmende Faktoren für Ausbildung
Starre Strukturen (Arbeit & Schule) geben weniger Raum zur weiteren Potenzialentfaltung
Junge Menschen können mit den Anstrengungen der Berufspraxis überfordert sein (Arbeitsstunden, Arbeitskollegen)
Karrierechancen durchschnittlich schlechter als mit Studium
Ausbildungsgehälter ermöglichen keine tatsächliche finanzielle Unabhängigkeit; zu gering, um den kompletten Lebensunterhalt allein und ohne weitere Unterstützung oder Nebenjob zu meistern

Als Schulabsolvent musst du dich mit vielen Aspekten des nächsten Schrittes auseinandersetzen. Wenn die Entscheidung weiterhin schwerfällt oder persistierend große Unsicherheiten bestehen, gibt es zunächst andere Wege, die dir zum einen Zeit verschaffen, zum anderen deinen Denk-, Entscheidungs- und Erfahrungshorizont erweitern können:

- **Auslandsjahr:** Du kannst ein Jahr lang in dein Wunsch-Land reisen und dort entweder eine Bildungsinstitution besuchen (z. B. Sprache lernen) oder arbeiten (z. B. Au-Pair). Zumeist wohnst du in einer Gastfamilie. Diesen Auslandsaufenthalt kannst du eigenständig organisieren. Es gibt aber auch zahlreiche Portale[8] für Informationen und Vergleiche sowie Anbieter[9], die alles für dich planen.
- **Work & Travel:** Wenn dir daran gelegen ist, ins Ausland zu gehen und zu arbeiten – vielleicht auch von einem Land ins nächste zu reisen –, dann kannst du dies ebenfalls selbstständig durchführen. Genauso gibt es hierfür auch wieder Agenturen, an die du dich wenden kannst. Diese bieten dir Jobs und ggf. auch Unterkünfte an.[10]
- **Orientierungsjahr:** Ein Orientierungsjahr soll dazu dienen, dass du mit Ruhe und Zeit sowie unabhängig von zu Hause deinen Interessen und Talenten nachspüren kannst. Du sollst dich besser kennenlernen (z. B. Coaching, Outdoor-Challenges), Einblicke in Studiengänge („Schnupperstudium") sowie Ausbildungsberufe („Checklisten") erhalten, damit du nach diesem Jahr der Orientierung weißt, was du willst.[11]

8 vgl. z. B. https://www.auslandsjahr.org/ [Stand: 05.03.2024].
9 vgl. z. B. https://www.kulturwerke-deutschland.de/auslandsjahr-kanada/oeffentlich [Stand: 05.03.2024].
10 vgl. z. B. https://www.yobbers.com/de [Stand: 05.03.2024].
11 vgl. z. B. https://www.nach-dem-abitur.de/orientierungsjahr/ [Stand: 05.03.2024].

– **FSJ:** Das Freiwillige Soziale Jahr ist ein freiwillig gewähltes Arbeitsjahr in einem sozialen Bereich. Du kannst in Deutschland oder im Ausland arbeiten, zum Beispiel in Krankenhäusern, schulischen oder kirchlichen Einrichtungen. Das Engagement für die Gesellschaft steht hierbei im Mittelpunkt. Du erhältst für dein Engagement ein Taschengeld.[12]

Ein wichtiger Hinweis soll hier noch gegeben werden: Neben Studienfinanzierungsangeboten wie BAföG oder Studienkrediten besteht die Möglichkeit der Bewerbung für ein Stipendium. Informiere dich, ob dies ggf. für dich in Frage kommt. Stipendien werden vom Bund und je nach Einrichtung für verschiedene Faktoren (Bedürftigkeit, Notlagen) und Leistungen (Noten, soziales Engagement) vergeben.[13]

TIPP Heutzutage gibt es mehrere Möglichkeiten, ein Studium zu finanzieren, mittels BAföG, Studienkrediten oder Stipendien. Ein Studium ist somit nicht mehr einer „Finanzelite" oder „Oberschicht" vorbehalten, sondern offen für jede Person. Entscheidend für die Wahl eines Studiums sind deine Interessen, Kompetenzen und Potenziale.

Mittels der Informationen und Übungen in dem ersten Kapitel hast du nun einen guten Überblick über deine Person erhalten. Du hast herausgefunden, was deine Interessen, Stärken und Schwächen sind. Dir ist deine geistige Dominanz bewusst, und du hast einen Blick auf deine Talente, Kompetenzen und Potenziale geworfen.

Überdies hast du dich mit deinen Zukunftswünschen auseinandergesetzt und Alternativen eines Studiums reflektiert. Nun kannst du bewerten, ob der Beginn eines Studiums der richtige Weg für dich wäre, oder ob du (zunächst) eine Alternative wählst.

In dem folgenden zweiten Kapitel wirst du dich damit beschäftigen, das richtige Studium bzw. den geeigneten Studiengang herauszufinden.

12 vgl. z. B. https://www.bundes-freiwilligendienst.de/fsj-freiwilliges-soziales-jahr/ [Stand: 05.03.2024].
13 vgl. z. B. https://studieren.de/stipendien.0.html [Stand: 05.03.2024].

2 Das Studium, die Fächer, die Aussichten – alles sollte passen

2.1 Match für das richtige Studium: Individuelle Passfähigkeit der Inhalte, „Studieren soll Spaß machen", Themenbereiche und Studiengänge an deutschen HS/Unis – dein Match!

Die Auseinandersetzung mit der Studienwahl ist zum einen wichtig, zum anderen umfangreich. Wichtig, weil hier der Grundstein für deine berufliche Ausrichtung oder Karriere gelegt wird. Umfangreich, weil es verschiedene Aspekte gibt, die berücksichtigt werden sollten.

In einem ersten Schritt solltest du dich damit auseinandersetzen, welche Themenbereiche dich für ein Studium interessieren. Dafür kannst du auf den Analysen aus Kapitel eins aufbauen. Hier hast du bereits Themen und Interessen identifiziert. Diese bezogen sich aber noch nicht spezifisch auf Studieninhalte, sondern auf dich als Mensch mit deinen Interessen, Kompetenzen, Stärken und Schwächen sowie Potenzialen. Jetzt führst du dies mit Themen bzw. Inhalten aus Studiengängen zusammen. Dafür dient eine Themenstruktur, wie Studiengänge an Universitäten und Hochschulen geordnet sind. Auf den meisten Internetseiten von HS/Unis (Hochschulen/Universitäten) findest du die Modulhandbücher und darüber hinaus die Prüfungsordnungen. Beides kann sehr aufschlussreich sein, wenn du wissen möchtest, welche Themen in einem Studiengang enthalten sind und auf was du dich bei Prüfungen einstellen kannst.[14]

Darüber hinaus kannst du Studienwahl-Tests absolvieren, die kostenlos online zur Verfügung stehen. Dafür sei hier auf das Portal Uniturm.de verwiesen, die in folgende Themenbereiche unterteilen:[15]

14 vgl. Bastian, J./Groß, L. (2012), S. 37.
15 z. B. https://www.uniturm.de/studienwahl/studienwahltest-studiumsfinder [Stand: 05.03.2024].

- Recht/Gesetze
- Verkauf
- Organisation und Verwaltung
- Komplexe Probleme lösen
- Sprachen/Fremdsprachen
- Geschichtliche Entwicklungen
- Technische Zeichnungen
- Politik
- Physikalische, chemische, biologische Vorgänge nachvollziehen
- Andere Menschen
- Menschen helfen, ihr Potenzial zu entdecken
- Wissenschaftliche Fragestellungen
- Theoretische Modelle überprüfen/verbessern
- Medizin
- Kreative Tätigkeiten
- Finanzen und Geld
- Naturwissenschaften
- Bau, Vermessung, Technik, Entwicklung
- Landwirtschaft
- Geist und Seele
- Literatur
- Menschliches Wohlbefinden
- Strukturen und Funktionen technischer Sachsysteme und Prozesse
- Kunst, Musik, Kultur
- Führung und Koordination
- Andere Menschen beim Problemlösen unterstützen
- Wirtschaftliche Strategien
- Greifbare Resultate
- Systematische Untersuchungen
- Regelbasiertes Vorgehen
- Unterricht und Fortbildung
- Ästhetik
- Gesundheit
- Philosophie
- Computer, neue Technologien, Medien
- Sport
- Fantasie

- Unkonventionelle Ideen
- Gesellschaft
- Physische Gesundheit
- Wissens- und Fertigkeitenvermittlung
- Planen, Konstruieren, Herstellen, Bewerten, Verwenden und Entsorgen
- Verantwortungsübernahme
- Religion
- Eigene Ziele durchsetzen

Es gibt zahlreiche Anbieter von kostenlosen Studienwahl-Tests.[16] Schau dir ruhig einige an; du kannst auch mehrere durchführen. Entscheidend ist, dass du den Themenbereich für dich identifizierst, der dich tatsächlich und nachhaltig interessiert.

TIPP Um den passenden Studiengang herauszufinden, muss man sich nicht mehr mit unzähligen Universitäten einzeln oder Papierkatalogen auseinandersetzen. Das birgt oft die Gefahr, den Überblick zu verlieren. Es gibt online qualitativ gute und zuverlässige Studienwahl-Tests, die aufschlussreich bei der Studienwahl unterstützen.

Die Themenbereiche, die dich interessieren, müssen nun in die dazu passenden Studiengänge gegossen werden. Das ist der notwendige Match, der erfolgen muss, damit du weißt, welcher Studiengang für dich passend wäre.

Im Internet gibt es Portale, die einen Überblick darüber anbieten, welche Studiengänge du in Deutschland studieren kannst. Hier eine übersichtliche Liste z. B. von Aubi-plus:[17]

1. Agrar- und Forstwissenschaften
2. Geistes- und Sozialwissenschaften
3. Ingenieurswissenschaften
4. Kunst und Musik, Design und Gestaltung
5. Lehramt, Erziehungs- und Bildungswissenschaften
6. Mathematik, Naturwissenschaften, Informatik

16 vgl. https://studiengaenge.zeit.de/sit?wt_zmc=sea.int.zonpmr.adwords.sea-sit.sit.sea.2.x&utm_medium=sea&utm_source=bing&utm_campaign=sea-sit&utm_content=sit_sea_2_x&msclkid=ba28540f7be0130c0f01311e52b03eb5&wt_ref=https:%2F%2Fwww.bing.com%2F&wt_t=1695623514014 [Stand: 05.03.2024].

17 https://www.aubi-plus.de/studiengaenge/ [Stand: 05.03.2024].

7. Medizin, Psychologie, Gesundheits- und Sportwissenschaften
8. Öffentliche Verwaltung
9. Sprach- und Kulturwissenschaften
10. Wirtschafts- und Rechtswissenschaften

An einem Beispiel wird nun verdeutlicht, wie du alle bisherigen Informationen zusammenführen kannst. Dafür ist hier nun eine Person Max Mustermann konstruiert, für die aus Kapitel 1 und Kapitel 2 folgende Ergebnisse aus den Übungen zusammengetragen wurden:

Analysepunkt	Trifft zu/Zuspruch/positiv	Trifft nicht zu/Ablehnung/negativ
Spiegel-Gespräch	Ich mag Ordnung, Blumen, nette Menschen, asiatisches Essen und Reisen.	Ich mag keine Unordnung, dunklen Wohnräume, Unfreundlichkeit und Stress.
	In der Schule mochte ich das Lernen, Sprachen und Textarbeit, meine beste Freundin, Projekte bearbeiten.	Ich mochte keine unfreundlichen Lehrer, Lernstress und altmodische Klassenzimmer.
	Beim Studium könnte ich mir positiv vorstellen, dass ich das lerne, was mich wirklich interessiert, mit meinem Studiumsabschluss vielleicht Karriere mache und viel Freiheiten/Selbstbestimmung habe.	Schade finde ich, dass ich BAföG zurückzahlen muss; ich mag keine überfüllten Räume.
Hemisphären	Viele Anteile aus linker Hemisphäre (3/4), kleinerer Anteil aus rechter Hemisphäre (1/4)	
Quadranten-Profil	– organisatorisch 60 % – fühlend 20 % – rational 20 % – experimentell 10 %	
Interessen & Kompetenzen (wie ich mich selbst sehe und was andere über mich sagen)	– verlässlich – angesehen (gern gesehener Gast) – ehrgeizig – gutes Menschenverständnis – selbstbewusst – empathisch – intelligent	

Analysepunkt	Trifft zu / Zuspruch / positiv	Trifft nicht zu / Ablehnung / negativ
Interview	– Ich wollte als Kind immer Lehrer werden; davon ist heute noch ganz viel vorhanden; könnte ich mir vorstellen; gebe Nachhilfe – das bereitet Freude. – Deutsch mochte ich schon in der Schule. – Autoren sind Vorbilder. – Ich habe eine Vorstellung, was ich beruflich werden könnte. – Größte Erfolge waren das goldene Schwimmabzeichen, mein Abitur und die Leitung der Schülerzeitung. – Ich mag coole/nette Menschen in meiner Umgebung, mit denen man Spaß haben kann. – In welchem Klima blühe ich auf? Ruhiger Raum zum Texteschreiben, Reisen durch die Welt, Shopping. – Weiterentwickeln möchte ich mein Wissen über das Lehren und Lernen; vielleicht später ein Buch schreiben. – Fachlich-berufliche Interessensbereiche wären 1. Wissenschaft und Forschung; Pädagogik und Theorien, 2. organisatorisch-verwaltend; Ordnung und Planung und 3. sozial; Hilfe für andere.	– Praktika haben mir gezeigt, was ich nicht wollte: im Hotel arbeiten, IT-Prozesse verstehen. – Vereinsleben liegt mir nicht, bin eher Einzelkämpfer. – Eltern sind keine Vorbilder.
Schlüsselkompetenzen	– Persönlichkeitskompetenz ist am stärksten ausgeprägt: Selbstbewusstsein, analytisches Denken, Zuverlässigkeit, Entscheidungsfähigkeit, Ehrgeiz	

Analysepunkt	Trifft zu / Zuspruch / positiv	Trifft nicht zu / Ablehnung / negativ
	& Engagement, verantwortungsvolles Handeln und Eigenverantwortung. – Sozialkompetenz ist in puncto Empathie und Auftreten vorhanden; vermutlich auch Kundenpflege (Erfahrung aus Praktika). – Fachkompetenz ist in puncto fachlichen Wissens (Abiturfach Pädagogik) vorhanden, zudem gute Allgemeinbildung und Sprachen; teilweise IT. – Methodenkompetenz ist in puncto Informationsbeschaffung & Auswertung, Zeit-, Selbst- und Projektmanagement vorhanden, auch die Zielerreichung und Präsentationsfähigkeit (Referate).	– Sozialkompetenz aufbauen in puncto Teamgeist und Kompromissbereitschaft – Fachkompetenz zu fachübergreifendem Wissen ausbauen, z. B. Psychologie – Methodenkompetenz kann ich bezüglich verschiedener Arbeitstechniken verbessern
Zeitblume	5 Jahre: – Familie: wichtig & Nähe – Studium: Lehramt o. ä. – Partnerschaft: jetzige – Hobbys: schwimmen & Fitness (beibehalten) – Job: bereits eigenes Geld verdient; möchte ich auch während des Studiums – Gesundheit: passt alles 15 Jahre: – Familie: regelmäßige Besuche, unmittelbare Nähe muss nicht sein – Studium: Lehramt erfolgreich absolviert; Abendstudium Psychologie; inzwischen evtl. Promotion oder sogar Habilitation? – Partnerschaft: verheiratet, 2–3 Kinder	– Eventuell Promotion oder sogar Habilitation?

Analysepunkt	Trifft zu / Zuspruch / positiv	Trifft nicht zu / Ablehnung / negativ
	– Hobbys: schwimmen & Fitness (beibehalten); Radfahren ausbauen – Job: vielleicht selbstständig machen im Bereich Coaching – Gesundheit: bin und bleibe gesund	
Vorteile/Nachteile Studium	Bestätigt wie in obiger Tabelle angegeben: verfüge über Eigenverantwortung und Zeitmanagement; finanziell wäre ich durch BAföG und Nebenjob abgesichert	Orientierungsprobleme kann ich mir nicht vorstellen; BAföG-Schulden stören nur bedingt – werde ich schnell zurückgezahlt haben
Ausbildung		kommt für mich nicht in Frage
Auslandsjahr	Würde mich reizen, aber wegen „anderer Leute & Kulturen"; mein Studium steht eigentlich schon fest	
Themenbereiche Studium	– Organisation & Verwaltung – Komplexe Probleme lösen – Andere Menschen – Menschen helfen, ihr Potenzial zu entdecken – Wissenschaftliche Fragestellungen – Theoretische Modelle überprüfen/verbessern – Geist und Seele – Literatur – Menschliches Wohlbefinden – Führung und Koordination – Andere Menschen beim Problemlösen unterstützen – Unterricht und Fortbildung – Gesellschaft – Psychische Gesundheit – Wissens- und Fertigkeitenvermittlung	– Recht/Gesetze – Verkauf – Sprachen/Fremdsprachen – Geschichtliche Entwicklungen – Technische Zeichnungen – Politik – Physikalische, chemische, biologische Vorgänge nachvollziehen – Medizin – Kreative Tätigkeiten – Finanzen und Geld – Naturwissenschaften – Bau, Vermessung, Technik, Entwicklung – Landwirtschaft – Strukturen und Funktionen technischer Sachsysteme und Prozesse – Kunst, Musik, Kultur – Wirtschaftliche Strategien

Analysepunkt	Trifft zu / Zuspruch / positiv	Trifft nicht zu / Ablehnung / negativ
	– Verantwortungsübernahme – Eigene Ziele durchsetzen	– Greifbare Resultate – Systematische Untersuchungen – Regelbasiertes Vorgehen – Ästhetik – Gesundheit – Philosophie – Computer, neue Technologien, Medien – Sport – Fantasie – Unkonventionelle Ideen – Planen, Konstruieren, Herstellen, Bewerten, Verwenden und Entsorgen – Religion
Studiengänge	– Geistes- und Sozialwissenschaften – Lehramt, Erziehungs- und Bildungswissenschaften – Evtl. Anteile von Psychologie	– Agrar- und Forstwissenschaften – Ingenieurswissenschaften – Kunst und Musik, Design und Gestaltung – Mathematik, Naturwissenschaften, Informatik – Medizin, Gesundheits- und Sportwissenschaften – Öffentliche Verwaltung – Sprach- und Kulturwissenschaften – Wirtschafts- und Rechtswissenschaften

Anhand dieser Auflistung, die die Ergebnisse aller bisherigen Übungen, Analysen und Auseinandersetzungen spiegelt, ergibt sich ein recht konkretes Bild, welches Studium für die fiktive Person Max Mustermann in Frage kommt. Sehr wahrscheinlich wird Max M. sich für Geistes- und Sozialwissenschaften, vermutlich im Lehramt Deutsch und Erziehungswissenschaft (plus ein weiteres Fach) einschreiben. Er wird prüfen, inwiefern ihn ein Studium der Psychologie reizen könnte. Gegebenenfalls könnte dies auch ein Zweit- oder Abendstudium sein.

ÜBUNG 7: Das ist mein Match – mein Studium

Es wird hier sehr deutlich, wie hilfreich die Auseinandersetzungen mit der eigenen Person anhand der Übungen und Analysen sind. Wenn du genau wie Max M. nun diese Übungen und Analysen anfertigst bzw. aus dem Kapitel 1 fortführst, sollte sich bei dir ein ebenso klares Bild ergeben.

TIPP Da diese Übungen und Analysen Zeit in Anspruch nehmen, überfordere oder stresse dich nicht. Du musst nicht alles an einem Tag erledigen. Es ist sogar ratsam, in Schritten vorzugehen (mehrere Tage) und immer noch einmal zuvor Niedergeschriebenes an einem anderen Tag zu lesen und zu überprüfen. Wenn du dich dann immer noch wohlfühlst mit deinen Aufgabenerledigungen und Ergebnissen, dann ist es auch richtig und gut so.

Nun sollte sich deutlich ablesen lassen, in welchem Studium du dich zutreffend wiederfindest. Im Durchschnitt kommen 1–3 Studiengänge in Frage. Diese ähneln einander sehr in den Inhalten und können eventuell auch miteinander kombiniert werden. Inzwischen bieten viele Universitäten und Hochschulen Hybridstudiengänge an, d.h. eine Kombination aus mehreren Studiengängen wird zu einem neuen zusammengeschnürt (s. Kapitel 2.2).

Zu klären wären jetzt die Rahmenbedingungen, also das Studienangebot und der Studienstandort sowie weitere Faktoren, z.B. Studiensprache, Rankings usw. Darauf wird im nächsten Kapitel eingegangen.

2.2 Strukturen und Rahmenbedingungen überprüfen: Studienangebot, Heimat/Ausland, Sprache, spezifischer Abschluss, Ranking

Nachdem du im vorangegangenen Kapitel Studieninhalte und einen Studiengang identifizieren konntest, gilt es nun, das entsprechende Angebot an einer Hochschule oder Universität zu identifizieren.

TIPP Um das geeignete Studienangebot an einer Hochschule oder Uni herauszufiltern, kannst du Online-Portale und Services nutzen, um dir die Auseinandersetzung mit den vielzähligen Universitäten zu erleichtern und die Auswahl einzugrenzen. Bei solchen Online-Portalen gibt man alle relevanten

Informationen via Abfrage ein und erhält anschließend ein übersichtliches Ergebnis.

ÜBUNG 8: Studienangebote identifizieren

Bei der Suche nach einem Studiengangangebot helfen Portale wie etwa Hochschulkompass[18]. *Gib hier deinen Studiengang, das Fachgebiet oder einen thematischen Schwerpunkt ein. Wahlweise kannst du den Zulassungsmodus eingeben. Beispielsweise sind Studiengänge wie Medizin mit einem sogenannten Numerus Clausus (NC) belegt. Das bedeutet, dass eine Notenvoraussetzung besteht. Informationen über NC-Werte oder Wartesemester kannst du z. B. auf der NC-Werte-Infoseite im Internet nachlesen.*[19] *Neben dem Zulassungsmodus kannst du den Abschluss wählen – z. B. Staatsexamen – und die Studienform – z. B. Vollzeitstudium.*

Im Falle von Max M. aus Kapitel 2.1 kannst du testhalber folgendes eingeben:
- Studiengang: Lehramt
- Zulassungsmodus: zulassungsfrei (ohne NC)
- Abschluss: Staatsexamen
- Studienform: Vollzeitstudium

Nun erhält man 840 Treffer. Die hohe Anzahl kommt deswegen zustande, weil alle Lehramtsstudiengänge aufgelistet sind, also z. B. auch *Bautechnik als Lehramt an Berufsbildenden Schulen.* Um die Suche zu spezifizieren, existiert der Link „Suche anpassen“. Gibt man hier bei der Spezifizierung des Studiengangs „Lehramt Deutsch“, bei den Studiengangmerkmalen „Sommer- und Wintersemester“ sowie bei der Studiensprache „Deutsch“ ein, so ergibt sich eine Trefferliste von 135. Das ist nun schon übersichtlicher. Die Hochschulen und Universitäten sind deutschlandweit angegeben. Wenn du nun noch beispielsweise zusätzlich geographisch nach Bundesland eingrenzen möchtest und etwa „Bayern“ eingibst, so erhältst du 23 Treffer. Du kannst durch die Suchabfragen also gut eingrenzen und schaust dir dann die „short list“ an. Durch diese und weitere Spezifizierungen – wie z. B. Auswahl der Stadt – gelangst du zu einer klaren Aussage, welche Studienmöglichkeit sich für dich

18 vgl. https://www.hochschulkompass.de/studium/studiengangsuche.html [Stand: 05.03.2024].
19 vgl. https://www.nc-werte.info/studiengang/ [Stand: 05.03.2024].

ergibt. Aus diesem Grunde sind die Übungen in Kapitel 1 zentral. Denn durch die Auseinandersetzung mit sich als „Typus Mensch“, mit seinem Charakter, seinen Interessen und Kompetenzen, kann man die Studiengangwahl bzw. die Hochschule/Universität daran anschließend recht schnell identifizieren.

Zu überlegen sind hierbei nun die Faktoren, ob du in der Heimat studieren möchtest oder eher weiter weg. Darüber hinaus, ob du international studieren möchtest – in Bezug auf die Sprache und das Studienland –, weiterhin, ob dich ein ganz spezifischer Abschluss interessiert, den nicht alle Studienorte anbieten, darüber hinaus, ob du an einer namhaften Einrichtung studieren möchtest. Dann wäre das Ranking bedeutend. Gehen wir die Punkte einzeln durch:

- *Heimat/Ausland:*
  Die Gründe für ein Studium in der Nähe der Heimat oder fern bzw. im Ausland sind individuell. Während die eine Person gerne zu Hause lebt, mit der Familie sehr stark verbunden ist oder vielleicht aus Gründen der Pflege eines Angehörigen in der Nähe der Heimat studieren möchte, wollen andere bewusst das Zuhause verlassen – entweder innerhalb Deutschlands oder mittels eines Studiums im Ausland.
  Was spricht für ein Studium fern der Heimat? Du lernst, „auf eigenen Beinen zu stehen“. Das bezieht sich auf mehrere Punkte. Näheres hierzu siehe Kapitel 2.3.
  Für ein Studium in der Ferne spricht die Neugier, ein anderes Land mitsamt seinen Menschen und seiner Kultur kennenlernen zu wollen. Vielleicht möchtest du später in dem Land deiner Studienwahl leben. Dann kannst du auf diesem Wege herausfinden, ob dir das zusagt. Du knüpfst verschiedene Kontakte und erweiterst deinen Horizont. Je nach Berufsziel ist ein Studium im Ausland ein gern gesehener Nachweis für Internationalität, Flexibilität, Sprachkompetenz etc. Beispielsweise legen international tätige Beratungsunternehmen Wert darauf, dass ihre Mitarbeiter Auslandserfahrung vorweisen können. Bei einem Studium im Ausland sollte darauf geachtet werden, dass z. B. die Semesterstrukturen, die Studiengebühren oder die Leistungs- und Prüfungsanforderungen anders gestaltet sein können.
  Interessierst du dich für ein Studium im Ausland, kannst du auch hier wieder auf Services zugreifen, die dir Einrichtungen gemäß deinen Interessen empfehlen können[20]. Du musst also nicht selbst aus dem Gros recherchieren, solltest aber jene Einrichtungen, die in eine engere Wahl kommen, sehr

20 vgl. https://studienwahl.de/studieninfos/studieren-im-ausland [Stand: 05.03.2024].

genau anschauen. D.h. nicht nur die Internetseite, sondern auch Kontakt (Mail/Telefon) aufnehmen und bestenfalls auch einmal vor Ort gewesen sein. Teilweise ist dies ohnehin notwendig, wenn die Studienplatzvergabe auf Basis von Auswahlgesprächen oder Assessments erfolgt. Zudem solltest du für den Bewerbungsprozess mit Behördengängen (Visum etc.) ausreichend Zeit einplanen.
Eine Alternative zu einem vollständigen Studium im Ausland ist ein Auslandssemester. Informationen hierzu kannst du ebenso online abfragen.[21]

- *Sprache:*
  Es gibt Studieneinrichtungen in Deutschland, die nichtdeutsche Studienangebote haben. Dann sprichst du aber außerhalb der HS/Uni Deutsch. Für ein Studium im Ausland kommt hinzu, dass du im nicht-deutschsprachigen Ausland auch außerhalb der Studieneinrichtung auf die Kommunikation des Gastlandes oder die englische Sprache angewiesen bist. Hier gilt es pro Einrichtung zu prüfen, welches die Studiensprache ist.
- *Spezifischer Abschluss:*
  Vielleicht hast du dich schon mit Studiengängen und Einrichtungen beschäftigt, wodurch du zu dem Schluss gekommen bist, dass dich ein ganz bestimmter Abschluss interessiert. Häufig liegen diese Möglichkeiten nicht vor der Haustür, so dass du dich in die Ferne orientieren musst. Nicht selten erhältst du durch ein Auslandsstudium, bei dem eine deutsche und eine ausländische Einrichtung kooperieren, ein „double degree" – einen zweifachen Studienabschluss. Auch ein Triple-Degree-Programm kann reizvoll sein. Das sind international integrierte Studiengänge, bei dem in Deutschland und an zwei Partneruniversitäten im Ausland studiert und mit drei Abschlüssen bzw. Zeugnissen das Studium abgeschlossen wird, beispielsweise der zweijährige Master-Studiengang *Management.* Hier studierst du an der LMU Munich School of Management sowie an der Loyola University (New Orleans, USA) und der SKEMA Business School (Paris, Frankreich).[22]

21 vgl. https://www.ieconline.de/ [Stand: 05.03.2024].
22 vgl. https://www.som.lmu.de/de/studium/studienangebot/master-international-triple-degree/index.html [Stand: 05.03.2024].

- *Ranking:*
  DIE ZEIT veröffentlicht jedes Jahr die Ergebnisse des Hochschulrankings, als Studienführer in Papierform und ebenso nachzulesen im Internet. „Das Ranking umfasst Beurteilungen von Studierenden zu den Studienbedingungen an ihrer Hochschule sowie Fakten zu Studium, Lehre und Forschung. Der ZEIT-Studienführer veröffentlicht Auszüge aus dem Ranking und beantwortet auf 300 Seiten die wichtigsten Fragen rund um die Entscheidung für das richtige Studienfach, die Studienplatzbewerbung, die Studienfinanzierung und den Einstieg ins Studium."[23]
  Das vollständige Ranking[24] ist jederzeit im Internet abrufbar. Somit erhältst du zusätzlich Informationen über deine Wunscheinrichtung bzw. kannst dich gezielt bei einer Einrichtung einschreiben.

Das sind die relevanten Punkte zu den Themen *Strukturen und Rahmenbedingungen.* Folgend soll dargelegt werden, was es bei dem neuen Lebensabschnitt Studium bezüglich Organisation und Gestaltung zu berücksichtigen gilt.

2.3 Organisation und Gestaltung: Studium = neuer Lebensabschnitt – du gestaltest ihn! Tagesabläufe, Informationsmöglichkeiten und ABC-Prioritätenliste

Mit Beginn des Studiums startest du definitiv in einen neuen Lebensabschnitt – insbesondere dann, wenn du nicht mehr zu Hause wohnst, sondern in einer WG, einem Studentenzimmer/Studentenwohnheim und/oder im Ausland. Vieles, was zuvor durch andere Familienmitglieder – zumeist Mutter oder Vater – erledigt wurde, musst du nun eigenständig meistern. Bevor es in Kapitel 3 um die Themen *Lernmanagement und Co.* geht, soll hier auf einige relevante Punkte des Lebensalltags verwiesen werden.

Wenn man sich einen Tag im Leben eines Studierenden anschaut, wird deutlich, was hier mit Organisation und Gestaltung gemeint ist. Der Tag beginnt mit dem Aufstehen. Die einen stellen sich einen Wecker, andere werden von allein wach. Einige benötigen eine Snooze-Zeit, andere springen sofort putzmunter aus dem Bett. Das Frühstück muss selber zubereitet wer-

23 vgl. https://www.che.de/2023/che-hochschulranking-2023/ [Stand: 05.03.2024].
24 vgl. https://studiengaenge.zeit.de/ranking [Stand: 05.03.2024].

den, zudem an den Einkaufszettel des Tages und die Jausenbox – auch Gesundes wie Obst sollte enthalten sein – gedacht werden.

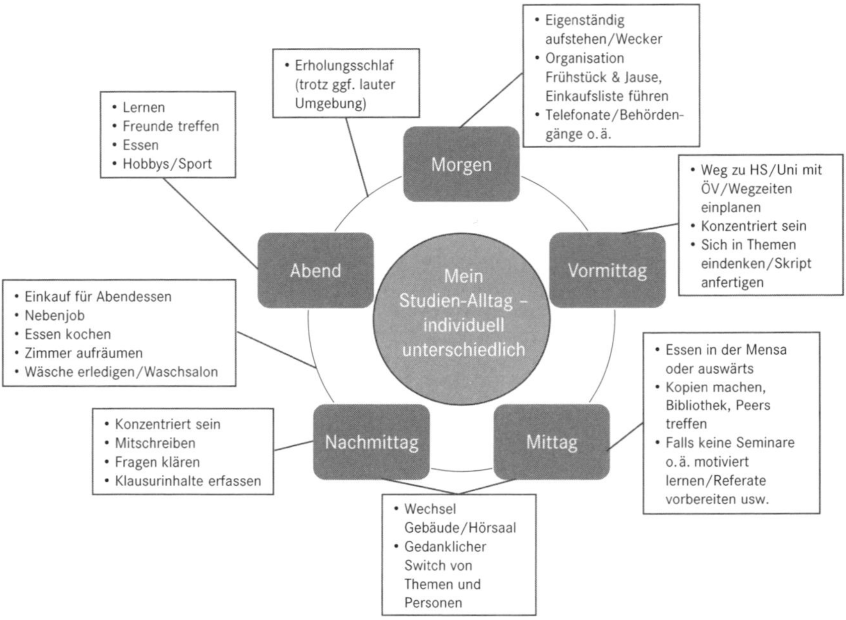

Darstellung 1.9: Schematischer Tages-Ablauf Studierender – individuell unterschiedlich

Eventuell fällt auf dem Weg zur HS/Uni ein Behördengang (Post/Sekretariat) an. Dann muss man konzentriert ein Seminar/eine Vorlesung besuchen und ein Skript anfertigen, mit dem später gelernt werden kann. Am Mittag wird in der Mensa oder auswärts gegessen. Vielleicht muss die Zeit auch für Kopien oder eine Literaturrecherche in der Bibliothek genutzt werden. Lerngruppen treffen sich, mal lernt man oder bereitet sich auf ein Referat vor. Am Nachmittag muss ggf. das Gebäude gewechselt werden, um in den nächsten Seminarraum zu gelangen. Es erfolgt ein neuer Input von Themen und Personen. Trotzdem musst du weiterhin konzentriert sein, mitschreiben, ggf. Fragen klären und erfassen, was klausurrelevant ist. Der Tag ist noch nicht abgeschlossen, denn am Nachmittag muss eventuell Abendessen eingekauft werden, du musst einen Nebenjob zum Geldverdienen ausüben, dein Zimmer aufräumen, Wäsche ggf. im Waschsalon erledigen und dann dein Essen zubereiten.

Möglicherweise triffst du dich abends mit Freunden, vielleicht esst oder lernt ihr zusammen oder geht zum Sport oder übt andere Hobbys aus. Und dann solltest du an einen ausreichenden erholsamen Schlaf denken, egal, ob es in den Nachbarzimmern laut ist. Du musst schließlich am nächsten Tag wieder fit sein …

Der Tagesablauf ist oben derart dargestellt, dass von einem „vollen Tag" mit Uni-Seminaren, Einkauf sowie Kochen und Waschen, Lernen etc. ausgegangen wird. Selbstredend gibt es Tage, an denen keine Seminare stattfinden, auch einmal nicht gelernt oder gekocht wird usw. Es soll hier aber verdeutlicht werden, dass du für alles, was anfallen könnte, nun selbst verantwortlich bist. Du führst nun Regie in deinem Studierendenleben. Und es wird Tage geben, die sehr voll sind, an denen du ein gutes Organisationstalent beweisen musst, um alles erledigen zu können. Dafür ist es hilfreich, Tagespläne zu schreiben, damit man den Überblick behält. Neben dem „Stundenplan"/ Studienplan für das fachliche Studium sollte also auch ein Erledigungsplan mit den o. g. Punkten angefertigt werden. Dies gibt dir Sicherheit und Struktur. Dadurch hast du das Gefühl, deinen Tag tatsächlich gut zu gestalten. Im Verlauf des Studiums wird vieles zur Routine, und du benötigst vielleicht keine Erledigungspläne mehr.

Zu Beginn des Studiums kommen zudem viele organisatorische Punkte auf dich zu, die auch in den Tagesablauf eingepasst werden müssen. So steht zum Beispiel an, dass du dich in Seminare und sonstige Veranstaltungen einschreiben/anmelden musst. Dies läuft je nach Einrichtung unterschiedlich ab. Hier empfiehlt es sich, auf Info-Veranstaltungen oder in Studierendensekretariaten oder beim AStA (Allgemeiner Studierendenausschuss) o. ä. nachzufragen. Erkundige dich nach Welcome-, Info- und Orientierungsveranstaltungen. Diese beantworten oftmals die meisten deiner Fragen. Weiterhin musst du dir Lernmaterialien besorgen, Apps herunterladen, eine Essenskarte kaufen und einen Bibliotheksausweis organisieren usw. Das Gute daran: Es gibt viele sogenannte „Erstis", denen es genauso geht wie dir. Lass dich nicht verunsichern, frage immer nach, wenn etwas unklar ist.

TIPP Setz dich nicht unter Druck – Studieren macht Freude! Es wird sich eine Routine einstellen. Suche Kontakt zu anderen Erstis und beratenden, informativen Stellen. Arbeite mit Tagesplänen und Prioritätenlisten.

ÜBUNG 9: Priorisiere deine Aktivitäten

Versuche nun, mit Prioritäten den Tag zu strukturieren. A ist dringend und kann nicht aufgeschoben werden, z. B. die Kopie eines Textes für das unmittelbar anstehende Seminar. B ist wichtig, kann aber verschoben werden, z. B. der Rundgang über den Campus, um die Lernecken zu erkunden. C ist „nice to have", z. B. Anschauen des Essensplans in der Mensa. Du definierst dein A, B und C! Organisation und bewusste Gestaltung deiner Tage helfen dir, den Studierenden-Alltag gut zu meistern.

Im Kapitel 3 setzt du dich mit dem zentralen Aspekt des Studierens auseinander: dem Lernen & Lernmanagement.

3 Lernen und Lernmanagement: Es liegt in deiner Hand …

3.1 Das Lernen lernen als Studierender: Lernmotivation, intrinsisches Lernen, Mikroebene, Mesoebene und Makrostrategien

Wie eine Person beim Lernen vorgeht, kann individuell sehr unterschiedlich sein. Es gibt kein generelles „Lernrezept“, und man kann auch nicht mal kurz bei anderen schauen, wie sie lernen, denn das Lernen an sich – die kognitiven Vorgänge im Gehirn – kann man nicht beobachten. „Es muss aus den Veränderungen des beobachtbaren Verhaltens erschlossen werden.“[25] Was man hingegen analysieren kann, sind z. B. Methoden des Lernens oder Lernstile. Darauf wird im folgenden Kapitel eingegangen. Aber warum lernen Menschen denn überhaupt? Zum einen können wir das Leben durch den Erwerb von Wissen und Kompetenzen besser meistern, insbesondere später das Berufsleben. Zum anderen verändern sich unsere Perspektiven, und wir halten unser Gehirn fit. Das ermöglicht uns eine kognitive Teilhabe an der Gesellschaft bis ins hohe Alter. Zu den weiteren für dieses Buch relevanten Funktionserklärungen des Gehirns (Hemisphären) siehe auch Kapitel 1.1.

Jede Person, die lernt, möchte Erfolg haben und die Lernthemen bzw. den Wissens- oder Kompetenzerwerb für etwas nutzen oder einsetzen. Lernen und das Aneignen von Wissen sollten Spaß bereiten, es sollte keine „frustrierende Last“[26] sein. Zentral für den Lernerfolg ist, ob du defensiv oder expansiv lernst.[27] Mangelnde Verantwortungsübernahme ist das wesentliche Merkmal für defensives Lernen. Das bedeutet, dass ohne ein Interesse an dem Lerngegenstand bzw. den Lerninhalten gelernt wird. Infolgedessen mangelt es an Lernmotivation, sich mit Lernthemen auseinanderzusetzen. Defensives Lernen entspringt nicht den Lerninteressen und Suchbewegungen des Lernen-

25 Zimbardo, P. (1992), S. 227.
26 Hüther, G. (2016), S. 10.
27 vgl. Arnold, R./Schüßler, I. (1998), S. 21–25.

den. Es leuchtet ein, dass ein derartiges Lernverhalten zäh, wenig erfreulich und nicht nachhaltig erfolgreich ist. In autoritären Schulformen findet häufig defensives Lernen statt.

Lernt man hingegen selbstbestimmt, selbstgesteuert und mit Interesse – d.h. man setzt sich Lernziele, überwacht, kontrolliert und reguliert seine Lernhandlung[28], weil man das Ziel vor Augen hat und mit den Erkenntnissen sein eigenes Handeln oder die Lebensqualität erhöhen möchte –, so spricht man von expansivem Lernen. Die Lernmotivation kommt von innen heraus – sie ist intrinsisch[29] begründet, durch Lernwillen und mit dem Ziel der Nachhaltigkeit. In Bezug auf das Studium bedeutet das, dass der Lernende an Bedeutungszusammenhängen und Relevanzen für sich und sein Studium und weiteres Handeln – z. B. seinen Beruf – interessiert ist. Expansives Lernen ist somit die erfolgversprechendere Variante des Lernens.

Die Erkenntnis, dass das erfolgreiche Lernen im Studium zentral wichtig ist, kann nur subjektiv und aus innerer Überzeugung heraus entstehen, um dann über lange Zeit fortgetragen zu werden.

Deswegen sollte dir klar sein, dass du nicht für deine Eltern, Freunde oder Professoren lernst, sondern einzig für dich und deinen persönlichen Bildungsweg. Diese Erkenntnis des Lernens ist zentral, weiterhin bedeutet das, dass das Lernen tatsächlich in deinen Händen liegt – und von dir steuerbar ist! Ziel des Lernens ist der Wissensaufbau. Und den Wissensaufbau benötigst du zum einen zum Bestehen der Prüfungen im Studium, zum anderen für deinen späteren Beruf. Um Wissen aufbauen zu können, lohnt ein Blick auf die Ebenen und Strategien des Wissensmanagements. Hier sei auf die drei Unterteilungen nach Friedrich/Mandl verwiesen. Sie unterscheiden als die kleinste Form des Wissensmanagements das Ziehen einfacher Schlüsse, danach komplexe Informationsverarbeitungen und in größter Form ein Langzeit- und Lebenserfahrungslernen:[30]

Mikroebene:

Dies sind vor allem elementare Informationsverarbeitungsprozesse kurzer zeitlicher Erstreckung, z. B. das Ziehen einfacher Analogieschlüsse; das wäre eine logische Schlussfolgerung, die auf der Ähnlichkeit oder Übereinstimmung zwischen zwei oder mehreren Objekten bzw. Sachverhalten beruht, wie das

28 Konrad, K./Traub, S. (2018), S. 8.

29 vgl. Siebert, H. (1997), S. 25.

30 vgl. Friedrich, H. F./Mandl, H. (1992), S. 11.

etwa bei der Anwendung eines Gesetzes in zunächst einem Rechtsfall und dann im Übertrag auf den nächsten Fall gegeben ist.

Mesoebene:
Dies sind komplexe Informationsverarbeitungsprozesse, wie das z. B. beim Rezipieren längerer Texte bzw. Fachliteratur gegeben ist. Hier müssen Inhalte nicht nur gelesen, sondern auch verstanden, angewendet und übertragen werden.

Makrostrategien:
Das sind Prozesse langer zeitlicher Erstreckung, z. B. das stetige Hinzulernen im späteren Job. Diese Prozesse stellen fließende Übergänge zu Lebensbewältigungsstrategien dar, in Koordination mit Lebenserfahrung und Lernprozessen aus der Mikro- und Mesoebene.

ÜBUNG 10: Vergegenwärtige dir die Ebenen und Strategien des Wissensmanagements

Für das Studium benötigst du vor allem zunächst die Mikro- und Mesoebene des Wissensmanagements. Diese dienen dazu, dass du beispielsweise aus vorgegebenem, umfangreichem Literaturmaterial durch Abwägen, Zusammenfassungen und Schlussfolgerungen Charts, Skripte oder Referate erstellen und dich gut auf Prüfungen vorbereiten kannst. Zunehmend und vor allem später im Beruf kommen die Makrostrategien zum Tragen. Du weißt, wie du erfolgreich lernen kannst, und bringst Erkenntnisse, Anforderungen und die Zielerreichung zusammen. Gehe gedanklich die Ebenen und Strategien durch. Vergegenwärtige dir den Wissensaufbau, um dein individuelles Wissensmanagement zu optimieren.

Das Individuum sollte Strategien entwickeln können, um das Gelernte in der Praxis umsetzen zu können. Der Aufbau von und der Umgang mit Wissen müssen deswegen gelernt werden.[31]

Wichtig ist auch, dass man im Laufe der Zeit erkennt, was relevante Lernhilfen und Lernhemmungen sein können, damit du deine Lernaufgaben meis-

31 vgl. Rogner, L. (2012), S. 113.

tern und deine Lernfähigkeit erhöhen kannst.[32] Auf diese Punkte wird im weiteren Verlauf von Kapitel 3 eingegangen.

3.2 Subjektorientierung gemäß Chronotyp, Lerntyp und Lernstil: Individuelle Lernstrategien für ein passfähiges Lernmanagement

In der menschlichen Grundstruktur sind verschiedene Lernverhaltenstypen verankert.[33] Daraus kann gefolgert werden, dass es individuell verschiedene Varianten des Lernens bzw. der Lerntypen und Lernstile gibt. Dabei hängen Lerntyp und Lernstil zusammen bzw. ist der Lerntyp eher stabiler – themenunabhängiger – als der Lernstil und verweist eher auf Persönlichkeitseigenschaften.[34]

Für den Lernerfolg solltest du Lernstrategien einsetzen, die deinem Lerntypus und Lernstil entsprechen. Vermutlich hast du das bisher schon getan – bewusst oder unbewusst.

Auf einige der zentralen Aspekte soll hier eingegangen werden.

Zunächst ist relevant, dass du beurteilen kannst, welcher Chronotyp[35] du bist. Es geht um die „Kategorie" Mensch, die sich nach der inneren, biologischen Uhr sowie sonstigen physischen Aspekten (z. B. Hormone) richtet. Das sind genetische Faktoren, die du „mitbringst", also nicht selbst „ausgesucht" hast. Jeder Mensch hat einen individuellen Chronotyp, was insbesondere anhand der Schlafenszeiten festzumachen ist: Wann wirst du ungefähr müde? Wann und wie lange schläfst du? Wann stehst du (ausgeruht) auf? Hier wird in den frühen, den normalen und den späten Chronotyp unterschieden. Der frühe Chronotyp steht früh auf (06/07:00 Uhr), ist dann auch früh leistungsfähig, geht dafür aber früh schlafen (22/23:00 Uhr). Umgangssprachlich wird dieser Chronotyp auch *Lerche* genannt. Der späte Chronotyp steht eher spät auf (09/10:00 Uhr), geht spät ins Bett (01/02:00 Uhr) und ist später als der frühe Chronotyp am leistungsfähigsten. Dieser Typ wird auch als *Eule* bezeichnet.

32 vgl. Loch, W. (1998), S. 92.
33 vgl. Tietgens, H. (1999), S. 138.
34 vgl. Siebert, H. (1997), S. 29.
35 vgl. https://www.chronocollege.de/was-ist-ein-chronotyp/ [Stand: 05.03.2024].

Ca. 50–60 % der Menschen ordnen sich zwischen Lerche und Eule ein, das ist der *normale* oder *Mediantyp*. Nun kannst du für dich schauen, wann deine geeignete Schlafens- und Wachzeiten sowie daraus abgeleitet deine besten Lernzeiten sind. Anders gesagt: Bist du der Eulentyp und schläfst gerne lang, solltest du in deinen Lernplan keine Lernzeit um 07:00 Uhr morgens eintragen. Gleichermaßen wird dein Lernergebnis vermutlich nicht so erfolgreich ausfallen, wenn du der Lerchentyp bist und eine Lernzeit um 21:00 Uhr eingetragen hast. Dann bist du nämlich schon müde.

Zusammengefasst geht es bei dem Chronotyp darum, die für dich geeignete Lern-Tageszeit zu ermitteln, um demgemäß deine Lernpläne (s. auch Kapitel 3.6) aufstellen zu können.

Für deine Lernstrategie ist nun im zweiten Schritt die Eruierung deines Lerntypus[36] relevant. Vielleicht hast du dich mit deinem Lerntypus schon in der Schulzeit beschäftigt. Viele Studierende sind sich jedoch ihres Lerntypus nicht bewusst. Dieser beeinflusst aber in erheblichem Maße das Lernen und demgemäß auch den Lernerfolg. Jeder Mensch hat andere Präferenzen, wie er am besten lernt. Unterschieden wird in vier Lerntypen[37]:

- **Visuell:**
  Der visuelle Lerntyp liest gerne Texte, bevorzugt Filme sowie Veranschaulichungen (z. B. Organigramme) und fertigt zur besseren Verständlichkeit für sich Skripte o. ä. an. In Seminaren oder Vorlesungen fällt das reine Zuhören nicht leicht. Hier behilft sich der visuelle Lerntyp für die Informationsaufnahme mit der Anfertigung von Notizen, Verweis-Punkten (Aspekt x/y ist nachzulesen in …) oder Skizzen. Auf die verwiesene Literatur „freut sich" der Studierende, denn dort kann er mit seinem bevorzugten Sinnesorgan Auge in Ruhe nachlesen, was er zuvor gehört hat. Jegliche Form von Darstellungen und auch Illustrationen sind hilfreich, Hörbücher z. B. werden nicht bevorzugt.
- **Auditiv:**
  Der auditive Lerntyp eignet sich Lerninhalte z. B. mittels Podcasts oder Hörtexten an. Dieser Lerntyp mag Hörbücher gerne. Mündliche Sprachübungen fallen ihm leicht. Im Gegensatz zu den visuellen Lerntypen bleibt das Gesprochene und Rezitierte eines Seminars oder einer Vorlesung für

36 vgl. Enders, W. et al. (2008), S. 54–57.
37 vgl. Rogner. L. (2023), S. 5.

den auditiven Lerntypen leichter und nachhaltiger im Gedächtnis, da das Sinnesorgan Ohr angesprochen wurde. Erklärungen werden besonders schnell verstanden bzw. Gehörtes kann gut behalten werden.

- **Kommunikativ:**
  Der kommunikative Lerntyp verarbeitet Lerninhalte gerne durch Gespräche. Er beteiligt sich z. B. an Seminargesprächen und steigt zur Informationsaufnahme und -verarbeitung mit Vorliebe in fachliche Unterhaltungen – ebenso nach dem Seminar/der Vorlesung – ein. Ihm liegen auch Partnerarbeiten, Lerngruppen und sonstige dialogische Prozesse, in denen er etwa durch Diskussionen die Lernthemen verinnerlicht (Merkfähigkeit durch Argumente) und im Frage-Antwort-Modus seinen Wissensaufbau voranbringt. Dadurch wird sein Sinneskanal Mund/Sprache adressiert.
- **Haptisch:**
  Der haptische Lerntyp – auch kinästhetisch-motorischer Lerntyp genannt – lernt gerne durch Anfassen und Involviert-Sein. Ihn sprechen alle Formen von Tests, Experimenten und Aktionen an, in die er bestenfalls eingeschlossen ist. Dazu zählen auch z. B. Formen von Rollenspielen, nicht nur Experimente im Chemie-Labor. Zudem ist *Learning by Doing* für diesen Lerntypen wichtig, also kein stilles Sitzen, sondern ein stetes In-Bewegung-Sein. Dieser Lerntyp möchte den großen Zusammenhang verstehen können. Durch z. B. Beobachtung und anschließende Aktion wird der Sinneskanal Haut/Haptik bzw. Motorik angesprochen.

Wichtig zu betonen ist, dass die Aneignungsvorgänge des Lernens bei jeder Person individuell anders verlaufen, oftmals Mischformen der Lerntypen auftreten (z. B. vordergründig visuell, in Teilen aber auch kommunikativ) und es fließende Übergänge geben kann. Überdies kann der Lerntypus im Verlauf von Lernprozessen variieren. Dies kann auch faktorenabhängig sein, z. B. bedingt durch Seminarthemen, die einen mehr oder weniger ansprechen, sowie durch die referierende Person in einer Vorlesung (Sympathie, Stimme etc.) oder auch aufgrund der Lernpartner. Überdies gibt es Kritik zu der Einteilung von Personen in diese vier Lerntypen. Diese bezieht sich beispielsweise darauf, dass die Faktoren Vorwissen und intellektuell-kognitive Voraussetzungen die Zuordnung beeinflussen können. Dennoch sei angemerkt, dass die Kategorisierung in diese vier Lerntypen hilfreich sein kann, um für sich selbst zu erkennen, unter welchen Bedingungen und Einflüssen man besser oder schlechter lernt.

ÜBUNG 11: Bestimme deinen Lerntyp

Reflektiere deine Art und Weise zu lernen, also Informationen aufzunehmen und somit Wissen aufzubauen. Gehe nun die einzelnen Lerntypen durch. Notiere dir (stichpunktartig reicht) in einer Tabelle, an welchen Stellen und Beschreibungen du dich am ehesten wiederfindest. Deine Tabellen-Analyse könnte an einem Beispiel verdeutlicht wie folgt aussehen:

Lerntyp	Individuelle Kennzeichen
Visuell	Lange und anspruchsvolle Texte bereiten mir keine Schwierigkeiten, ich mache mir gerne Notizen/Skizzen beim Lesen; oft stelle ich mir die Zusammenhänge bildlich vor; bei Verständnisschwierigkeiten lese ich in Büchern nach – frage aber nicht zuerst andere; ich gehe gerne in die Bibliothek und beschäftige mich mit Fachliteratur; zu Inhalten aus Filmbeiträgen halte ich Relevantes in schnell angefertigten Organigrammen/Layouts fest; Erklärungen am Telefon kann ich nicht immer nachvollziehen, Hörbücher mag ich nicht besonders.
Auditiv	Hier trifft fast nichts auf mich zu.
Kommunikativ	In der Klasse oder im Seminar melde ich mich gerne zu Themen, die ich gut verstanden habe. Ich erkläre es dann auch gerne, aber zu lange Kommunikationen liegen mir nicht. In Lerngruppen kann ich nur dann gut lernen, wenn nicht zu viel gesprochen wird, z. B. leises Lernen und am Ende Besprechen der Ergebnisse.
Haptisch	Ich bevorzuge Ruhe beim Lernen, *Learning by Doing* liegt mir nicht. Kurze Zeit etwas beobachten ist okay, dann möchte ich für mich allein weiter (aus-)arbeiten.

An dieser Lerntypen-Analyse lässt sich Nachstehendes ablesen:

Die Person weist die *Hauptmerkmale des visuellen Lerntyps* auf. Situationsabhängig lassen sich ebenfalls *einzelne Elemente des kommunikativen Lerntyps* feststellen. Der auditive und haptische Sinneskanal spielt bei den Lernabläufen keine dominante Rolle.

Welche Konsequenzen hinsichtlich deiner Lernstrategie kann man nun aus diesen Erkenntnissen ableiten? Wenn man z. B. feststellt, dass man vorwiegend der visuelle Lerntyp ist, sollte man überlegen, ob das Lernen in einer Lerngruppe der richtige Ansatz ist. Es kann sein, dass man eher frustriert eine Lerngruppen-Session verlässt und meint, nichts gelernt zu haben. Dann sollte man hinterfragen, ob es daran liegt, dass der Sinneskanal Auge zu wenig angesprochen wurde. Und andersherum verhält es sich bei dem kommunikativen Lerntyp derart, dass er bei einem Lernprogramm allein in seinem Studentenzimmer vielleicht das Gefühl hat, der Wissensaufbau will sich nicht einstellen, da er den Austausch mit anderen vermisst. So sollte sich diese Person überlegen, vorwiegend mit anderen anstatt allein zu lernen. Für die Gestaltung deines Lernarrangements ist es also sehr hilfreich, deinen Lerntyp zu kennen und dementsprechend die Lernarrangements zu planen.

Es gibt auch kostenlose Online-Schnelltests für die Bestimmung deines Lerntyps, z. B. der Lerntypentest von Plakos. Er ist leicht verständlich und dauert nicht lange.[38] Alternativ gibt es verschiedene Werke, mittels derer du ein Lernprofil und ein darauf aufbauendes Trainingsprogramm absolvieren sowie Lernprobleme aufdecken kannst. Manche Literatur bezieht sich auf die Zeit in der Schule, es sind aber viele Aspekte auch auf die Situation im Studium anwendbar.[39]

TIPP Manche Lerntypen zeigen ein charakteristisches Bild, das zuweilen mit negativen Beschreibungen konnotiert ist. Vorsicht bei Vorurteilen.

Zwei Beispiele:
Wenn eine Person viel über Lernthemen redet oder anderen sein Wissen erklären möchte, so wird er schnell als „altklug“ oder „angeberisch“ abgetan. Vielleicht hängt sein Agieren mit dem kommunikativen Lerntyp zusammen, d. h. er lernt, indem er spricht und diskutiert, s. o.
Ein Lernender braucht während des Lernens Bewegung, z. B. läuft er mit einem Skript in der Hand herum oder möchte etwas ausprobieren. Hier muss nicht zwangsläufig von einem nervösen Menschen ausgegangen werden. Genauso gut kann dieses Erscheinungsbild mit dem haptisch-motorischen Lerntyp zusammenhängen.

Neben deinem Chronotyp und Lerntyp ist nun in einem dritten Schritt relevant, auch die Einschätzung deines Lernstils vorzunehmen, damit du deine Lernstrategie weiter definieren kannst. Man könnte sagen, dass die Lernstile die Lerntypen erweitern oder spezifizieren. Das Konzept der Lernstile wurde in der 70er Jahren durch die Lernpsychologie entwickelt. Es besagt,

38 vgl. z. B. https://plakos-akademie.de/lerntypentest-kostenloser-schnelltest/ [Stand: 05.03.2024].
39 vgl. Turecek, K. (2011), S. 13 ff.

dass die meisten Menschen individuelle Lernmethoden bevorzugen, um mit Stimuli und Informationen „umzugehen“. Dabei werden oft die bevorzugten Sinneseindrücke hervorgehoben, so dass sich unterschiedliche Stile unterscheiden lassen.

Der Organisationspsychologe Kolb[40] hat 1984 folgende Lernstile beschrieben. Hier die Erläuterung der Personen mit den jeweiligen Lernstilen:

- **Konkrete Erfahrung/Erleben:**
  Erfahrungs- und gefühlsorientiertes Lernen sowie Urteilen, eher Ablehnung theoretischer Überlegungen, Personen lernen gerne mit Peers, zumeist einfühlsame Menschen
- **Beobachtung und Reflexion:**
  Annähernd-zögerndes Lernen, sorgfältige Beobachtungen, Vorlesungen werden als gute Lernsituationen empfunden, eher introvertierte Personen
- **Abstrakte Konzeptualisierung:**
  Analytisches Lernen mit logischem Denken, Theorien stehen im Vordergrund; Entdeckungslernen oder offene Lernsituationen werden nicht favorisiert, tendenziell nicht-emotionale Personen
- **Aktives Experimentieren:**
  Ein aktiver Lernvorgang steht im Vordergrund, reine Vorlesungen sind nicht gemocht, bevorzugtes Lernen mittels Projektarbeiten oder Lerngruppen, eher extrovertierte Personen

Diese Lernstile beinhalten verschiedene Kennzeichen und Verhaltensmuster. Die Akteure der Lernstile können demgemäß mit jeweiligen Eigenschaften beschrieben werden. Es gibt die Gruppe der Divergierer, der Assimilierer, der Konvergierer und der Akkommodierer. Die folgenden Erläuterungen der jeweiligen Personengruppe ergänzt die Beschreibung der Lernstile und macht es für dich leichter, deinen Lernstil zu identifizieren.

TIPP Die Bestimmung des Lerntypus und Lernstils ist nicht nur für das Studium interessant und hilfreich. Du wirst diese Aspekte auch im Berufsleben berücksichtigen und anwenden können.

40 vgl. Kolb, D. A. (1981), S. 232 ff.

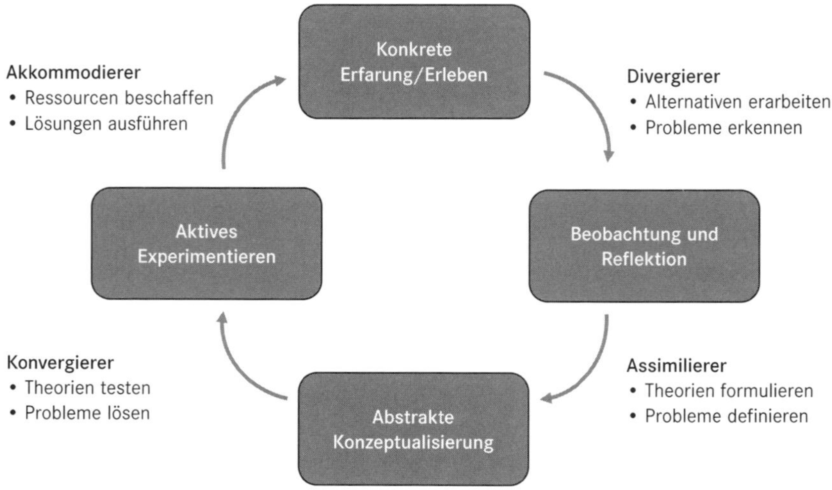

Darstellung 2.0: Lernstile nach Kolb

Was sind die Kennzeichen der jeweiligen Lernstile bzw. wie agieren die Personen? In obiger Darstellung sind in Anlehnung an Kolb (s. o.) die Akteure mit ihren jeweiligen Eigenschaften und Handlungsstilen dargestellt, die hier nun beschrieben werden:

- **Der Divergierer:**
  Er zeigt gegensätzliche Eigenschaften vom Konvergierer: konkretes Erfahrungslernen mit reflektivem Beobachten der Dinge – zumeist aus mehreren Blickwinkeln. Diese Personen sind interessiert an anderen Menschen und oft emotional, sind kulturell-künstlerisch interessiert, z. B. Gesellschafts- und Geisteswissenschaften, der Berater-Beruf erscheint passend, auch Personalverantwortung wäre denkbar.
- **Der Assimilierer:**
  Vorherrschende Lernfähigkeiten sind die abstrakte Konzeptualisierung und reflektive Beobachtung. Die Stärke liegt im Erarbeiten von theoretisch präzisen und logischen Modellen, auch von zuvor Beobachtetem. Hier gibt es Anteile eines Konvergierers, d. h. er ist weniger interessiert an Menschen, eher an abstrakten Konzepten. Der Mathematik und den Naturwissenschaften gilt ein Haupt-Interesse, sie sind z. B. Forscher in Wissenschaftseinrichtungen oder Mitarbeiter in Planungsabteilungen.

- **Der Konvergierer:**
  Die dominanten Lernfähigkeiten des Konvergierers sind a. abstrakte Konzepte und b. aktives Agieren. Ideen werden praktisch angewendet, um Probleme fachgerecht zu lösen, dabei werden eindeutige Antworten auf Fragen – auch umfangreiche Problemstellungen – bevorzugt. Konvergierer sind eher Personen im Alleingang, die Gefühle nicht (gern) zeigen, dafür bevorzugt sachlich-technisch arbeiten, z. B. Ingenieure.
- **Der Akkommodierer:**
  Weist gegensätzliche Lernstärken des Assimilierers auf, lernt am besten anhand von konkreten Erfahrungen und des aktiven Experimentierens, begibt sich risikofreudig gerne in neue Erfahrungen hinein. In diesen Situationen kann die Person sich anpassen, ist manchmal auch ungeduldig. Intuitive Versuch-Irrtum-Abläufe liegen ihr, Informationen anderer interessieren sie. Akkommodierer sind zumeist praktisch-technisch veranlagte Menschen, die z. B. gerne aktionsorientierte Jobs im Marketing, Verkauf oder Vertrieb favorisieren.

Anhand der Lernstil-Beschreibungen und der dazu gegebenen Beispiele und Ausprägungen sowie beruflichen Orientierungen kannst du nun reflektieren, welchem Lernstil du dich zuordnen würdest, auch schon mit dem Ausblick für eine berufliche Orientierung.

ÜBUNG 12: Bestimme deinen Lernstil

Gehe dabei vor wie in Übung 11 zur Bestimmung deines Lerntyps. Finde die Antwort zur Frage: In welchem Lernstil findest du dich am ehesten wieder? Am besten eignet sich wieder die Anfertigung einer Tabelle und das Vermerken der jeweilig infrage kommenden Lernstil-Beschreibungen. Du kannst auch jene beschreibenden Ergänzungen vornehmen, die sich für dich aus den obigen Merkmalen ergeben. Deine Tabellen-Analyse könnte beispielhaft wie folgt aussehen:

Lernstil	Individuelle Kennzeichen
Divergierer	Erfahrungslernen und reflektives Beobachten konnte ich noch nicht oft bei mir feststellen; ich lerne lieber allein als mit anderen; emotional bin ich je nach Situation, künstlerisch-kreativ in Bezug zu Konzepten und Organigrammen: ja – ansonsten in Bezug auf Ausstellungen/Galerien: nein; ich gebe gerne Nachhilfeunterricht und berate die Eltern.

Lernstil	Individuelle Kennzeichen
Assimilierer	Ich mag es, Konzepte und Texte zu erstellen, am liebsten anhand von Forschungsergebnissen, wissenschaftlichen Abhandlungen o. ä. Gerne auch mit Diagrammen und Schaubildern, dabei achte ich auf sachlich korrekte und schnell verständliche Darstellungen. Dafür lerne/arbeite ich gerne allein. Ich plane auch gerne, z. B. Tätigkeiten in Projekten. Die Forschungsarbeiten bei der Max-Planck-Gesellschaft finde ich interessant.
Konvergierer	Wenn Aufgaben zu abstrakt oder umfangreich sind, fühle ich mich überfordert. Zu technisch orientierte Themen interessieren mich nicht. Ich habe noch nicht festgestellt, dass ich Ideen oder Aufgaben-Lösungen gerne praktisch „ausprobiere"/anwende.
Akkommodierer	Aktiv experimentieren liegt mir nicht. Ich bin auch nicht risikofreudig und brauche nicht stetig neue/herausfordernde Lernsituationen, in denen ich nach dem Versuch-Irrtum-Prinzip lerne/arbeite. Was andere hierbei herausfinden, möchte ich nicht wissen. Eine Tätigkeit im Verkauf oder Vertrieb könnte ich mir nicht vorstellen.

Anhand der hier herangezogenen Beispielanalyse wird deutlich, dass der *Lernstil eines Assimilierers überwiegt. Kleine Anteile* sind beim *Lernstil Divergierer* festzumachen. Die Stärke liegt in der Verarbeitung von Informationen zu sachlich verständlichen Aufbereitungen und Auseinandersetzungen. Diese kann die Person gut erklären und überdies Verbindungen zu anderen Themen herstellen. Dabei arbeitet die Person am besten und konzentriert allein. Sie kann leicht den Überblick bei Planungen (Lernen, Projekte) behalten. Lernabläufe beim Studium kommen ihr größtenteils entgegen und fallen ihr leichter als anderen Lernstilen.

Relevant ist der sich herausformende individuelle Lernstil, denn jeder Lernstil ist einzigartig. Die Anteile der Stile und die Ausprägungen sind je nach Person different. Es geht hier also um die Art und Weise, wie sich eine Person auf neue Informationen – z. B. auch Studieninhalte – konzentriert, die Themen aufnimmt und gespeichert – also gelernt – hat. Über das Teenager-Alter hinaus sind die biologischen Lernstilelemente zumeist vollständig ausgebildet und ein Leben lang konstant. Du kannst also davon ausgehen, dass der Lernstil, den du für dich identifiziert hast, dich so auch dein Leben lang begleiten wird – also auch während deines Studiums und deiner beruflichen Zeit permanent sein wird.

Du hast dich nun mit deinem Chronotypus, Lerntypus und Lernstil auseinandergesetzt. Dies sind drei bedeutende Schritte, um deine persönliche Lernstrategie bestimmen zu können. Anhand der obigen Übungen und Beispiele kannst du diesen lernstrategischen Ansatz aufbauen und stetig verfeinern. Die Auseinandersetzung mit der individuellen Lernstrategie ist ein entscheidendes Kriterium für ein passendes Lernmanagement und infolgedessen auch ein erfolgreiches Studium. Es sollten aber noch weitere Aspekte für die individuelle Lernstrategie bedacht werden. Dazu zählt die Vergegenwärtigung der „Anregungsarena", die bewusste Gestaltung von Veränderungs- und Anpassungsmöglichkeiten sowie die geeignete Lernplanung mittels Lernplan.

Um das Lernen so angenehm wie möglich zu gestalten und dadurch positiv zu unterstützen, kannst du dich nun mit deinem persönlichen Setting auseinandersetzen, also deine Anregungsarena bestimmen. Darum geht es im nächsten Kapitel.

3.3 Anregungsarena: Praxisbeispiele und Austausch mit Vertrauenspersonen

Jeder Mensch fühlt sich in einem bestimmten Setting wohl und kann dann auch erfolgreich beim Lernen sein. Während die einen mit Musik im Hintergrund oder anderen Personen im Raum gut lernen können, bevorzugen andere die vollständige Ruhe und das Lernen allein im Raum. Während bei Person A der Schreibtisch bis auf Buch und Laptop leergeräumt ist, stapeln sich bei Person B die Bücher und Notizzettel auf dem Schreibtisch. Und es gibt Personen, die früh morgens lernen (auch in Anlehnung an den Chronotypus, s. Kapitel 3.1), dafür suchen sie am Nachmittag Ablenkung. Wiederum gibt es Personen, die beim Lernen stetig essen und trinken wollen, andere Personen setzen Essen und Trinken, z. B. Kaffee und Kuchen, bewusst als Belohnung oder Pausenabschnitt beim Lernen ein.

Darüber hinaus gibt es einige weitere Aspekte, die deine Anregungsarena bestimmen können:

- **Gute Selbstwahrnehmung!**
  Stell dir die Frage: Was brauche ich in diesem Moment? Was tut mir gut? Benötige ich Bewegung, frische Luft, ein Glas Wasser, jemanden zum Reden, einen Film zur Ablenkung …? Usw.
- **Kenntnis über deine Konzentrationsspanne!**
  Beispielsweise kann dir beim Lernen helfen, deine Aufmerksamkeits- und Konzentrationsspanne zu kennen. Du kannst dir zwar vornehmen, an einem Tag fünf Stunden zu lernen. Vielleicht ist das aber unrealistisch, weil die Kon-

zentrationsspanne in der Lernsituation bei dir vielleicht lediglich zulässt, dass die Menge an Information entsprechend einer Stunde Lernzeit in den Kurzzeitspeicher aufgenommen wird. Alles darüber hinaus „bleibt nicht hängen". Die durchschnittliche Aufmerksamkeitsspanne bei digitalem Lernen beträgt laut Studien nur etwa 10 bis 20 Minuten, bevor Ablenkung und nachlassende Lernleistung eintreten.[41] Du kannst deine Aufmerksamkeits- bzw. Konzentrationsspanne herausfinden, indem du dir verschiedene Zeitspannen des Lernens setzt, also einen Tag z. B. 30 Minuten, an einem weiteren 60 Minuten, dann 90 Minuten usw. Am jeweils nächsten Tag überprüfst du, welche Informationen noch abrufbar sind und welche „nicht hängen geblieben sind".

- **Konzentration ist entscheidend!**
  Konzentrationshinderlich können beeinflussende Faktoren folgender Art und Weise sein:
  - Unbewusste Gedanken und Bilder, die aufgrund schwerwiegender Gespräche oder Filme die Konzentration behindern. Beispielsweise ein Streitgespräch mit dem Partner vor dem Lernen oder ein Film am Vorabend, der mit seinen dramatischen Inhalten noch nachhallt. Demgemäß solltest du berücksichtigen, wann du deine Lernzeiten planst, und ggf. andere beeinflussende Faktoren verschieben.
  - Steuerungsprobleme sind z. B. Reize, die dich beim Lernen beeinflussen oder ablenken. Ein plausibles Beispiel ist das Mobiltelefon, das auf dem Schreibtisch liegt. Ist es nicht auf leise gestellt und liegt mit dem Bildschirm verdeckt, so ist die Versuchung groß, bei jedem Klingel- und Nachrichten-Eingangs-Ton zu schauen, wer dich kontaktiert. Die effektivste Variante ist, das Mobiltelefon außer Reich- und Hörweite zu deponieren.
  - Äußere Faktoren wie etwa ein zu dunkler/heller Raum, störende Geräusche wie laute Nachbarn, Baustelle etc. oder Personen im Raum (etwa bei WG-Situationen). Sofern diese Faktoren nicht abänderbar sind, solltest du Alternativen überprüfen, z. B. das Lernen in der Bibliothek.
  - Vitaminarme Ernährung.
  - Zu viel Alkoholkonsum.
  - Stress in jeder Form.

  Konzentrationsfördernd können folgende Faktoren sein:
  - Ausreichend Schlaf; bei Erwachsenen geht man davon aus, dass 7–8 Stunden Schlaf hinreichend sind. Mittelmaß Schlaf einplanen, also nicht

41 vgl. Naumann, J. et al. (2008), S. 197 ff.

weniger als 7 Stunden, aber auch nicht mehr als 8 Stunden. Zu viel oder zu wenig Schlaf kann dazu führen, dass die Konzentration nachlässt.

- Gesunde und ausgewogene Ernährung: Vitamine (Obst/Gemüse …), Eiweiß (Fleisch/Fisch …), Kohlenhydrate (Brot/Nudeln/Reis …); wenig Salz und Zucker bei Warmspeisen, gesunde Fette durch pflanzliche Öle (Olivenöl …).
  Die Deutsche Gesellschaft für Ernährung e. V. stellt online alle relevanten Informationen für die Zusammenstellung einer personalisierten Ernährungsliste zur Verfügung.[42]
- Wasserzufuhr, mindestens 1,5 Liter pro Tag: Wird zu wenig Flüssigkeit zu sich genommen, wird das Blut zäh, das Herz muss schwerer arbeiten, um Sauerstoff und Nährstoffe durchs Blut transportieren zu lassen. Auch die Kommunikation der Hirnzellen wird gestört. Die Folge davon ist, dass die Konzentration und Leistungsfähigkeit nachlassen und sich das allgemeine Wohlbefinden verschlechtert.
- Schoko-/Traubenzuckerriegel sorgen durch kurzkettige Kohlenhydrate für einen Anstieg des Blutzuckerspiegels (Insulinanstieg). Dies ist jedoch nur ein kurzzeitiger Effekt und nicht dauerhaft wiederholend empfehlenswert.
- Ausreichende Bewegung/Sport für Stressabbau.
- Ergonomische Sitzmöglichkeit.
- Gutes Raumklima bzw. regelmäßiges Lüften.
- Stressabbau bzw. -vermeidung so weit wie möglich.
- Konzentration regelmäßig üben (Gehirn-Muskel, siehe Kapitel 1.1).
- Abwechslung in den Aufgaben, z. B. Lesen oder Textaufgaben mit kreativen Aufgaben mischen, Skizzen o. ä.
- Pausen einplanen und diese sinnvoll nutzen, z. B. nach draußen gehen.
- Während der Lernzeiten möglichst entspannt lernen, „im Flow sein“, dann gelingt das Lernen leichter. Dafür sollte kein Druck oder Stress, stattdessen eine passfähige Lernplanung gegeben sein (siehe zum Thema Lernplanung auch Kapitel 3.6).
- Vorher „in positive Stimmung versetzen“, z. B. durch Hören beliebter Musik.
- Kleine Pauseneinheiten und motivierende/entspannende Musik hören.

42 vgl. https://www.dge.de/presse/meldungen/2023/neues-modell-zu-personalisierter-ernaehrung-2/ [Stand: 05.03.2024].

  - Autogenes Training/Yoga/Meditation, progressive Muskelentspannung: möglichst viele Muskeln bewusst anspannen und nach 7 Sek. wieder lockerlassen.
  - Shiatsu to go: rechten Mittelfinger zwischen Daumen und Zeigefinger der linken Hand legen; Finger der linken Hand massieren nun den unteren Rand des Mittelfingernagels; bis 15 zählen und Hände wechseln.
  - Zehenwackler-Übung in Kombination mit der Atmung: drei Mal hintereinander Zehen nach oben ziehen, dabei einatmen, halten und wieder ausatmen.
  - Bauchatmung: tief in den Bauch einatmen, 5 Sekunden halten, vollständig ausatmen und diese Übung 3–5 Mal wiederholen.
  - 1 Minute lang lachen/„grinsen“: Beim Lachen drückt der Gesichtsmuskel zwischen Wange und Auge genau auf den Nerv, der unserem Gehirn eine positive Stimmung signalisiert. Man beeinflusst dadurch also eine positive Stimmungslage.
  - Massage von Rücken, Nacken, Kopf.
  - Blick in die Ferne, um sich gedanklich abzulenken.
  - Eine Belohnung/„Token“ aussuchen und diese für die Zeit nach dem Lernen planen, z. B. ins Kino gehen oder mit Freunden kochen, je nachdem, was individuell als Belohnung angesehen wird.
  - Konstruktive Gedanken pflegen.
  - Das Lieblingsessen (vor-)kochen.
  - Sich mit positiven, netten Menschen umgeben.
  - Ergänze diese Punkte gerne durch individuelle Aspekte.
- **Bei nachlassender Konzentration gegenwirken!**
  - Atemübungen, z. B. tief ein- und ausatmen, damit mehr Sauerstoff aufgenommen wird.
  - Augenentspannung, Blick weg vom Bildschirm in die Ferne richten; Augen schließen und ruhen.
  - Bewegung, um Verspannungen zu vermeiden, z. B. indem man sich regelmäßig streckt, die Arbeitsmaterialien nicht nur in Griffweite aufbewahrt; Kurzbewegungs-Einheiten wie Liegestütze o. ä. durchführen.
  - Frische Luft bedenken, „um den Block gehen“, Hund ausführen.
  - „Nickerchen“, aber nicht länger als 20 Min., damit nicht die Tiefschlafphase eintritt.
  - Ergänze diese Punkte gerne durch individuelle Aspekte.

Bei der Wahl der Methoden für deine geeignete Anregungsarena kann der Austausch mit einer Vertrauensperson deiner Wahl hilfreich sein. Oftmals sind das Geschwister oder Eltern, denn sie kennen dich zumeist sehr gut. Sie können dir hilfreiche Tipps geben, welche dir effizient helfen, die dir selbst aber vielleicht nicht eingefallen wären. Andere können sich ggf. an Situationen erinnern, die dir geholfen haben, etwa wenn ein Eltern- oder Geschwisterteil früher mit dir gelernt hat. Dann können sie memorieren, was eine hilfreiche Lernsituation für dich war.

ÜBUNG 13: Definiere deine Lernarena

Für diese Übung stellst du dir deine Punkte derart zusammen, dass du – wie in einer Arena – einen Kreis/eine Ellipse mit zwei Hälften aufzeichnest. Und diese Hälften beinhalten zum einen die konzentrationsfördernden Aspekte und andererseits die konzentrationshemmenden. Fülle die Hälften mit Stichworten aus. Dadurch kannst du dir jederzeit vergegenwärtigen, was dir beim Lernen hilft und was dich negativ beeinflusst.
Deine persönliche Lernarena könnte beispielsweise derart aussehen:

Darstellung 2.1: Anregungsarena der Motivation und Konzentration – fördernde und hemmende Faktoren

Jeder Lerner wird im Laufe seiner Lernhistorie feststellen, dass sich einige Methoden und Vorgehensweisen als tragfähig erweisen, andere wiederum für einen erhöhten Lernerfolg geändert – also angeglichen/akkommodiert – werden sollten. Du machst dir – basierend auf Erfahrung – erweiterte Lernerfolge zunutze, d. h. du adaptierst Prozesse. Um diese Aspekte geht es im folgenden Kapitel.

3.4 Akkommodieren und Adaptieren: Individuell geeignete Ansätze und Methoden für Lernstrategien und Lernerfolg einsetzen

Das Ziel des Lernens sind die Informationsaufnahme, der Wissensaufbau und die Anwendung des Gelernten als Kompetenzbeleg. Wie schaffst du es also, Lerninhalte möglichst leicht und dauerhaft in deinem Gehirn zu verankern? Dafür kannst du dich spezifischer Lerntechniken bedienen, die du jeweils für dich anpassen oder erweitern kannst. Reinhaus beschreibt z. B. einige der folgenden Lerntechniken als Teil einer Lernstrategie[43]:

- *Persönlichen Nutzen/Bedürfnis des Lernstoffes vergegenwärtigen:*
  Die Erreichung der Ziele vergegenwärtigen; von der Neugier zur Erkenntnis gelangen: „Dafür benötige ich dieses Wissen!“ Das kann z. B. Anerkennung sein. *(Interne Ressource/Aufmerksamkeit)*
- *Messbare und realistische Ziele kritisch reflektieren:*
  Was erreichbar und bewertbar ist, motiviert. Alles nicht Mögliche demotiviert. Deswegen sollte man realistisch und reflektiv bleiben beim Lernen. Lernziele möglichst positiv formulieren. *(Kritisches Denken)*
- *Belohnungen einplanen:*
  Dies gilt für kleinere Lernerfolge – z. B. Abschnitte –, aber auch größere Schritte, z. B. Prüfungserfolge.
- *Lerninhalte mit Vorwissen verknüpfen:*
  Das Vorwissen ist über bestehende Nervenverbindungen gespeichert, daran kannst du dein neu erworbenes Wissen anknüpfen. *(Elaborationsstrategie)*
- *Lerninhalte mit Assoziationen verbinden:*
  Der Rückgriff auf bereits verfestigte Nervenverbindungen mit gelernten Prozessen/Abläufen oder Assoziationen hilft beim Lernen neuer Themen.

43 vgl. Reinhaus, D. (2016), S. 34 ff.

- *Lerninhalte mit Emotionen verbinden:*
  Denke an das Klassische Konditionieren, was dir ein schnelles und sicheres Lernen ermöglicht. *(Reiz-Reaktions-Assoziation)*
- *Lerninhalte praktisch anwenden:*
  Realisiere das Versuch-Irrtum-Prinzip; bei Gelingen und Positiverfahrungen werden Glückshormone ausgeschüttet – das fühlt sich gut an.
- *Lerninhalte wiederholen:*
  Häufiges Aktivieren der Nervenzellen führt zu dauerhafter Vernetzung und Speicherung von Lerninhalten. *(Wiederholungsstrategie)*
- *Lerninhalte mit Bildern verbinden:*
  Emotionale Bilder schalten einen Lernturbo ein; dies dient der Förderung und Nachhaltigkeit des Gelernten.
- *Lerninhalte vereinfachen:*
  Komplexe Informationen reduzieren, veranschaulichen, kommentieren; Teilinformationen werden leichter gelernt.
- *Mindmaps/Lernposter:*
  Visualisierung des Lernstoffs mittels eines Überblicks, Verknüpfungen der Lerninhalte erstellen; alternativ „Listen“ anlegen.
- *Karteikarten & -kasten, auch aus Bibliothek:*
  Z. B. zum (Fach-)Vokabellernen; denke hierbei an die Rückseite der Karte, auf der du angrenzende Themen, Verweise oder Quellenangaben vermerken kannst. *(Externe Ressource/Nutzung von Informationsquellen)*
- *Skripte, Skizzen oder Präsentation anfertigen:*
  Z. B. Buch-/Seminarinhalte aufbereiten und schnell verständlich als Überblick zusammenfassen. *(Organisationsstrategie)*
- *Lernpläne und „Power-Lernen“:*
  Auch mal nur kleine Zeiteinheiten planen, z. B. 15 Minuten mit Stoppuhr; bevor man überhaupt nicht lernt („keine Zeit“), lieber eine kurze Zeiteinheit einplanen, wann man gut lernen kann, als sich gar keine Zeit nehmen. *(Interne Ressource/Zeitmanagement/Chronotyp)*
- *SQR3-Technik (Survey, Question, Read, Recite, Review):*
  Erschließung schwieriger, wissenschaftlicher Texte durch
  - Blick auf das Inhaltsverzeichnis & Überschriften
  - Fragen aufschreiben: Worum geht es im Text?
  - Lesephase: Markierung wichtiger Textstellen
  - Zusammenfassung einzelner Textabschnitte
  - Text – wenn möglich – mit eigenen Worten erklären.

- *Loci-Methode/Geschichtentechnik:*
  Bekannte Orte mit Gelerntem in Verbindung bringen; Einprägen einer Route und im Kopf entlanggehen, z. B. für logistische Abläufe („In die Lagerhalle kommt … hinein, dann …“, besonders geeignet für das Lernen von Reihenfolgen/Prozessen).
- *ABC-Technik (mit Bildern):*
  Je Buchstabe 1 Name/Termin/Bild (für das Lernen von Prioritätensetzung; A = sehr wichtig; C = wenig wichtig).
- *Diktiergerät:*
  Z. B. Aufnahme von Gesagtem in Lerngruppen (für fehlerloses, umfassendes Memorieren von Themen/Inhalten).
- *Mnemotechniken:*
  Diese Technik beruht auf Merkhilfen/Eselsbrücken:
  a) *Schlüsselwort-Methode:* hose-Hose/eye-Ei
  b) *Zahl-Symbol-System:* 12 = Kopf/Merkwörter
  c) *Zahl-Reim-System:* 4 = Bier, 8 = Macht, 48 = Bier hat Macht.
- *Auswendig lernen:*
  Dienlich zum Lernen von Datensätzen, historischem Faktenwissen oder mathematischen Formeln.
- *Querlesen:*
  Das „Überfliegen“ eines Textes, um den Sinn im Grundsatz zu erfassen. Bei dieser Methode wird nicht Wort für Wort gelesen.
- *Wissenstransferübungen:*
  Lerngruppen/Peers, Chats, Ideentreffs. *(Externe Ressource/Lernen mit anderen)*
- *Sondierungs-, Vertiefungs- und Wiederholungsphasen:*
  Zumeist individuell unterschiedlich, s. a. Aspekt „Lernpläne“ im nächsten Kapitel.
- *Nimm's leicht:*
  Über sich selbst schmunzeln lernen, auch wenn man zum x-ten Mal eine Theorie falsch wiedergegeben hat. Irgendwann lernst du es doch! Positivbestärkung „Ich schaffe das schon“ ist besser als Negativbestärkung „Wusste ich doch, dass ich es nicht kann“. Ein bisschen „jammern“ ist verständlich, Selbstmitleid hingegen hilft nicht.
- *EPW:*
  Post-its in drei Spalten an die Tür kleben: erledigt (E), im Prozess (P), wiederholen (W); gleiches Prinzip funktioniert auch mit Bücherstapeln.

Relevant ist die lernfördernde Nutzung des Tisches/Raumes etc. *(Externe Ressource/Gestaltung der Lernumgebung)*

- *Lern(fort)schritte planen, überwachen, regulieren & dokumentieren:*
  Wann lerne ich was und wie? Sichtbarmachung, dass bereits Lernschritte erfolgt sind, z. B. Bücher zur Seite legen; 2 Stapel: bereits gelernt – noch nicht gelernt; Überprüfung, ob Anpassungen der Lernschritte notwendig sind. *(Metakognition)*
- *Verwirrung vermeiden:*
  Ähnliche Lerninhalte von verschiedenen Fächern/Seminaren o. ä. nicht hintereinander lernen – das verwirrt.
- Hier auch noch einmal der Verweis auf *Berücksichtigung von Lerntyp und Lernstil. (Interne Ressource/Anstrengung)*
- *Pyramidentechnik:*
  Diese Technik beschreibt, wann man davon ausgehen kann, etwas tatsächlich gelernt zu haben:
  1990 hat der amerikanische Psychologe George Miller[44] ein Modell zur Beurteilung klinischer Kompetenz entworfen. Miller beschreibt, dass die herkömmliche Bewertung von Medizinstudenten zu stark auf der Prüfung ihres Wissens beruhe, hingegen zu wenig auf der Beurteilung, wie sie sich in einer realen Konsultation (Praxis) verhalten würden. Er erstellte ein vierstufiges Modell: Wissen, Wissensanwendung, Klinische Kompetenz und Klinische Leistung. Hierauf aufsetzend wurde die 7-stufige Lernpyramide entwickelt, mit der sich Lernforschung, Lehrer, Lernpsychologen etc. bis heute auseinandersetzen. In allen Varianten der Weiterentwicklung dieser Pyramide geht es immer um die unterschiedlichen Grade der Retention – also Umsetzung –, die durch verschiedene Arten des Lernens hervorgerufen werden. Dabei wird unterschieden in eine eher aktive und vornehmlich passive Lernhaltung. Als erfolgreiche Lerntechnik gilt jene, bei der der Lerner in der Lage ist, (aktiv) anderen Personen Gelerntes korrekt wiederzugeben, also selbst Gelerntes zu lehren (Retention Rate bis zu 90 %, Stufe 7). Am wenigsten erfolgversprechend ist demnach die reine passive Teilnahme am Unterricht (Retention Rate um die 5 %, Stufe 1). Auch wenn einem dieses Modell sehr schematisch/starr vorkommt, die Sinneskanäle subjektiv nicht umfänglich berücksichtigt erscheinen, und die Prozentangaben vermutlich individuell differieren,

44 vgl. https://doi.org/10.1007/s00337-017-0331-z [Miller-Pyramide aktualisiert; Stand: 05.03.2024].

so ist jedoch nachzuvollziehen, was mit diesem Modell ausgesagt werden soll. Am besten lernt nachhaltig derjenige, der sein Wissen anderen beibringen kann. Dann hat er die Lerninformationen so weit durchdrungen, dass er das erworbene Wissen strukturiert und in passenden Zusammenhängen weitergeben kann. Der Lerner ist dann in einer bewusst aktiven Rolle. Das bedeutet für deine Lerntechnik und Lernstrategie: Je inaktiver du bei Lernhandlungen bist, desto geringer wird die Retention Rate (Umsetzung des Gelernten). Das bedeutet nicht, dass du unbedingt in einer Lerngruppe lernen musst. Du kannst dir auch selbst Aufgaben stellen und diese bearbeiten, Zusammenfassungen erstellen etc. Du kannst Skizzen anfertigen, sie jemandem zeigen und auf Verständlichkeit überprüfen lassen o. ä. Wichtig ist, dass du in der Lage sein solltest, Gelerntes korrekt und verständlich wiederzugeben.

Siehe dazu folgende Pyramiden-Darstellung:

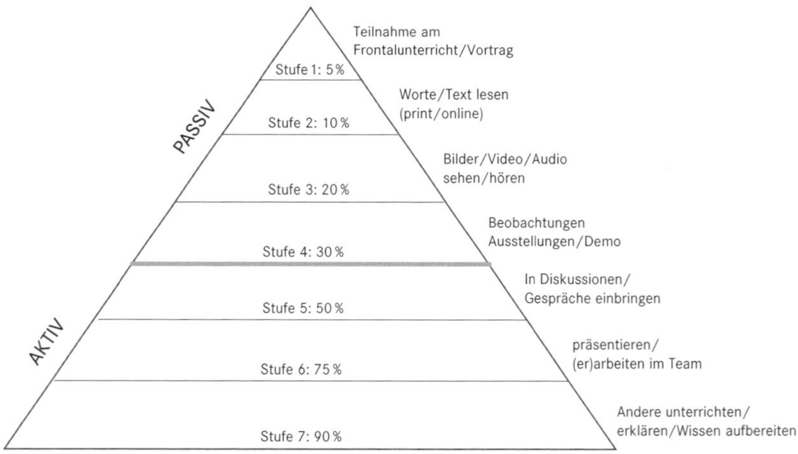

Darstellung 2.2: Modell der Lernpyramide – Retention Rate

ÜBUNG 14: Sammlung Lerntechniken

Reflektiere die oben genannten Lerntechniken. Einige sind dir sicherlich bereits bekannt, andere nicht. Stelle für dich zusammen, welche der Lerntechniken du bei einer nächsten Lernsession anwenden oder ausprobieren möchtest.

TIPP Jeder favorisiert seine persönlichen Lerntechniken und deren kombinatorischen Einsatz. Deswegen kannst du nicht unbedingt 1:1 Lerntechniken von z. B. Lernpartnern übernehmen. Sinnvoller ist, seine eigenen Lerntechniken zu identifizieren.

Für die Entwicklung deiner persönlichen Lernstrategie hast du nun viele unterschiedliche Lerntechniken und Methoden kennengelernt. Hier sind alle relevanten Aspekte tabellarisch noch einmal zusammengefasst:

<table>
<tr><th colspan="4">Lernstrategien – im weiteren Sinne – I</th></tr>
<tr><th colspan="4">Primärstrategien</th></tr>
<tr><td colspan="4">Kognitive Lernstrategien</td></tr>
<tr><td>Oberflächen-orientierte Strategien</td><td colspan="3">Tiefenorientierte Strategie</td></tr>
<tr><td>Wiederholungs-strategien</td><td>Organisations-strategien</td><td>Elaborations-strategien</td><td>Kritisches Denken</td></tr>
<tr><td>z. B. Vokabeln lernen</td><td>z. B. Skizzen anfertigen</td><td>z. B. neues Wissen mit bisherigem verbinden</td><td>z. B. Lernabläufe reflektieren</td></tr>
</table>

<table>
<tr><th colspan="6">Lernstrategien – im weiteren Sinne – II</th></tr>
<tr><th colspan="6">Sekundärstrategien</th></tr>
<tr><td colspan="6">Strategien zur Nutzung interner und externer Ressourcen</td></tr>
<tr><td colspan="3">Externe Ressource</td><td colspan="3">Interne Ressource</td></tr>
<tr><td>Gestaltung von Lern-umgebung</td><td>Nutzung von Informations-quellen</td><td>Lernen mit Studien-kollegen</td><td>Anstrengung</td><td>Aufmerksam-keit</td><td>Zeitmanage-ment</td></tr>
<tr><td>z. B. Schreibtisch</td><td>z. B. Biblio-thek, PC</td><td>z. B. Lerngruppen</td><td>z. B. Leis-tungsmög-lichkeit überprüfen/ Lerntyp & Lernstil</td><td>z. B. Ablen-kung durch Stress; aber auch Bewusst-werden des Nutzens vom Lernen</td><td>z. B. Lern-pläne erstellen/ Chronotyp</td></tr>
</table>

Lernstrategien – im weiteren Sinne – III		
Metakognitive Lernstrategien		
Lernschritte planen	Lernschritte überwachen	Lernschritte regulieren
z. B. mit Zwischenzielen, ggf. korrigieren	z. B. Kontrolle von Gelerntem/Tests	z. B. Bewertung des Lernverhaltens/der Fortschritte

Die Einschätzung deiner Lernstrategien ist dir auch dafür dienlich, damit du im Studium einschätzen kannst, welche Form des wissenschaftlichen Arbeitens für dich geeigneter erscheint als andere. Siehe hierfür auch Kapitel 4.1.

Um nun alle Aspekte wie Lerntyp, Lernstil, Anregungsarena, Lerntechniken und Lernstrategien in ein dienliches Lernmanagement zu überführen, kannst du dir einen für dich persönlich passenden Lernplan erstellen. Dieser Ansatz wird im nächsten Kapitel erläutert.

3.5 Individualisierte Lernabläufe mit Selbstverantwortung: Lerntechniken und Lernstrategien eingebettet im persönlichen Lernplan

Im bisherigen Kapitel 3 hast du dich bereits über grundlegende Aspekte von Lernstrategien informiert und herausgefunden, was davon für dich relevant ist. Ausgehend von diesem Wissen kannst du nun einen individuellen Lernablauf für dich erstellen, in den du die wesentlichen Punkte für dein Lernmanagement integrierst.

Ergänzend zu den zuvor schon dargelegten Themen der Lerntechniken und Lernstrategien sind hier noch einige relevante Fragestellungen und Rahmenpunkte genannt, die deinen Lernplan bereichern können:

- *Sondiere deine Ansprechpartner:*
  Welche Ansprechpartner sind für das Lernen primär oder sekundär wichtig? Sondiere das Feld: Kommilitonen in Kursen (Informationsabgleich), Lernpartner, Studis an anderen Unis/FHs, Geschwister/Eltern. Bedenke, dass alle jeweils eigenen Tagesabläufen folgen und deswegen vermutlich nur zu bestimmten Zeiten erreichbar sind.
- *Eruiere Lernpartner oder Lerngruppen:*
  Du musst Peers zum Lernen zunächst ausfindig machen. Das kann dich

anfangs Zeit und Aufwendungen kosten. Es ist auch nicht jeder Lernpartner oder jede Lerngruppe geeignet, so dass du dein Lernen „im Prozess“ ggf. umstellen musst. Nicht nur das gemeinsame Lernen sollte im Vordergrund stehen, sondern etwa auch der Vergleich von Skripten – was der/die andere/n in einem Seminar mitgeschrieben hat/haben bzw. was andere als prüfungsrelevante Inhalte mitgenommen haben.

- *Identifiziere Formate und Angebote:*
  Es empfiehlt sich, frühzeitig die für dich relevanten Kurse, Tutorials, Campus-Communities usw. zu identifizieren. Überschlage, wie viel Zeit du jeweils in Peer-Arbeit, Online-Tutorials usw. investieren musst.
- *Bedenke Sprechstunden:*
  Nimm Sprechstunden bei deinen Professoren wahr. Du erhöhst deine Sichtbarkeit, zudem kannst du Fragen stellen und erfährst vielleicht bedeutende Informationen bzgl. Prüfungen o. ä.
- *Reflektiere Wege und Zeiten der Informationsbeschaffung:*
  Über den klassischen Informationsbeschaffungsweg der Uni-Bibliothek hinaus existieren ggf. weitere Möglichkeiten an deiner HS/Uni, z. B. Cloud-Angebote, Skript-Sharing oder Kooperation mit anderen HS/Unis. Lote aus, wann der richtige Zeitpunkt ist, Informationen und Input einzuholen. Strukturiere dabei die Größe des Angebots und selektiere, was wichtig ist für dich und was nicht.
- *Selektiere Informationen:*
  Ein zentraler Aspekt bei der Informationsbeschaffung ist die Fähigkeit, Relevantes von Unwichtigem unterscheiden zu können. Hier gilt: Qualität statt Quantität. Es zählt also z. B. nicht eine hohe Anzahl an Büchern, sondern dass du die entscheidend richtigen Bücher oder Kopien ausgewählt hast.
- *Vergegenwärtige dir und berücksichtige den Jahresplan der HS/Uni:*
  Je nach HS/Uni ist das Jahr durch Semesterabfolgen strukturiert, z. B. zwei oder drei Semester. Die Semesterstrukturen geben einen Anhalt für Lern- oder Urlaubszeiten, die wichtig zur Planung deines Lernmanagements sind.
- *Erwäge Fahr- und Wartezeiten:*
  Für die Fahrten zur Einrichtung, zu Lerngruppen, zu Seminaren in anderen Gebäuden sowie für das Warten bei Sprechstunden fallen zusätzliche Zeiten an, die ebenfalls in deinem Lernplan berücksichtigt werden müssen.
- *Sonstiges:*
  Du kannst diese Liste abhängig von deiner spezifischen Situation erweitern und diese Kriterien in den Lernplan einfließen lassen.

Für die Erstellung eines Lernplans gehen wir nun zunächst von einer Wochenplanung aus. Dafür erstellst du dir nun einen umsetzbaren – also möglichst realistischen – Wochenplan, an dem du dich für ein erfolgreiches Lernmanagement orientieren kannst. Hier geht es also zunächst um den regulären Studien-Lern-Ablauf. Bezüglich des Lernmanagements vor Prüfungszeiten kannst du in Kapitel 5 weitere Informationen nachlesen.

ÜBUNG 15: Individueller Wochenplan

Erstelle dir einen individuellen Wochenplan. Für eine erste Näherung reichen ca. 20–25 Zeilen und 8 Spalten. In die linke Spalte trägst du untereinander in die Zeilen die Tages-Uhrzeiten ein. Wann dein Tag beginnt, hängt zum einen von deinem Chronotyp, zum anderen von Seminarzeiten der HS/Uni sowie anderweitigen Verpflichtungen ab. Beispielsweise startest du um 06:00, 07:00 oder 08:00 Uhr. In die Spalten daneben trägst du die Wochentage – inklusive Samstag und Sonntag – ein.

In einem nächsten Schritt befüllst du die Zeilen und Spalten. Dabei gehst du wie folgt vor:

- Zuerst trägst du die feststehenden studienrelevanten Termine wie die Seminare/Vorlesungen ein. Alle Termine sind hier im Beispiel mit „Aktivität“ ausgewiesen. Aktivitäten können auch längere Zeitfenster beanspruchen, dann füllt eine Aktivität zwei oder drei Zeilen aus. Zur Übersicht, wie viele Aktivitäten dich pro Woche beschäftigen, sind diese durchnummeriert.
- Nun trägst du weitere wichtige studienbezogene Termine wie Lerngruppen, Bibliothekszeit usw. ein.
- Als nächstes berücksichtigst du Zeiten wie etwa „Pausen“, „Sport“, „Erholung“, vielleicht auch regelmäßige Familienaktivitäten wie „Pflegeheim-Besuch“ o. ä. Du wirst feststellen, dass sich dein Wochenkalender schnell füllt.
- Bedenke auch, dass du weitere Lernzeiten – z. B. für Klausuren, Ausarbeitungen von Referaten – berücksichtigen musst. Ggf. fallen diese auf die Wochenend-Zeiten.
- Weiterhin solltest du „Pufferzeiten“ einplanen. Nicht immer erfolgt alles „wie geplant“ und ohne Zeitverlust. Dann musst du „schieben“ …
- Überdies müssen die Zeiten zur Erledigung aller Dinge des täglichen Lebens berücksichtigt werden, z. B. Einkauf, Wäsche waschen etc.

- Und was nicht vergessen werden darf, sind die Zeiten, an denen du dich erholst, dich ohne Lernstress o. ä. mit Freunden triffst, ins Kino gehst usw. Das sind die ellipsenartigen Figuren. Ziel sollte sein, dass ein Tag pro Woche tatsächlich „frei“ ist (hier z. B. der Sonntag).

	Montag	Dienstag	Mittwoch	Donnerstag	Freitag	Samstag	Sonntag
6:00–7:00 Uhr							
7:00–8:00 Uhr							
8:00–9:00 Uhr	~~Aktivität #1~~	Aktivität #9	Aktivität #17		Aktivität #30		
9:00–10:00 Uhr	~~Aktivität #2~~	Aktivität #10	Aktivität #18		Aktivität #31		
10:00–11:00 Uhr	~~Aktivität #3~~	Aktivität #11	Pause		Aktivität #32		
11:00–12:00 Uhr	Pause	Pause	Pause	Pause	~~Pause~~		
12:00–13:00 Uhr	Aktivität #4	Aktivität #12	Pause	Aktivität #25	Aktivität #33	Aktivität #38	
13:00–14:00 Uhr	Aktivität #5	Aktivität #13	~~Aktivität #19~~	Aktivität #13	Aktivität #34	Aktivität #39	
14:00–15:00 Uhr	Aktivität #6	Aktivität #14	~~Aktivität #20~~	Aktivität #26	Aktivität #35	Aktivität #40	
15:00–16:00 Uhr	Pause	Pause	Pause	Pause	Pause		
16:00–17:00 Uhr	Aktivität #7	Aktivität #15	Aktivität #21	Aktivität #27	Aktivität #36		
17:00–18:00 Uhr	Aktivität #8	Aktivität #16	Aktivität #22	Aktivität #28	Aktivität #37		
18:00–19:00 Uhr			Aktivität #23	Aktivität #29			
19:00–20:00 Uhr			Aktivität #24				
20:00–21:00 Uhr							
21:00–22:00 Uhr							

Darstellung 2.3: Beispiel Lernplan für eine Woche

- Ggf. musst du nach ein paar Tagen/Wochen des Semesterbeginns deinen Wochenplan abändern, da ein Seminar verschoben wurde, du eine Umwahl eines Seminars o. ä. vornehmen musst (hier Durchgestrichenes). Dann streiche diese Aktivität und ersetze sie durch die Alternative. Oder du möchtest eine Lern- oder Sportzeit verschieben. Dein Plan sollte also adaptiv gestaltbar sein.

Zum Thema „Zeitmanagement“ und „Lernplan“ siehe auch Kapitel 5.1. Dort wird erläutert, wie du Stress vermeiden und deine optimale Lernleistung erlangen kannst.

TIPP Wenn du die Füllung deines Wochenplans gemäß den obigen Angaben vorgenommen hast, stellst du sicherlich fest, dass du viele Aktivitäten, Verpflichtungen und Planungen hast, dafür aber wenig Zeitfenster, an denen du frei hast und entspannen kannst. Entweder fühlt es sich dennoch passend an und du versuchst einmal, den Plan so umzusetzen. Oder du erkennst jetzt schon, dass dir das zu viel wird. Dann streiche diejenigen Aktivitäten heraus, die dir verzichtbar erscheinen und dir tatsächlich Zeit bringen. Das Studium soll eine gewinnbringende und schöne Zeit für dich sein!

Dir wird nun vermutlich immer klarer, warum die Auseinandersetzung mit dir als Mensch in Kapitel 1 und 2 sowie hier in Kapitel 3 so relevant ist. Denn je besser du dich kennst, umso gewinnbringender kannst du dich weiterentwickeln – also auch lernen.

Im nächsten Kapitel setzt du dich mit dem wissenschaftlichen Arbeiten auseinander. Dies benötigst du, um im Studium z. B. Hausarbeiten und Klausuren zu schreiben, vor allem dann auch später für die Anfertigung der Bachelor- und Master-Arbeit.

4 Wissenschaftliches Arbeiten: Hausaufgaben, BA-/MA-Arbeiten

4.1 Wissenschaftliches Arbeiten: Grundlagen verständlich erklärt, damit du dich orientieren kannst! Match deiner Lernstrategien mit wissenschaftlichem Arbeiten

Im vorherigen Kapitel hast du dich mit deinem Lernen und Lernmanagement auseinandergesetzt. Du weißt nun, wie du vorgehen kannst, um dein Lern- und Zeitmanagement in Einklang mit deinen Interessen sowie den Anforderungen eines Studiums zu bringen. Die Lernzeit im Studium kennzeichnet sich neben den Seminaren und Vorlesungen auch durch das wissenschaftliche Arbeiten in Form von Hausaufgaben/schriftlichen Ausarbeitungen, das Halten von Referaten, Projektarbeiten etc. sowie abschließend durch die Bachelor- und/oder Master-Arbeit. Es gibt mehrere Möglichkeiten, in der HS/Uni das wissenschaftliche Arbeiten zu erlernen und als Leistung und Prüfungsanrechnung dem Dozenten/Professor zu zeigen:

Unterschieden wird im Allgemeinen zwischen den folgenden Arten der wissenschaftlichen Arbeiten:

- *Seminararbeiten:*
  Diese schriftliche Studienarbeit wird im Rahmen eines Seminars verfasst und bezieht sich infolgedessen auf einen Inhalt des Seminars. Oftmals wird eine Seminararbeit für die Prüfungsleistung angerechnet. Abhängig vom Seminarleiter, Fachgebiet bzw. Thema kann eine Seminararbeit ca. 10–30 Seiten umfassen. Seminararbeiten können auch von mehreren Personen zusammen verfasst werden.
- *Hausarbeiten:*
  Du beweist mit dieser Textarbeit, dass du in der Lage bist, basierend auf wissenschaftlichen Standards eine Arbeit anzufertigen. Dabei zeigst du, dass du dich mit einem Thema in der Tiefe auseinandersetzt. Du entwickelst eine wissenschaftliche Fragestellung, bearbeitest diese argumentativ und kannst wesentliche Aspekte im Überblick darstellen. Die Hausarbeit

umfasst ca. 12–20 Seiten. Die Themen werden zumeist vom Seminarleiter vorgegeben. Hausarbeiten werden individuell von jedem Studierenden einzeln verfasst.

- *Projektarbeiten:*
  Hierbei handelt es sich um eine wissenschaftliche Arbeit mit praktischem Hintergrund. Das kann eine Studie oder ein Experiment sein, welches oft in Partner- oder Gruppenarbeit durchgeführt wird. Wichtig sind die Aspekte: geordnetes und logisches Denken sowie Dokumentation der Arbeitsabläufe und Ergebnisse. Die Projektarbeit ist der Hausarbeit ähnlich, oftmals werden die Ergebnisse der Projektarbeit im Seminar präsentiert. Alle Projektarbeitsbeteiligten sollen hier zu Wort kommen.
- *Referate:*
  Dieser ca. 10- bis 15-minütige mündliche Vortrag soll Zuhörende über ein bestimmtes Themengebiet informieren. Dabei wird frei vor der Gruppe gesprochen. Referate bieten die Möglichkeit, die Grundlagen wissenschaftlichen Arbeitens auszuprobieren. Es kann eine Frage oder mehrere bearbeitet werden. Oftmals stellt man die Ergebnisse zur Diskussion. Referate können gemeinsam mit anderen gestaltet werden (dann Zeiterhöhung des mündlichen Vortrags), hierbei wird darauf geachtet, dass jeder beim Referieren einen Redeanteil hat.
- *BA-Arbeit:*
  Zum Abschluss des Studiums wird eine ca. 20- bis 60-seitige Bachelorarbeit angefertigt. Hiermit führst du den Beweis an, dass du in der Lage bist, ein Thema wissenschaftlich korrekt zu bearbeiten. Für die Ausarbeitung wird dir ein Betreuer zur Seite gestellt (Professor, akademischer Mitarbeiter), mit dem du das Thema und deren Ausarbeitung besprichst sowie festlegst. Die Bearbeitungszeit richtet sich nach der Aufgabenstellung, in etwa sind es 2–4 Monate (je nach Fachbereich).
- *MA-Arbeit:*
  Zum Abschluss eines vertiefenden oder spezialisierenden Master-Studiengangs fertigst du eine Master-Arbeit an. Diese ist wie auch die BA-Arbeit ein staatlicher Studienabschluss, allerdings ist der Anspruch höher. Das Ziel besteht darin, ein fachübergreifendes Thema selbstständig und wissenschaftlich weiterzuentwickeln. Hierbei sollst du mittels eigener Forschung neue Erkenntnisse gewinnen und dadurch einen eigenen Beitrag zum aktuellen Stand der Forschung leisten. Wie auch bei der BA-Arbeit besprichst du das Thema und die Ausarbeitung mit einem Betreuer. Der

Umfang der Master-Arbeit beträgt ca. 60–120 Seiten, je nach Studiengang und Thema, die Bearbeitungszeit beträgt etwa 5–6 Monate.

- *Promotion:*
  Nach erfolgreichem Studienabschluss kann man zur Erlangung eines der höchsten akademischen Grade die Promotion anstreben, den Doktortitel in einem bestimmten Studienfach. Die Promotion gilt als Nachweis der Befähigung zu besonders vertiefter wissenschaftlicher Arbeit. Die Promotionsurkunde erhält man nach erfolgreichem Ablegen einer wissenschaftlichen Arbeit (Dissertation) sowie einer mündlichen Prüfung (Disputation).
- *Habilitation:*
  Die Habilitation ist die höchstrangige Hochschulprüfung in Deutschland und stellt die Anerkennung zur Lehrbefähigung in einem Fach/Fachgebiet dar. Vorbedingung ist der Abschluss der Promotion, die Habilitationsschrift sowie wissenschaftliche Veröffentlichungen. Als mündliche Prüfung gilt ein Fachvortrag vor Mitgliedern der jeweiligen Fakultät mit anschließendem Kolloquium. Eine studiengangbezogene Lehrveranstaltung muss in der Regel nachgewiesen werden. Dieser Abschluss berechtigt als Titel den Zusatz „habil.“.

Zu den Themen Studienabschluss und Abschlussarbeiten siehe auch die Ausführungen in Kapitel 5.3. Hier geht es u. a. um den Punkt, sich mit der Abschlussarbeit einen neuen Aspekt der Identität und Selbstverwirklichung zu schaffen.

Neben den Seminar-, Haus-, Projektarbeiten, Referaten und Abschlussarbeiten zählen zu den wissenschaftsorientierten Arbeiten ebenfalls:

- *Handout:*
  Zumeist ist das eine Tischvorlage, die eine kompakte Handreichung zu wesentlichen Aspekten eines Themas wiedergibt, z. B. begleitend zu einem Referat. Ein Handout sollte nicht länger als eine Seite sein.
- *Thesenpapier:*
  Hier geht es um eine Stellungnahme zu einer Problematik. Dabei stellt der Verfasser anhand nummerierter Thesen seine Stellungnahme vor. Das ist ein zusammenfassendes Informationspapier in grammatikalisch vollständigen Sätzen, zumeist eine kurze Abhandlung von 1–2 Seiten.
- *Wissenschaftliches Poster:*
  In knapper Art und Weise wird das Wesentliche einer Forschungsarbeit dargestellt. Enthalten sein sollten – wie auch bei einer wissenschaftlichen

Arbeit – Problemstellung und Zielsetzung, Forschungsmethodik, Ergebnisse, Schlussfolgerungen, Literaturangaben.

Beim wissenschaftlichen Arbeiten sollst du dich vor allem mit Aspekten der Wissenschaft und dem Stand der Forschung sowie später in der Abschlussarbeit mit einer Forschungsfrage kritisch auseinandersetzen, ein Ergebnis finden und dies sachlich formulieren.[45] Du sollst dich also nicht auf deine Erfahrungen und Meinungen beziehen, sondern beim wissenschaftlichen Arbeiten spielen Rahmenbedingungen wie Objektivität, Sachlichkeit, Quellen, eine Zusammenschau über die Forschungslage sowie ein korrektes Zitieren eine wesentliche Rolle. Es geht um das Wissen als begründete Erkenntnisse – nicht um Vermutungen. Bohl definiert das folgendermaßen: „Wissenschaftliches Arbeiten zeigt sich in einer systematischen und methodisch kontrollierten Verbindung eigenständiger und kreativer Gedanken mit bereits vorliegenden wissenschaftlichen Befunden. Das Vorgehen ist sorgfältig, begriffsklärend und fach- bzw. disziplinbezogen."[46]

Durch die Übungen in Kapitel 3 hast du herausgefunden, wie du dein Lernen als Studierender einschätzt; du hast deine persönlichen Aspekte für die Zusammensetzung einer Lernstrategie – mit Lerntyp und Lernstil etc. – herausgefunden. Wenn du dich im Studium nun im Seminar für die Anfertigung einer wissenschaftlichen Arbeit entscheiden sollst, kannst du auf Basis deiner persönlichen Lern-Aspekte gemäß der zuvor erarbeiteten Lernstrategien herausfinden, ob du z. B. lieber eine Hausarbeit in Alleinarbeit oder vielleicht eher ein Referat in Partnerarbeit erstellst. Du kannst die angebotenen Arbeitsaufträge mit deinen Lernstrategien abgleichen und dann eine passende Arbeit wählen. Anhand eines Beispiels – Manuela Mustermann – sei dies tabellarisch verdeutlicht:

45 vgl. https://studyflix.de/studientipps/wissenschaftliches-arbeiten-5608 [Stand: 05.03.2024].

46 Bohl, Th. (2008), S. 13.

Individuelle Lernstrategie und dazu passende Wahl wissenschaftlicher Arbeit im Studium		
Sekundärstrategien/ Externe Ressource	*Gestaltung von Lernumgebung*	Schreibtisch muss immer aufgeräumt sein, sonst verliert M. den Überblick und ist abgelenkt.
	Nutzung von Informationsquellen/PC	M. geht nicht gerne in die Bibliothek, dafür arbeitet sie umso lieber mit dem Notebook und hält sich in Chat-Räumen auf.
	Lernen mit Studienkollegen	M. hat von Anfang an gut in Lerngruppen gelernt.
Sekundärstrategien/ Interne Ressource	*Anstrengung/Leistungsmöglichkeit/Lerntyp*	M. ist ein kommunikativer Lerntyp, sie spricht und diskutiert gerne beim Lernen.
	Aufmerksamkeit/ Ablenkungen	Zu viel Stress hindert Manuela beim Lernen, dann kann sie nicht „abschalten"; d.h. es sollte nicht zu viele Programmpunkte an einem Tag geben.
	Zeitmanagement/Chronotyp	M. ist eine „Lerche", d.h. sie lernt gerne früh am Tag, Lernen später am Abend ist für sie nicht geeignet; das bedeutet auch, dass die Lerngruppen nicht zu spät am Tag stattfinden sollten.
Metakognitive Strategien	*Lernschritte planen*	M. hat sich Zwischenziele beim Lernen gesetzt, sie bespricht diese auch mit ihren Lernpartnern; manchmal korrigieren sie die Schritte.
	Lernschritte überwachen	In der Lerngruppe stellen sich die Studierenden gegenseitig Testaufgaben.
	Lernschritte regulieren	M. bewertet ihr Lernverhalten, indem sie ihren Lernfortschritt anhand von Kurztests überprüft, die der Seminarleiter verteilt hat; sie bespricht sich dazu mit den Peers.

Individuelle Lernstrategie und dazu passende Wahl wissenschaftlicher Arbeit im Studium		
Primärstrategien/Kognitive Strategien/Tiefenorientierte Strategien	*Organisationsstrategien*	M. fertigt beim Lernen und in den Lerngruppensitzungen gerne Skizzen an.
	Elaborationsstrategien	M. hat festgestellt, dass sie sich nicht so gut wie andere an bisherige Lerninhalte erinnern kann, und profitiert davon, dass Peers ihr bei der Verknüpfung neuer Inhalte mit bisherig Gelerntem behilflich sind.
Kritisches Denken	*Lernabläufe korrigieren*	M. überlegt sich neue Impulse des Lernens und bringt sie in die Lerngruppe ein.
Primärstrategien/ Kognitive Strategien/ Oberflächenorientierte Strategien	*Wiederholungsstrategien*	Zum einen hat sich M. eine Kartei angelegt, anhand der sie Inhalte selbstständig wiederholt, zum anderen lässt sie sich von Lernpartnern bzgl. gleicher Inhalte abfragen. Dann merkt sie, dass sie nachhaltig besser lernt.

Zieht man alle Aspekte der Lernstrategie-Analyse zusammen, so bietet sich für Manuela das wissenschaftliche Arbeiten in Form von *Projektarbeit, Referat* und *Darstellungen in einem wissenschaftlichen Poster* an. Diese Analyse basiert darauf, dass ihre Lern-Stärken im Gespräch/Austausch sowie in der Kooperation mit anderen als Partner- oder Gruppenarbeit liegen. Darüber hinaus lernt Manuela strukturiert und reflektiert; das Anfertigen von schnell verständlichen sowie übersichtlichen Skizzen, Diagrammen o. ä. am Computer bereitet ihr Freude. Durch die mediale Unterstützung kann sie sich schnell mittels Dokumenten-Sharing oder Cloud-Lösungen mit anderen verständigen. Ihr Schreibtisch ist nicht überladen mit Büchern, alles ist aufgeräumt und eher online verfügbar. Manuela schätzt das Feedback anderer und überarbeitet gerne Lernabläufe – ggf. korrigiert sie Lern(fort)schritte. Dies erledigt sie für sich, ebenfalls auch für die Gruppe.

Allerdings muss Manuela darauf achten, dass der Tag nicht zu „überladen" ist, weil sie das als Stress empfindet und sich dann nicht mehr gut konzentrieren kann. Auch bzgl. der Lernzeit muss sie Acht geben, da sie als Lerche-Typ am Abend nicht mehr gut lernen kann. Lerngruppen finden also besser am Nachmittag statt; oder vielleicht morgens, wenn einmal kein Seminar oder keine Vorlesung ansteht. Mittels ihrer Lieblings-Wiederholungsstrategie „Karteikarten lernen“, kann Manuela sowohl für sich allein als auch mit anderen lernen.

Nicht immer kann man die Form des wissenschaftlichen Arbeitens im Seminar frei wählen. So wird z. B. von allen Studierenden gefordert, dass sie eine Seminararbeit anfertigen. Dann wirst du dich mit den Anforderungen dieser Arbeit auseinandersetzen müssen, kannst aber dennoch etwa auf Lerngruppen o. ä. zugreifen, um dir Unterstützung und Ratschläge geben zu lassen.

ÜBUNG 16: Lernstrategie und wissenschaftliches Arbeiten

Finde heraus, welche Form des wissenschaftlichen Arbeitens dir liegt. Dafür kannst du vorgehen wie in obiger Tabelle anhand des Beispiels gezeigt. Dann wirst du feststellen können, ob dir z. B. eine Hausarbeit eher liegt als eine Projektarbeit usw.

TIPP Es kann sein, dass du im Verlauf deines Studiums andere Formen des wissenschaftlichen Arbeitens ausprobieren musst (Vorgabe) oder möchtest. Lass dich darauf ein. Vielleicht ergeben sich interessante Momente des Lernens und Arbeitens, z. B. aufgrund anderer Seminarsettings, Lehrpersonen, Themen, Materialien o. ä.

In diesem Werk wird nicht im Detail auf die vielzähligen Aspekte eingegangen, die es bei wissenschaftlichen Arbeiten insgesamt zu berücksichtigen gilt, z. B. Zitationsweisen, Analyse empirischer Daten oder die Erstellung des Inhalts- und Literaturverzeichnisses. Zu diesen Themen existieren zahlreiche Grundlagenwerke[47], zudem gibt es spezifische Vorgaben der HS/Unis, die befolgt werden müssen. Vielmehr werden hier anhand von ausgewählten und elementaren Grundlagenthemen sowie Praxisbeispielen und Übungen Hilfestellungen für dich persönlich gegeben, dass du das wissenschaftliche Arbeiten

47 Siehe z. B. die Werke von Kornmeier und Voss, aus denen in diesem Buch zitiert wird. Du kannst aber auch online recherchieren und wirst zahlreiche Einträge finden, z. B. https://www.studihub.de/wissenschaftliches-arbeiten-was-bedeutet-das/ [Stand: 05.03.2024].

mitsamt der Abschlussarbeit in einem individuellen Arbeitsprozess gut bestehen kannst. Es geht um den subjektiv unterschiedlichen *Student Life Cycle.*

Für das Anfertigen einer wissenschaftlichen Arbeit gelten bestimmte Maßstäbe, sogenannte Gütekriterien. Diese sind gleichermaßen für eine Semesterarbeit wie auch für eine BA- oder MA-Arbeit gegeben.

Der Maßstab der Orientierung bezieht sich auf drei Haupt-Gütekriterien[48] wissenschaftlicher Arbeiten bzw. für Forschungen:

- *Validität:*
  Es wird tatsächlich untersucht – z. B. gemessen –, was untersucht werden soll. Es muss demnach darauf geachtet werden, dass in der Arbeit die Antwort auf die Forschungsfrage bearbeitet und angemessen dargestellt wird. Beispielsweise: *Dient die Navigation der neu entwickelten App „Adap pro" für individuelles Lernen tatsächlich dazu, dass persönliche Lernaspekte in Form von Adaptivitätsbuttons berücksichtigt werden?*[49] Stellst du im Verlauf deiner Untersuchung fest, dass du von dieser Analyse abgekommen bist und etwa gerade an einer Analyse von Hardware-Themen arbeitest, so bist du „vom Pfad" abgekommen und arbeitest nicht an der Beantwortung der Forschungsfrage. Dann fällt es zwar schwer, das gerade Bearbeitete zu löschen, aber es sollte zumindest in deiner Arbeit keinen Platz finden.

TIPP Schreibe dir deine Forschungsfrage auf einen Klebezettel. Dieser befindet sich immer z. B. in deinem Skript oder Portemonnaie. Schaue regelmäßig auf die Frage und überprüfe, ob du auch wirklich an der Antwort zu dieser Frage arbeitest.

- *Reliabilität:*
  Es gibt zuverlässige Ergebnisse bei Wiederholung der Untersuchungen/Forschung. Wenn du beispielsweise die oben erwähnte App testest, müssten bei einer Testwiederholung – vorausgesetzt es sind die gleichen Rahmenbedingungen wie Testaufgaben, Raum, IT usw. – die gleichen Ergebnisse erzielt werden.

48 vgl. Voigt, M. (2020), S. 7–12.

49 Anmerkung: Forschungsfrage und Firmenname sind fiktiv.

- *Objektivität:*
  Es gibt keine ungewollten Einflüsse durch z. B. involvierte Personen. Das bedeutet auch, dass du selbst eine neutrale Position bei deiner Forschung innehast. Du wertest/favorisierst nicht, sondern analysierst und stellst die Ergebnisse dar.

Zusätzlich sind noch folgende Aspekte relevant:

- *Ehrlichkeit:*
  „Die Ehrlichkeit zu dir selbst und anderen verschafft dem wissenschaftlichen Arbeiten Glaubwürdigkeit."[50] Du arbeitest der Wahrheit entsprechend, was auch das Zitieren aus Werken anderer beinhaltet. Das Zitieren muss korrekt erfolgen. Achte deswegen auf einen verantwortungsvollen Umgang mit den Texten und Ideen anderer Autoren. Jede Entnahme – ob sinngemäß oder wörtlich – muss gekennzeichnet werden. Auch hierfür gibt es je nach HS/Uni zu beachtende Punkte. Wenn du bedeutende Aussagen – wörtlich oder indirekt – aus Fachliteratur entnimmst, ohne diese zu zitieren, verstößt das gegen den Grundsatz des korrekten wissenschaftlichen Arbeitens. Dann kann dir ein Plagiat vorgeworfen und deine Arbeit als „ungültig" bzw. nicht bestanden gewertet werden. „Wer die geistige Schöpfung anderer Autoren in Anspruch nimmt, ohne aber den eigentlichen Urheber der Quelle zu benennen, begeht Diebstahl – und damit ein Plagiat, wobei das Ausmaß der Bestrafung des Plagiators je nach Staat, Bundesland, Hochschule und Schwere des Vergehens variiert."[51]
- *Verständlichkeit:*
  Wähle Sätze und Worte, die sachlich korrekt und verständlich sind. Ein Text wird nicht zwangsläufig durch die Verwendung vieler Fach- oder Fremdwörter besser. Diese müssen inhaltlich exakt passen und die Aussage unterstreichen. Auch zu lange Schachtelsätze erhöhen nicht das wissenschaftliche Niveau, sondern die Schwierigkeit des Verstehens. Das Gleiche gilt für die Verwendung von Zitaten, Tabellen, Abbildungen etc. An den Stellen, wo sie sinnvollerweise eine Aussage belegen, unterstützen oder eine ergänzende Erläuterung bieten, sind sie lohnend für die Verständlichkeit. Aber nicht zu viele, sonst wirkt deine Arbeit überladen und eher zusammengesetzt aus „sonstigem Material", anstatt aus deinen eigenen Worten.

50 Voigt, M. (2020), S. 8.
51 Kornmeier, M. (2021), S. 296.

- *Relevanz:*
  Die Relevanz hat mit dem Aussagewert deiner Arbeit zu tun. Eine hohe Relevanz besteht dann, wenn z. B. ein drängendes Problem erforscht (z. B. Neue Anreizsysteme gegen den Mangel von Landärzten) oder ein vollkommen neuer Ansatz in einem Themengebiet entwickelt wird (KI und multiple Ladestationen für Elektroautos).
- *Logische Argumentation:*
  „Die logische Argumentation bezieht sich auf die Folgerichtigkeit deiner Gedankenführung. Außerdem bezieht sie die Korrektheit deiner Schlussfolgerungen mit ein, und du musst deine Feststellungen ausreichend begründen."[52]

Zunächst mögen dir diese Gütekriterien als schwierig und kompliziert erscheinen. Sobald du dich aber mit einer wissenschaftlichen Arbeit auseinandersetzt und die einzelnen Kriterien anfängst zu berücksichtigen, gehen viele Arbeitsschritte schnell in eine Routine über.

Zum wissenschaftlichen Arbeiten zählt auch das Anfertigen der Abschlussarbeit am Ende des Studiums. Um die Typen von wissenschaftlichen Arbeiten geht es im nächsten Kapitel.

4.2 Typen von wissenschaftlichen Arbeiten: Welcher Typ passt zu dir?

Es gibt vier Typen von wissenschaftlichen Arbeiten, von denen zwei die gängigsten sind: die empirische Arbeit und die Theoriearbeit. Zunächst werden hier die Charakteristika erklärt, bevor du in einer Übung eruieren kannst, welcher Typ von wissenschaftlicher Arbeit passend für dich und deine Abschlussarbeit sein könnte.

- *Empirische Arbeit:*
  „Bei empirischen wissenschaftlichen Untersuchungen werden aufgrund der Entdeckung und Formulierung eines Problems theoretische Zusammenhänge erfasst und dann empirisch erforscht, d. h. es werden Daten erho-

52 Voigt, M. (2020), S. 11.

ben, gesammelt, geordnet, geprüft und interpretiert."[53] Empirische Arbeiten enthalten selbst angefertigte Untersuchungen bzw. Forschungen, aus denen Informationen und Erkenntnisse gewonnen wurden. Diese basieren auf gezielten Erhebungen, die z. B. mittels der Methoden Beobachtungen, Befragungen oder Tests durchgeführt wurden. Das Ziel besteht darin, mit aus Erfahrung gewonnenen Erkenntnissen zu Aussagen zur Wirklichkeit zu gelangen (Aussagen über die Reliabilität).

- *Theoriearbeit:*
  „In einer solchen Arbeit erfolgen Überlegungen zu einer selbstgewählten oder vorgegebenen Fragestellung. Die Beschäftigung mit der Literatur kann in einem Theorienvergleich enden, bei dem unterschiedliche wissenschaftliche Theorien verglichen und auf ihre Eignung geprüft werden. Daraus kann dann [...] eine neue, verbesserte Theorie entwickelt werden."[54] Theoretische Arbeiten basieren auf der Interpretation von Sachverhalten durch allgemeines und spezifisches Wissen sowie durch nachvollziehbare Erfahrungen. Hier geht es vor allem um die Gegenüberstellung und Diskussion von Theorien und Konzepten. Dabei können exemplarische Beispiele hilfreich sein, die zudem die Eigenständigkeit des Arbeitens sowie ggf. den Anwendungsbezug der theoretischen Auseinandersetzung belegen.

Es gibt noch zwei weitere Typen von wissenschaftlichen Arbeiten, die hier nur der Vollständigkeit halber genannt werden, auf die aber nicht vertiefend eingegangen wird, da sie eher selten zum Einsatz kommen:

- *Literaturarbeit:*
  Beantwortung einer vorgegebenen Fragestellung anhand von Fachliteratur-Arbeit. Als Abschlussarbeit eher untypisch, wird evtl. auch innerhalb der Studienzeit verlangt. Ähnlichkeiten zur Theoriearbeit.
- *Praxisarbeit:*
  Darstellung von Erfahrungen basierend auf einer Praxiszeit (Organisation/Praktikum), z. B. auch Formulierung von Verbesserungsvorschlägen. In Ansätzen Ähnlichkeit zu einem Praktikumsbericht.

Sowohl für das empirische als auch das theoretische Arbeiten sind das systematische Vorgehen, umfassendes und genaues Recherchieren mit Nachvoll-

53 Voss, R. (2022), S. 25.
54 Voss, R. (2022), S. 25.

ziehbarkeit sowie die Zusammenfassung des Recherchierten mit Gegenüberstellungen von Theorien relevant.

Wichtig ist, dass du – sofern möglich – diejenige Arbeit wählst, die für dich und deinen Lernstil zusagend ist.

ÜBUNG 17: Empirische oder theoretische wissenschaftliche Arbeit?

Lies dir die obigen Beschreibungen zu den Typen wissenschaftlicher Arbeiten noch einmal genau durch und bewerte für dich, welche Art des Arbeitens dich eher anspricht. Hier noch einmal kontrastierend die Kennzeichen der empirischen und der theoretischen Arbeit mit Bezug auf deinen Lernstil (siehe Kapitel 3.2):

Lernstil	empirisch	theoretisch
Divergierer	– Erfahrungslernen mit reflektivem Beobachten – mehrere Blickwinkel zulassen – Interesse an anderen Menschen/Kulturen	
Assimilierer		– Abstrakte Konzeptualisierung – Ansichten und Hypothesen werden analysiert – Erarbeitung theoretisch präziser und logischer Modelle
Konvergierer		– Abstrakte Konzepte – Aktives Agieren – Praktische Anwendung von Ideen bis zur Erlangung eindeutiger Antworten (Problemlösung)
Akkommodierer	– Lernen an konkreten Erfahrungen – Aktives Experimentieren und neue Erfahrungen sammeln – Risikofreudig (Versuch – Irrtum) und Interesse an Informationen Dritter	

Wo findest du dich nun anhand dieser Kurzbeschreibungen wieder? Dies kann ein Hinweis darauf sein, welche wissenschaftliche Arbeit dir eher liegt. Diese Einschätzung ist nicht zwangsläufig als Festlegung zu verstehen, sondern soll dir helfen, eine Entscheidung für eine Empirische Arbeit oder Theoriearbeit zu fällen.

TIPP Wenn du dir nicht sicher bist, ob du eher eine empirische oder theoretische wissenschaftliche Arbeit verfassen möchtest, lohnt eine Literaturrecherche zu deinem Thema. Du siehst dann, was alles schon zu deinem Thema oder deiner Idee geforscht wurde. Eventuell entsteht auch aus dieser Sichtung ein neuer Ansatz, oder deine Fragestellung konkretisiert sich.

Für das Anfertigen wissenschaftlicher Arbeiten gelten bestimmte Arbeitsschritte und Aspekte, die die im vorherigen Kapitel beschriebenen noch ergänzen. Folgende zehn Punkte sind sehr sinnvoll bzw. notwendig zu beachten; zudem sind sie eine Hilfe, weil sie dir eine Struktur geben:

1. *Forschungsfrage formulieren:*
   Was ist seitens der Seminarleitung vorgegeben? Was sind deine eigenen Ideen? Siehe hier auch Kapitel 4.3.
2. *Gliederung festlegen:*
   Erstentwurf, später überarbeiten; zwischendurch immer mal wieder einen Blick darauf werfen, damit man nicht vom Thema abkommt.
3. *Methoden reflektieren und bestimmen:*
   Welche Methoden dienen dem Typ meiner wissenschaftlichen Arbeit? Sind es z. B. Befragungen – was muss ich dafür beachten? Die Literaturrecherche fällt immer an.
4. *Literatur recherchieren:*
   Vor einem Bibliotheksbesuch im Online-Verzeichnis nachschauen, welche Bücher ausleihbar sind oder welche bestellt werden müssen (Fernleihe?). Bedenke auch die Literatur, die ggf. in der Lerngruppe besprochen wurde.
5. *Darstellung des Lösungsweges:*
   Skizziere, wie du deine Forschung aufbaust, welche Schritte du in Anlehnung an die Kapitelstruktur durchführst. Dies stellt dann deinen Lösungsweg dar. Überprüfe, ob die Schritte umsetzbar sind, z. B. zeitlich usw.
6. *Zusammenfassung der Ergebnisse mit ggf. These/Synthese:*
   Bei der Zusammenfassung deiner Ergebnisse achte darauf, nicht zu werten, keinen narrativen Stil zu verwenden sowie sachlich und überschau-

bar die relevanten Punkte anzuführen, damit der Leser deine Erkenntnisse nachvollziehen kann.

Zudem müssen folgende Aspekte berücksichtigt werden:

7. *Inhaltliche Richtigkeit des Geschriebenen:*
   Überprüfe, ob die Bezüge in deiner Arbeit stimmen, dass z. B. keine Logikfehler auftauchen, dass der Titel zum Inhalt passt usw.
8. *Verständlichkeit und Schreibstil:*
   Kontrolliere abschließend, ob deine Aussagen nachvollziehbar sind und den Anspruch an Wissenschaftlichkeit erfüllen; dazu zählt auch, keine Füllwörter (z. B. ganz und gar, im Prinzip, relativ, mal) und Umgangssprachlichkeit (z. B. wahnsinnig, enorm, echt, cool usw.)[55] in den Text zu bringen.
9. *Präzision und Genauigkeit des Arbeitens:*
   Dazu zählt zum Beispiel das Einhalten einer durchgehenden Nummerierung von Kapiteln und Abschnitten, Bildern oder Zitaten.
   Mittels der Funktionen im Textverarbeitungsprogramm „Referenzen/Fußnote einfügen" erfolgt dies automatisch in numerisch korrekter Reihenfolge.

TIPP Die meisten Textverarbeitungsfunktionen kannst du in deinem Computerprogramm automatisieren. Dadurch kannst du sichergehen, dass z. B. Nummerierungen o. ä. fehlerfrei erfolgen, auch wenn du Texte einfügst oder löschst. Deswegen setze dich mit den Funktionen deines Textverarbeitungsprogrammes auseinander, bevor du mit deiner wissenschaftlichen Arbeit beginnst.

10. Befolgen der Angaben zu Layoutvorlagen:
    Die meisten Seminarleiter geben für das Anfertigen einer wissenschaftlichen Arbeit vor, wie die Arbeit ausgeführt werden soll. Das bezieht sich z. B. auf die Schriftart, die Schriftgröße, die Zeilenabstände, die Seiteneinrichtung, das Einfügen von Bild- oder Darstellungsmaterial usw. Darauf sollte geachtet werden.

55 Voss, R. (2022), S. 128/129.

Nachdem du nun herausgefunden hast, welche Art des wissenschaftlichen Arbeitens dir liegt und welcher Typ einer wissenschaftlichen Abschlussarbeit für dich passend wäre, soll es nun im nächsten Kapitel darum gehen, wie du herausfinden kannst, was das Thema bzw. die Forschungsfrage deiner Arbeit sein könnte.

4.3 Eine Näherung an das Thema deiner wissenschaftlichen Arbeit: „Down to Earth". Gewinne Interesse und Sicherheit – Abschreckung überwunden, individuellen Weg gefunden!

In den meisten Fällen können Studierende das Thema ihrer wissenschaftlichen Arbeit selbst wählen.[56] Ein selbst ausgewähltes Thema ermöglicht dir die persönliche Verwirklichung in deiner Arbeit: Gewinne Interesse. Das, was dich interessiert, bearbeitest du mit mehr Interesse und Freude als etwas, was dich überhaupt nicht anspricht. Aber in diesem Punkt liegt zugleich eine große Herausforderung: Wie finde ich ein Forschungsthema?

Es gibt mehrere Möglichkeiten, wie du dich deinem Thema nähern kannst. Hier sind vier Techniken beschrieben, die Spaß bereiten und zunächst nichts mit Langeweile oder Wissenschaft zu tun haben:

– *Kreativitätstechnik Brainstorming:*
  Du kannst für dich allein brainstormen oder gemeinsam mit anderen: „Beim Brainstormen setzen sich 4–8 Studierende zusammen, um spontan innerhalb von 20–30 Minuten durch freie Assoziationen möglichst viele Themenideen für die wissenschaftliche Arbeit zu finden."[57] Eine Person nimmt dabei eine moderierende Rolle ein; der Laptop mit Internet dient für Anregungen und Recherchen. Dabei sollen zunächst alle Ideen willkommen sein, es wird nicht kritisiert oder von vornherein abgelehnt. Interessantes wird vertieft oder in Kombination mit weiteren Themen betrachtet. Zum Schluss bleiben z. B. 1–3 Themenansätze stehen, die interessant sein könnten.
  Für derartige Vorgehensweisen kannst du hilfreiche Apps[58] hinzuziehen,

56 Anmerkung: Solltest du dein Thema nicht frei wählen können, so überlege im Rahmen deiner vorgegebenen Themenstellung, was genau dich am ehesten interessieren könnte. Besprich das mit deinem Betreuer.

57 Voss, R. (2022), S. 75.

58 https://bubbl.us/ [Stand: 05.03.2024].

die dir durch die Arbeit mit Mindmaps gute Anregungen für gemeinsames Brainstorming geben.

- *Walt-Disney-Methode:*
  Diese Methode kannst du allein oder gemeinsam mit anderen anwenden. Hierbei kommen Rollenspiele zum Einsatz, also entweder schlüpfst du in drei unterschiedliche Rollen, oder du führst diese Methode mit zwei anderen Personen durch. Denn es sind drei Rollen, die besetzt werden müssen, d.h. ein Problem wird aus drei Blickwinkeln betrachtet: Es gibt die drei verschiedenen Perspektiven a) des Träumers (Was wäre schön? ...), b) des Realisten (Was wird für Umsetzung benötigt? ...) und c) des Kritikers (Was kann überhaupt nicht funktionieren? ...). Diese Perspektiven werden so lange betrachtet, bis ein Lösungsansatz entstanden ist, der gemäß den gegebenen realen Rahmenbedingungen umsetzbar ist. In der Gruppenausführung kann ein Moderator angesichts sehr leidenschaftlicher Rollenausfüllungen oder emotionaler Themen Sinn machen. Weiterführende Informationen kannst du online nachlesen.[59]
- *SWOT-Analyse:*
  SWOT steht für Strengths (Stärken), Weaknesses (Schwächen), Opportunities (Chancen/Möglichkeiten), Threats (Gefahren). „Mit dieser einfachen und flexiblen Methode werden die eigenen Stärken und Schwächen des Themenfinders analysiert. Es wird die Frage beantwortet: ‚Welche Stärken und Schwächen bringe ich für die Bearbeitung des Themas ein?‘ Zudem werden externe Chancen und Gefahren betrachtet, welche die Handlungsfelder bei der Themenbearbeitung fördern bzw. einschränken können.“[60]
  Hier sind Beispielfragen für die vier Bereiche genannt:
  Stärken: Über welche Fähigkeiten zur Beantwortung der Frage/zur Bearbeitung des Themas verfüge ich, z.B. Methodenkompetenzen (s. auch Kapitel 1.3, Kompetenzlandkarte)?
  Schwächen: Was beeinflusst mich negativ und somit die Erarbeitung meines Themas, z.B. persönliche Befangenheit?
  Chancen/Möglichkeiten: Kann ich ggf. einen neuen Ansatz entwickeln, der auf großes Interesse stößt? Mit wem kann ich mich dazu austauschen?

59 https://projekte-leicht-gemacht.de/blog/softskills/kreativitaet/walt-disney-methode-einfach-erklaert/ [Stand: 05.03.2024].

60 Voss, R. (2022), S. 78.

Gefahren: Werde ich für die geplante Befragung bei meinem Forschungsthema die richtigen Daten (befragte Personen/Interviews) zur Verfügung haben (Validität, s. auch Kapitel 4.1)?

- *Fishbone-Analyse:*
  Diese Methode bietet sich auch dann an, wenn dein Betreuer/Dozent dir ein Thema vorgegeben hat und du nun dieses Thema spezifizieren möchtest. Der Grundansatz ist das Identifizieren von Hauptursachen für ein Problem bzw. ein Thema. Das gewählte oder auch vorgegebene Thema bildet dabei den Kopf, z. B. Erstellung eines Marketing-Plans. Vom Kopf aus geht die lange Rückengräte mit den einzelnen kleinen Gräten ab. Diese bilden die Unterthemen, die in Form von Fragen oder Stichworten notiert werden können, z. B. erste Gräte: Ziele; Untergräte: Hintergrund, Vision; zweite Gräte: Preisgestaltung; Untergräte: Kunden- und Wettbewerbsanalyse usw. Die Gräten gehen beiderseits der Hauptgräte ab. Sinnvoll ist, alle potenziellen Problembereiche oder Unterthemen einmal zu durchdenken und zu notieren. Dabei kann man verschiedene Faktoren und Aspekte durchspielen: Einfluss auf den Menschen und Gesellschaft, Umwelt und Nachhaltigkeit, Management-Vorgaben usw. Hierbei ist auch relevant, dass möglichst jene Faktoren mit betrachtet werden, die dir persönlich ein Anliegen sind. Dann wirst du in der Aufarbeitung der Themen mehr Freude haben. In einem letzten Schritt entscheidet man sich für einen bestimmten Grätenbereich und definiert dadurch sein Thema.
  Es gibt kostenlose Templates und Vorlagen, die du hierfür nutzen kannst.[61]

ÜBUNG 18: Erstelle deine Kompetenzlandkarte

Wende die hier beschriebenen Methoden an – zumindest eine, die dir zusagt – und gewinne nach dem Aufspüren deines Interesses die Sicherheit, dass du mit deinem Forschungsthema nun richtig liegst.

Die Abschreckung, die oftmals mit dem Wort „Forschungsfrage“ in Verbindung steht, ist nun sicherlich weitestgehend überwunden. Du hast nach einem großen Aufriss deines Themas, z. B. durch ein Brainstorming, SWOT-Analyse oder die Fishbone-Methode, jetzt „down to earth“ dein eigenes Thema auf

61 z. B. https://conceptboard.com/de/blog/fishbone-diagramm-template/ oder https://www.edrawsoft.com/de/fishbonediagramtemplate.html [Stand: 05.03.2023].

pragmatische und verständliche Art und Weise erarbeitet, einen spezifischen Ansatz sowie deinen individuellen Weg gefunden.

TIPP Ein hohes Maß an Individualität deiner wissenschaftlichen Arbeit erzeugst du über die Wahl deines Themas. Nimm dir deswegen für diesen Arbeitsschritt ausreichend Zeit. Dann fühlt sich der Start mit dem Schreiben gut und richtig an.

Hast du dich für ein Thema oder eine Forschungsfrage entschieden, so macht es Sinn, nun die Inhaltsstruktur zu überlegen. Angelehnt an die Fishbone-Methode kannst du dein Thema nun noch einmal genau anschauen und analysieren. Die Punkte, die rund um dein Thema erarbeitet werden sollen bzw. daraus ableitbar sind, ergeben zugleich den Hinweis für die Gliederung bzw. das Inhaltsverzeichnis in deiner Arbeit: „Es muss [...] daraus hervorgehen, wie das Thema verstanden, bearbeitet und umgesetzt wurde, d.h. der ‚rote Faden' muss erkennbar sein."[62] Achte darauf, dass du einerseits die relevanten Aspekte wie „Herleitung des Themas" und „aktueller Stand der Forschung" (theoretisch-methodischer Teil), aber auch deine individuellen Interessensbereiche berücksichtigst (vorwiegend im empirischen Teil). Wenn du z.B. eine Arbeit über „Business Culture" anfertigen möchtest, hast du vielleicht die Idee, eine neue „Culture Map[63] – für einen gesteigerten Unternehmenserfolg" auszuprobieren – und dies konkret in der Automotive-Branche. Dann sollte sich dies in deiner Arbeit wiederfinden. So erarbeitest du im theoretischen Teil Unternehmenskulturen, arbeitest den Stand der Forschung auf etc. und designst für den empirischen Teil *deinen Ansatz* beispielsweise mit der Befragung von Personen zu folgenden Punkten: 1. „Bisheriges Managen der Unternehmenskultur" und 2. „Bewusstes Managen: Neuer Ansatz einer Culture Map mit dem Ziel einer Erfolgskultur". Die Erhebungen führst du bei einem Autohersteller deiner Wahl anhand von etwa Fragebögen oder teil-offenen Interviews durch, um zu erfahren, wie dein neuer Ansatz bewertet wird, welche Gelingens- und Hinderungsgründe gegeben sind usw.

Die wissenschaftliche Arbeit ist DEINE Arbeit. Deswegen darf sie auch deine Ansätze und Ideen beinhalten.

62 Voss, R. (2022), S. 140.
63 Erklärung „Culture Map": Kulturmuster eines Unternehmens anhand von Werteclustern.

Operative und technische Hinweise zur Erstellung *des Vorspanns* (Titelblatt, Abstract, Inhaltsverzeichnis, Vorwort, Einleitung), *des Hauptteils* (theoretischer und methodischer Teil sowie empirischer Teil mit Auswertung und Interpretation) mit *Schlussteil* sowie *dem Nachspann* (Abkürzungs- und Quellenverzeichnis) kannst du in verschiedener Fachliteratur nachlesen.[64]

Der nächste Schritt besteht nun darin, mit dem Schreiben anzufangen. Hiervor schrecken viele Studierende zurück, schieben den Start vor sich her oder empfinden regelrechte Blockaden. Sehr oft hängt das damit zusammen, dass weder das individuell richtige Thema noch der eigene Schreibstil gefunden und umgesetzt wurde. Wie du das passende Thema bzw. die geeignete Forschungsfrage für dich persönlich herausfindest, hast du in diesem Kapitel erfahren. Nun kannst du im nächsten Kapitel nachlesen, wie du einen möglichst „persönlichen Style" in einer wissenschaftlichen Arbeit verwirklichen kannst.

4.4 Wissenschafts-Stile und persönlicher Style: Persönlichkeit widerspricht nicht der Wissenschaft

Wissenschaftliche Arbeiten müssen bestimmten Gütekriterien und Standards entsprechen, siehe vorheriges Kapitel. Man spricht auch von einem Wissenschafts-Stil, der sich durch die zuvor genannten Aspekte charakterisiert. Dem einen fällt dieser Wissenschafts-Stil leichter, anderen schwerer. Zudem wünschen Studierende oftmals, dass sie auch einen persönlichen Stil in die Arbeit einbringen dürfen. Das ist möglich.

Jeder hat einen persönlichen Schreibstil, deswegen gibt es auch keine identischen Bücher. Und auch wenn es Regeln wissenschaftlichen Schreibens gibt, so sind doch Werke zum gleichen Sachverhalt und Thema unterschiedlich geschrieben. Dies mag zum einen an der thematischen Fokussierung liegen, zum anderen an der Art und Weise, wie sich der Schreiber einem Thema nähert und dieses aufarbeitet.

An einem Beispiel sei dies verdeutlicht.

Hier werden drei Autoren zum exakt gleichen Thema wiedergegeben. Dennoch sind die Texte unterschiedlich:

64 vgl. Voss, R. (2022), S. 137–156 oder Kornmeier, M. (2021), S. 105–163 oder Voigt, M. (2020), S. 49–61.

Thema: ***Was bedeutet wissenschaftliches Schreiben?***

Autor 1:
„Wenn du eine wissenschaftliche Arbeit schreibst, musst du immer von einem Problem ausgehen. Außerdem musst du eine klare Fragestellung formulieren, welche dir die Beantwortung erleichtert. Wenn du eine klare Frage gestellt hast, kannst du im Fazit meist auch eine klare Antwort formulieren. Das hängt natürlich von deinem Forschungsgegenstand und den erarbeiteten Erkenntnissen ab."[65]

Autor 2:
„Folgt man der Auffassung des Niedersächsischen Finanzgerichts, so ist nicht nur wissenschaftlich tätig, [...] demnach kann eine Arbeit dann als wissenschaftlich bewertet werden, wenn sie [Aufzählung Kriterien]. Sie sehen: Wer lediglich aufzählt, beispielhaft argumentiert, Aussagen anderer kritiklos übernimmt, unsystematisch beschreibt o. Ä., erbringt keine wissenschaftliche Leistung i. e. S."[66]

Autor 3:
„Eine wissenschaftliche Arbeit enthält Angaben, die die aufgestellten Hypothesen nachprüfbar und nachvollziehbar machen, dazu zählen ein Überblick über die Forschungslage und die Auswahl geeigneter Quellen. Richtiges Zitieren der Quellen ist ein wesentlicher Bestandteil wissenschaftlicher Arbeiten. Durch diese Art von Transparenz und nachvollziehbaren Begründungen [...]."[67]

Anhand der Textauszüge wird deutlich, wie unterschiedlich die Autoren schreiben. Sie weisen in diesen kurzen Textauszügen jeweils einen persönlichen Stil auf, z. B. in Bezug auf:

- *Anrede:*
  Du-Form, Sie-Form, neutral/ohne Anrede
- *Belege:*
  ungewohnte Quellenverweise zur Untermauerung der eigenen Aussagen
- *Satzlänge:*
  1–2 Zeilen, 1–3 Zeilen, Anzahl und Länge der Nebensätze.

65 Voigt, M. (2020), S. 7.
66 Kornmeier, M. (2021), S. 38/39.
67 Heidrich, N. (2021), S. 6/7.

Diese Beispiele belegen: Hältst du dich an die grundsätzlichen Regeln und Gütekriterien des wissenschaftlichen Schreibens, gibt es kein Richtig oder Falsch. Du schreibst einen „persönlichen wissenschaftlichen Text".

ÜBUNG 19: Entdecke und verfeinere deinen persönlichen wissenschaftlichen Schreibstil

Nimm dir ein Thema aus einem deiner Seminare vor und versuche dich an einem kurzen Text, beginne mit 3–5 Sätzen. Dafür kannst du zuerst auch stichpunktartig schreiben und dann ausformulieren. Dafür baust du auf der Grundlage auf, dass jeder Satz ein Subjekt und Prädikat hat, oftmals auch ein oder mehrere Objekte. Beachte die o. g. Kriterien wie Sachlichkeit, keine Füllwörter, Vermeiden von Bandwurmsätzen usw. Wenn du den Satz fertig geschrieben hast, lies ihn dir noch einmal durch und überprüfe: Sagt er tatsächlich aus, was du gemeint bzw. untersucht hast (Validität)? Ist die Begründung oder der Bezug verständlich? Welche Literatur bzw. welches Zitat kannst du nun einfügen, um deine Aussage (These) zu belegen? Und überprüfe, ob die Quelle tatsächlich ein Beleg ist, d. h. aussagekräftig genug ist? Entscheide dich, ob du ein Verweis-Zitat oder ein wörtliches Zitat einfügst. Schreibe nicht deine eigene Meinung, sondern stelle sachlich-fachlich die Aspekte dar (Objektivität). Nun kontrolliere noch einmal, ob deine Sätze den Ansprüchen an wissenschaftliches Arbeiten genügen.

Um zu testen, ob deine Sätze verständlich und nachvollziehbar sind, kannst du auch eine andere Person bitten, dir nach dem Lesen deines Textes ein kurzes Feedback zu geben. Bestenfalls erhältst du als Antwort jene Aussage, wie du sie gemeint und geschrieben hattest. Sei stolz, dass es dir gelungen ist. Nun bist du auf dem Weg, deinen persönlichen Stil zu entwickeln, der den wissenschaftlichen Standards entspricht.

Wissenschaftliches Schreiben ist ein Teil der Prüfungsleistung im Studium, deswegen ist die Beherrschung so essenziell. Aber das bedeutet nicht, dass dein eigener Schreibstil nicht ausgeprägt werden kann. Anders ausgedrückt solltest du keine Bedenken vor dem wissenschaftlichen Schreiben haben: „Wissenschaftliches Schreiben ist kein Talent, das man einfach hat – oder eben auch nicht hat: Wissenschaftliches Arbeiten kann man lernen."[68]

68 vgl. Heidrich, N. (2021), S. 5.

Ein Beispiel:
Wir greifen noch einmal das Beispiel von Max M. (siehe Kapitel 2.2) auf. Er studiert Lehramt und möchte eine Arbeit schreiben, in der er sich mit dem Thema „Individualisiertes Lernen (IL)“ auseinandersetzt. Er studiert für die Primarstufe. Ihn interessiert das Fach Deutsch.

Max M. könnte sich dem Thema in ersten Sätzen wie folgt nähern:

Schritt 1:
Schreibe erste Sätze und Stichpunkte auf, was möchtest du sagen, was ist das Kernproblem, welche Quelle belegt dies? Starte z. B. so:
- In einer Grundschulklasse gibt es viele unterschiedliche Kinder.
- Problem für IL: Nur eine Lehrperson, alle Kinder bearbeiten die gleiche Aufgabe.
- Konsequenzen: Nicht alle Kinder schaffen die Aufgabe, einige benötigen Unterstützung.
- Ansatz Heterogenität darstellen: Kinder brauchen unterschiedliche Form der Unterstützung.
- Problem der Lehrkräfte: Sie können den individuellen Bedarfen der Kinder nicht gerecht werden. Didaktik ...
- Zitat: Beleg mit Hempel, dass Heterogenitätsgrad immer größer geworden ist.

Schritt 2:
Aus den obigen Vorüberlegungen, Sätzen und Aspekten könnten etwa folgende Sätze entstehen:

In deutschen Grundschulklassen gibt es viele unterschiedliche Schülerinnen und Schüler, allerdings in den meisten Fällen nur eine Lehrkraft. Die Aufgabe, die die Kinder im Unterricht bearbeiten sollen, ist oft für alle Kinder die gleiche, da sich die Lehrkraft als Einzelperson im Unterricht nicht hinreichend um die Lerntätigkeiten jedes einzelnen Kindes kümmern kann. Dementsprechend wird man als Lehrkraft der Individualität der Schülerinnen und Schüler nicht gerecht. Lehrkräfte können somit der heterogenen Schülerschaft in Bezug auf didaktisch-methodische Gesichtspunkte nicht hinreichend begegnen. Dieses Problem hat sich zudem stetig vergrößert, da in den letzten Jahren der Grad der Heterogenität in den Klassen gesellschaftlich bedingt angestiegen ist.[69]

69 vgl. Hempel, M. (2002), S. 1.

Diese Vorgehensweise ist übertragbar auf sämtliche andere Themen. Wichtig ist die strukturierte Vorgehensweise. Das ist ein Lernprozess. Und je öfter du das probiert hast, umso leichter wird dir das wissenschaftliche Schreiben mit deinem persönlichen Style fallen.

TIPP Wissenschaftliches Schreiben ist keine Begabung, sondern erlernbar. Es erfolgt nach festen Regeln, die du dir aneignen kannst!
Wenn man wissenschaftliche Texte schreiben möchte, gelingt es an einem Tag besser, an einem anderen eher nicht. Zum Austesten deines Schreibens wähle einen Tag, an dem du dich gut fühlst und du „Lust" zum Erproben hast. Du solltest dich nicht unter Druck und mit Missmut an diese Schreibaufgabe begeben. Trau dich!

Die Herausforderung beim wissenschaftlichen Schreiben besteht zum einen darin, den wissenschaftlichen Standards gemäß zu arbeiten, zum anderen in der Integration von Individualität durch den persönlichen Schreibstil bei gleichzeitig geforderter Objektivität.

Das nächste Kapitel setzt sich mit den Aspekten von Stress, Blockaden, Ängsten usw. in Prüfungssituationen auseinander. Hier erfährst du, welche Methoden hilfreich sein können, wenn sich das Gefühl „Das schaffe ich nicht" oder „Ich habe Angst" vor Prüfungen einstellt.

5 Stress, Angst, Prüfungen, Blockaden – das schaffe ich nicht … oder doch?

5.1 Wie kann ich meinen Stress besser verstehen und in den Griff bekommen? Leistungskurven erkennen, den optimalen Lern-Leistungspunkt definieren und für Entspannung sorgen

Studieren bedeutet nicht nur „allzeit fun". Es stellen sich sehr wahrscheinlich bei jedem Studierenden Momente ein, in denen Stress oder Verzweiflung empfunden wird. Dies eventuell beim Anfertigen der Abschlussarbeit (s. Kapitel 4), im normalen Studienverlauf – etwa beim Zeitmanagement (s. Kapitel 3) –, bei zu viel Erledigungspunkten auf einmal, oder auch am Ende des Studiums, wenn du dich auf die Prüfungen vorbereiten musst. Dass ein Gefühl wie Stress aufkommt, sind „normale Begleiterscheinungen". ABER: Dies muss nicht als vollständig negativ empfunden werden. Denn: 1. Du kannst diese Faktoren steuern und beeinflussen. 2. Dieser „Zustand" kann auch in einem bestimmten Maß anspornen und bestätigen. Wie das geht, erfährst du in diesem Kapitel.

ÜBUNG 20: Bewertung von drei Lernstress-Szenarien

Stell dir drei unterschiedliche Personen vor, Lea, Martin und Ellen. Sie müssen für den Folgetag eine Zusammenfassung von vier Fachbüchern für ihre Lerngruppe zur Prüfungsvorbereitung schreiben. Lies dir die folgenden drei Szenarien mit den jeweiligen Personen durch:

1. *Szenario:*
   Lea liegt auf dem Sofa, schlummert ein wenig vor sich hin, schreibt Snaps oder telefoniert mit einem Freund, isst ihr Lieblingsessen usw. Sie ist „ganz chillig", sehr entspannt und muss sich gerade für nichts anstrengen. Sie schaut nicht auf die Uhr, hin und wieder schläft sie ein. Zwischendurch überlegt sie, was am nächsten Tag anliegt. Sie weiß, dass sie noch die vier

Zusammenfassungen anfertigen muss. Die Bücher muss sie später erst noch in ihrem Zimmer heraussuchen, bevor sie mit dem Schreiben starten kann. Sie lässt sich aber nicht stressen. *Meinst du, es wird ihr gelingen, die Texte zu schreiben?*

2. *Szenario:*
   Martin kommt genervt nach einem anstrengenden langen Seminar nach Hause. Auf dem Nachhauseweg fällt ihm ein, dass er noch schnell Milch, Butter und Brot kaufen muss – sein Kühlschrank ist leer … Er muss sich beeilen, denn der nächste Bus fährt in wenigen Minuten. Sein Mobiltelefon klingelt, es sind seine Lernpartner, die ihn daran erinnern, dass er noch die Zusammenfassungen für den nächsten Tag schreiben muss. Zu Hause angekommen sieht er den Erinnerungszettel, dass er an der Reihe ist, das Badezimmer in der Wohngemeinschaft zu putzen. Außerdem wollte er noch zum Sport gehen. Er bemerkt schon seine üblichen Symptome für Stress wie Gereiztheit, Schwitzen etc. *Meinst du, ihm gelingen die Zusammenfassungen für den nächsten Tag?*
3. *Szenario:*
   Ellen geht nach einer Vorlesung in die Bibliothek und holt jene vier Bücher ab, die sie mit Abholtermin vom Vortag reserviert hat. Sie weiß, dass der Tag weiterhin noch anstrengend sein wird. Für den Nachhauseweg hat sie ausreichend Zeit plus Puffer für evtl. Rückfragen mit ihrer Lerngruppe sowie für eine kleine Joggingrunde am Abend nach dem Lernen geplant. Sie kennt ihre Lernfähigkeiten (Lerntyp, Lernstil) und weiß, dass sie ein überschaubares und für sich realisierbares Zeitfenster zur Bearbeitung der Aufgabe zur Verfügung hat. Sie schaltet ihr Telefon auf „lautlos" und konzentriert sich auf die Texte. Sie spürt, dass sie wach, aufmerksam und diszipliniert ist. Sie könnte sich sowohl entspanntere, aber auch stressigere Tage vorstellen. Sie hat aber zusammengefasst ein gutes Gefühl, findet die Texte auch interessant und freut sich auf die kleine Auszeit (Joggen) am Abend. *Meinst du, dass sie den Beitrag der vier Texte für die Lerngruppe schaffen wird?*

Nun versuche zu beantworten, wer deiner Meinung nach die Lernaufgabe sehr wahrscheinlich erfüllen wird und wer vermutlich nicht. Achte insbesondere auf die folgenden Aspekte:

- Stress-Level (allgemeiner Erregungszustand)
- Fokussierung auf Lernaufgabe (tatsächlicher Lernoutput)

- Zeitmanagement (Tagesplan etc.)
- Entspannungsmoment (Stressabbau)

Du liegst richtig, wenn du Ellen am ehesten die Erledigung der Lernaufgabe zutraust.

Folgend sind die drei Szenarien von Lea, Martin und Ellen noch einmal tabellarisch zusammengefasst. Wenn du die Gegenüberstellungen vergleichst, wird noch einmal deutlich, warum Ellen die besten Voraussetzungen aufweist:

Szenario1: Lea	**Szenario 2: Martin**	**Szenario 3: Ellen**
Das Stress-Level ist niedrig. Da Lea sehr entspannt ist, liegt ihre Fokussierung nicht auf der Erledigung der Textarbeit. Womöglich wird sie die Texte nicht mehr verfassen oder vermutlich nur in mittelmäßiger Qualität. Dadurch, dass sie zu entspannt ist, leidet ihre Leistung. Sie ist „dauer-entspannt".	Das Stress-Level ist hoch. Da Martin sehr gestresst ist, kann seine Fokussierung nicht auf der Erledigung der Textarbeit liegen. Sehr wahrscheinlich wird er die Texte nicht mehr schaffen zu schreiben oder nur in unzufriedenstellender Qualität. Dadurch, dass er zu gestresst ist, leidet seine Leistung. Zudem kommt er nicht in den Entspannungszustand.	Das Stress-Level ist im Mittelmaß. Da Ellen auf die Erledigung der Texte fokussiert (konzentriert) ist, wird sie mit hoher Wahrscheinlichkeit erfolgreich arbeiten und die Texte erledigen können. Dadurch, dass sie eine Balance zwischen Stress und Leistung geschaffen hat, ist sie ausreichend fokussiert für die Zielerreichung. Sie freut sich auf die Entspannung.

Die obige Erklärung gibt Aufschluss darüber, dass – wie bei Ellen – eine „gute Art und Weise" von Anspannung (Stress) lernförderlich im Sinne der Fokussierung und des Outputs – d.h. der Leistung im Sinne von Lernzielerreichung – sein kann. Obwohl Ellen einen ausgefüllten Tag hat, gelingt es ihr einerseits durch gutes Zeitmanagement (s. Kapitel 3.2), andererseits durch fokussiertes, stringentes Handeln, ihre Aufgabe zu erledigen. Nachdem sie das gemeistert hat, kann sie sich entspannen und erfährt ein gutes Gefühl des „Geschafft-Habens" und kann ihr Anspannungslevel wieder herunterfahren und sich regenerieren.

TIPP Bis zu einem gewissen Grad der Anspannung ist der Mensch gut leistungsfähig.

Yerkes & Dodson[70] haben die Beziehung zwischen Stress (Erregung) und Leistung mit einem anschaulichen Kurvenverlauf dargestellt. Sie verdeutlichen damit die kognitive Leistungsfähigkeit in Abhängigkeit von dem menschlichen Erregungsniveau (Stress-Situation).

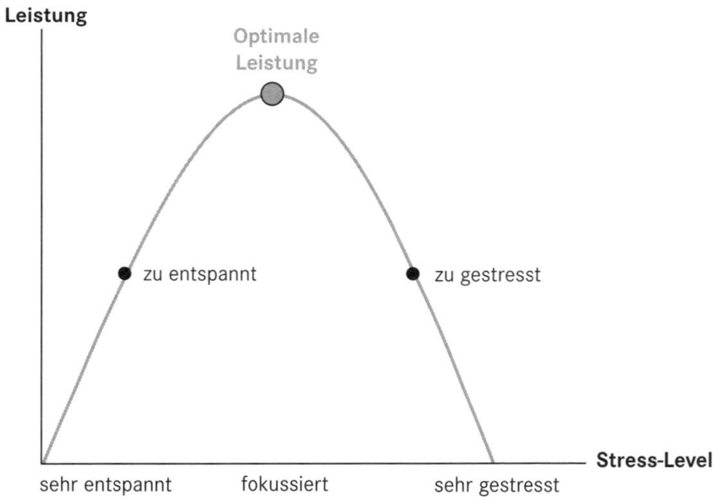

Darstellung 2.4: Leistungs- und Stress-Level-Kurve nach Yerkes & Dodson

Im Falle der zuvor beschriebenen drei Personen würde sich demnach Lea an dem Punkt „zu entspannt", Martin an dem Punkt „zu gestresst" und Ellen an dem Punkt „optimale Leistung" wiederfinden.

Aus den Untersuchungen von Yerkes & Dodson kann gefolgert werden, dass die Möglichkeit besteht, unsere Leistung zu verbessern, wenn wir Aufgaben ausführen, die es uns ermöglichen, wachsam – demnach also fokussiert – zu bleiben.

Zusammengefasst bedeutet das:
- Ist man „zu entspannt", ist die Leistungskurve zumeist nicht hoch.
- Ist man – vor allem dauerhaft – zu gestresst, so nimmt das Leistungsvermögen ab und das Unwohlsein zu.

70 vgl. Dodson, J. D./Yerkes, R. M. (1908), S. 459–482.

- (Ungenutzte) Leistungsreserven werden dann mobilisiert, wenn das Stresslevel zwar hoch, dafür jedoch fokussiert und leistungsorientiert ist. Achtung: Dies darf kein Dauerzustand sein; bzw. muss man sich nach der Anspannung zeitig wieder entspannen und erholen.
- Die höchste Leistungsbereitschaft ist bei einem mittleren Erregungsniveau gegeben.
- Gestalte deine Lernaufgaben möglichst derart, dass du wachsam und fokussiert bleiben kannst.

Eines der Ziele deiner Lerntätigkeit und Prüfungsvorbereitung besteht daher darin, deinen Fokussierungspunkt für eine optimale Leistung zu kennen; also genug Anspannung/Erregung zu spüren, aber kein Übermaß an Stress. Dann bist du in deinem Leistungsoptimum. Mit dieser Kenntnis, plus der Anwendung deiner individuellen Lernstrategien – Zeitmanagement etc. – (s. u. a. Kapitel 3.4), kannst du deine Lernziele für die Prüfungsvorbereitung gut erreichen. Für das Ermitteln deines Fokussierungspunktes führe die nächste Übung durch.

ÜBUNG 21: Imagination deiner optimalen Leistungskurve

Damit du nun für dich individuell den optimalen Leistungspunkt – deine bestmögliche Fokussierung zur Vermeidung von (negativem) Stress – herausfinden kannst, gehe wie folgt vor:

Nimm dir erneut diese vier Aspekte vor (s. o.):
- Stress-Level
- Fokussierung auf Lernaufgabe
- Zeitmanagement
- Entspannungsmoment

Nun definiere für dich, wie ein Tag, eine Lernaufgabe und deine Fokussierung etc. aussehen könnte, damit du eine optimale Leistung erzielst.
Reflektiere folgende Punkte bzw. beantworte dir zum Beispiel folgende Fragen:
- *Stress-Level:*
  Wann reagierst du gestresst? Welche Punkte lösen Stress bei dir aus? Wie stark füllst du die Tage aus (siehe das Beispiel von Martin)? Wenn du dir einen Lerntag aussuchst und planen möchtest, sollte dein allgemeines

Stress-Level nicht hoch sein. Im Falle des Szenarios von Martin könnte der Einkauf auch auf einen anderen Tag gelegt werden. Stressende Nebentätigkeiten wie Telefonate solltest du besser unterlassen. Höre auf deine innere Stimme: Was ist zu viel? Worauf reagiere ich gereizt oder mit sonstigen Stress-Symptomen? Versuche dich zu erinnern, welche Lerntage in der Vergangenheit erfolgreich verliefen, und überprüfe, wie du an diesem Tag dein Stress-Niveau gemanagt hast. Merke dir die wesentlichen Punkte und berücksichtige sie bei deiner nächsten Lern-Leistungs-Planung.

- *Fokussierung auf Lernaufgabe:*
  Was regt dich zu sehr auf bzw. lenkt dich zu stark ab, so dass du dich nicht mehr konzentrieren kannst? Vermeide, an diesen Tagen/zu diesen Zeiten zu lernen. Versuche jene Möglichkeiten des Lernens zu arrangieren, die dir die Fokussierung auf die Lernaufgabe ermöglichen, z. B. eine **gute Lernumgebung**, die **Wahl deines Lernmediums** – *Buch, PC, Lerngruppe, Podcast* usw. –, deine **innere Lernbereitschaft** – *Lust zu lernen* –, dazu zählt auch der Faktor, dass du alle Fragen geklärt hast, z. B. *Inhalte,* damit du dich auf eine Lernaufgabe konzentrieren kannst und nicht das Gefühl hast, es fehlt noch eine Erklärung zum Lernthema. Ebenso prüfe gemäß deinem **Lerntyp und Lernstil** (s. Kapitel 3.2), ob du dich stressfreier fokussieren kannst, wenn du mit anderen gemeinsam lernst.
- *Zeitmanagement (Tagesplan):*
  Nicht immer gelingt alles wie geplant. Aber ein Tagesplan ermöglicht dir oftmals eine gute Struktur und die Sicherheit der Abarbeitung von Punkten. Und wenn du dich ausreichend damit auseinandersetzt, stellst du frühzeitig fest, was in einen Tag hineinpasst und was zu viel ist. In einem Fall wie Martin könntest du auch Mitbewohner bitten dich zu unterstützen, z. B. Lebensmittel mitzubringen, und einen Termintausch für Reinigungsaufgaben arrangieren. Oder das Beispiel der Bücher im Szenario von Lea: Es kostet dich zu viel Zeit, deine Lernmaterialien suchen zu müssen. Agiere besser wie Ellen: Hole die Bücher dann ab, wenn du sie brauchst, recherchiere vorab und reserviere sie zeitlich passend. Dieses Vorgehen hat einen positiven Effekt auf dein Stress-Level und die Fokussierung auf die Lern-Aufgabe.
- *Entspannungsmoment:*
  Was entspannt dich? Worauf kannst du dich nach einem anstrengenden Lerntag freuen? Vielleicht ein Kinobesuch. Der Entspannungszustand soll nach der Anstrengung eingeleitet und bewusst wahrgenommen werden.

Im Fall von Lea kann das nicht stattfinden, da sie sich überhaupt nicht im Anspannungsmodus befunden hat. Oder anders gesagt: Leistungsvermeidung erfordert keine Entspannung und bringt sehr wahrscheinlich auch keine guten Lernergebnisse. Wähle bewusst jene Entspannung, die zu dir passt und dich in einen guten Gemütszustand versetzt. Entspannungsmomente können je nach Person vollkommen unterschiedlich sein. Und bedenke, dass die geplante Entspannung keinen weiteren Stresspunkt an diesem Tag bedeuten sollte, z. B. ein „Abhetzen", um noch schnell in die Therme zum Saunagang zu kommen. Dann wäre dies kein geeigneter Entspannungsmoment.

Die enge Beziehung zwischen Produktivität/Aktivierung und Anspannung sowie dem Unterschied zwischen Wachsamkeit statt Überforderung sollte dir nun verständlich sein. Hab immer als Ziel, die fokussierte Anspannung diszipliniert umzusetzen, da dies zu hoher Produktivität und gutem Lernoutput führt.

TIPP Wenn du merkst, dass du an einem Tag tatsächlich nicht lernen kannst oder magst – aus welchen Gründen auch immer –, so versuche zumindest eine kurze Einheit „Power-Lernen" umzusetzen. Was ist damit gemeint? 15–20 Minuten Wiederholung der wichtigsten Punkte und Inhalte für eine Prüfung. Es reicht schon, wenn du dir ein derartiges Skript o. ä. durchliest. Das ist auch Lernen, strengt nicht so an, aber du hast Wesentliches wiederholt, anstatt überhaupt nicht zu lernen.

Im nächsten Kapitel erfährst du neue Ansätze der Überwindung von Angst oder Blockaden. Auch hier lernst du wieder vieles über dich als Person und wie du mit spezifischen Situationen umgehen kannst.

5.2 Overcoming fears: Ängste erkennen und bearbeiten. Positive Anspannung kann nützlich sein – Angst nicht! Was lerne ich über mich? Mein persönliches Anti-Angst-Kompendium

Das Thema der Angst oder Blockaden betrifft Studierende in unterschiedlicher Art und Weise und Ausprägung: von überhaupt kein Angst-/Blockade-Empfinden bis hin zu einem Blackout aufgrund von Prüfungsängsten.

Hier soll zunächst erklärt werden, wie du das Phänomen Prüfungsangst definieren und besser verstehen kannst. Dann lernst du Ansätze und Methoden kennen, die dir dabei helfen, Prüfungsängste zu bearbeiten.

Es gibt zahlreiche Arten von Ängsten, z. B.
- Platzangst
- Spinnenphobie
- Höhenangst
- Logophobie

Zu diesen erstgenannten Ängsten zählt die Prüfungsangst nicht. Bei der Prüfungsangst handelt es sich vielmehr um eine Form des „Nicht-gerecht-Werdens“ oder auch eine „Versagen-Enttäuschungs-Angst“. Wie ist diese zu verstehen? Hier ein Erklärungsansatz:

Relevant in Verbindung mit Prüfungsängsten sind Konfliktsituationen der Betroffenen. Sigmund Freud hat diese untersucht: „Besonders interessiert war er an unbewussten Prozessen und wie Personen mit Konflikten umgehen.”[71] Freud hat Angst derart beschrieben, dass es einen mentalen Konflikt zwischen verschiedenen Instanzen der Psyche gibt. Betrachtet man die drei Arten von Angst nach Sigmund Freud, so können wir die Prüfungsangst gut verorten:
- *Realistische Angst (Umwelt),* das ist z. B. die Flucht vor einem bellenden Hund oder vor Feuer. Dies sind angepasste Reaktionen, die einem natürlichen Schutzverhalten entsprechen. Diese Form der Angst kann auch gepaart mit Panik, Wut, Aggression o. ä. auftreten.
  (entspricht der Umwelt = beispielsweise bedingt durch soziale Faktoren oder ein Ur-Verhalten)
- *Neurotische Angst (Es),* das sind z. B. Traumata aus der Psyche oder den Gedanken. Das Kennzeichen ist die Angst vor einer Gefahr, die wir (noch)

71 Rauthmann, J. F. (2017), S. 84.

nicht kennen, d.h. es ist keine real existierende Gefahr. Wenn das Ich von übermäßigen Triebansprüchen des Es überwältigt zu werden droht, kann neurotische Angst entstehen.
(entspricht dem Es = unbewusste Struktur, psychischer Ausdruck der Triebe, Bedürfnisse, Affekte etc.)

- *Moralische Angst (Über-Ich),* hier geht es um eine Form von Strafe, Regelverletzung usw. Das findet man z. B. in der Schule oder im Studium als eine Angst vor Versagen, möglicher Scham, „schlimmen Folgen", Schuldgefühlen etc. (entspricht dem Über-Ich = stellt moralische Forderungen, soziale Normen, Werte, Gehorsam, Gebots-/Verbotsinstanzen, Gewissen)

Das ICH – also der Mensch – vermittelt zwischen den Instanzen und Angstformen, also z. B. zwischen einem Trieb und einer Moral. Können Forderungen von den Instanzen Es, Über-Ich und Umwelt nicht in Einklang durch das Ich gebracht werden, so entstehen Konflikte, die sich in verschiedenen Ängsten – z. B. der Realangst, moralischen Angst oder neurotischen Angst – verfestigen können. Der Mensch reagiert darauf zumeist in Form von verschiedenen Abwehrmechanismen wie etwa Verleugnung oder Verdrängung. Beispielsweise leugnet jemand, Angst vor Prüfungen zu haben, obwohl er allein schon bei dem Gedanken an eine Prüfung schweißnasse Hände bekommt.

Bei Prüfungsangst handelt es sich um die Spezifikation „Versagensangst" oder „Leistungs- bzw. Bewertungsangst", denn die Angst besteht in der Befürchtung, eine Prüfung nicht zu schaffen und eventuelle Folgen hinnehmen zu müssen (Ärger mit Eltern o. ä.). Aus dieser Angst zu versagen kann eine neue Angst entstehen bzw. hängt sie mit der Angst zusammen, einer an die Person gestellten Anforderung nicht zu genügen (z. B. nicht intelligent genug zum Studieren zu sein). Dabei können die Vorwürfe von der Person selbst eingeredet sein oder von Menschen aus dem Umfeld stammen. In den meisten Fällen führt diese Angst dazu, dass sich eine Person mehr anstrengt, achtsamer bei ihren Aufgaben ist, Rat einholt oder anderweitige konstruktive Lösungen sucht.

Kennst du dieses Verhalten auch von dir?

Die Ursachen von Versagensängsten sind unterschiedlich. Sie beruhen zumeist auf schlechten Erfahrungen, z. B. wer eine wichtige Prüfung in der Schule oder beim Studium nicht bestanden hat, hat bei der nächsten naturgemäß mehr Angst, auch diese nicht zu schaffen. Nimmt diese Angst übersteigerte Ausmaße an, kann sie zur Mitursache eines weiteren Durchfallens werden, woraus eine erneute schlechte Erfahrung resultiert.

Wichtig ist zu erkennen, was die Triebfedern der Angst sind. Woher kommt die Angst? Womit hängt sie zusammen? Wenn du erkennst, was die wirklich angstauslösenden Faktoren und Gedanken[72] bei dir sind, kannst du dich mit diesen auseinandersetzen. Anders gesagt: Du musst das Problem der Angst bei der Wurzel packen und nicht in der Baumkrone herumschneiden. Es gibt zahlreiche Maßnahmen gegen Prüfungsangst, aber nachhaltig erfolgreich in der Bewältigung von Ängsten bist du erst dann, wenn du die Entstehungszusammenhänge ergründen und bearbeiten kannst.

TIPP Deine Prüfungsangst kannst du bearbeiten und überwinden, wenn du die Angst hinter der Angst kennst.

Viele Studierende haben Prüfungsängste, weil sie befürchten, etwas nicht zu wissen, das Thema nicht verstanden zu haben, oder weil sie spüren, dass ihr Lernen nicht ausreichend war. Dieser Angst ist auf leichtem Wege zu begegnen, nämlich indem du besser/mehr/passfähiger lernst. Wenn sich bei dir das Gefühl einstellt, dass du alles zu Lernende verstanden hast, keine Fragen mehr offen sind und du alle Fragen hinreichend erklären kannst, dann schwindet das Gefühl der Angst. Vermutlich bist du noch angespannt. Aber Anspannung im Sinne der Fokussierung ist nicht hinderlich, sondern eher lernförderlich bzw. für das Bestehen einer Prüfung vermutlich dienlich (s. auch Kapitel 5.1).

Sei ausreichend kompetent, dann schwindet die Angst. Gregory Bateson hat vier Stadien des Lernens[73] beschrieben, die genau das untermauern:

1. **Unbewusste Inkompetenz:** Du weißt (noch) nicht, dass du etwas nicht weißt (Material ist noch nicht gesichtet; kein Lernplan; kein Lernstart).
2. **Bewusste Inkompetenz:** Du willst dir eine bestimmte Kompetenz aneignen, aber du bist noch nicht kompetent (du kannst etwas noch nicht).
3. **Bewusste Kompetenz:** Du verfügst bereits über eine Fähigkeit, aber sie ist noch nicht komplett entwickelt und mit viel Anstrengung verbunden (Lernen bereitet noch viel Anstrengung, Ängste könnten entstehen).
4. **Unbewusste Kompetenz:** Die Fähigkeit ist zur Routine geworden, neue Kompetenzen sind erworben (ohne Anstrengung beherrschst du die Prüfungsinhalte; dies vermittelt dir Sicherheit).

72 vgl. Wolf, D./Merkle, R. (2007), S. 39–51.

73 vgl. https://nlpportal.org/nlpedia/wiki/Lernen [Stand: 05.03.2024].

Am erfolgreichsten ist diejenige Person, die in möglichst vielen Kompetenzfeldern die Stufe 4 der unbewussten Kompetenz erreicht!

Vielen Personen ist nicht bewusst, dass sie Formen des Angstverhaltens zeigen. Vielleicht auch dir nicht?

Es gibt verschiedene Formen des Angstverhaltens. Menschen entwickeln je nach angeborener Gefühlsstruktur und erlerntem Risikomanagement ein breites Spektrum an Verhaltensmustern, um der Angst zu begegnen. Diese Muster sind nicht immer stabil und können je nach der jeweiligen angstauslösenden Situation erheblich variieren. Siegbert Warwitz[74] unterscheidet acht typische „Einstellungstendenzen“, die sich in die Richtungen „Fluchtreflex“, „Angriffshaltung“, „Überhöhung“ oder „Verharmlosung“ bewegen:

- *Vermeidungsverhalten* versucht, angstinduzierenden Ereignissen, Räumen oder Personen möglichst auszuweichen.
- *Bagatellisierungsverhalten* ist bestrebt, die als peinlich erlebten Angstgefühle vor sich und anderen herunterzuspielen.
- *Verdrängungsverhalten* versucht, der gestellten Aufgabe hinderliche Angstgefühle zu unterdrücken/wegzuschieben.
- *Leugnungsverhalten* blendet Anzeichen von Angst aus dem Bewusstsein aus oder versteckt die als Schwäche empfundenen Angstgefühle vor anderen.
- *Übertreibungsverhalten* wiederholt und überzieht Sicherheitsvorkehrungen zur Beruhigung der angespannten Gefühlslage.
- *Generalisierungsverhalten* folgt dem Denkschema von Ängsten als „normaler“ Erscheinung, um sich aus einer erlebten Sonderstellung zu befreien. („Jeder hat doch Angst.“)
- *Bewältigungsverhalten* bemüht sich um ein realitätsgerechtes Maß an Angst, um ein „funktionierendes Angstgewissen“.
- *Heroisierungsverhalten* nimmt die emotionale Befindlichkeit der Angst an, sucht sie sogar und empfindet dabei ein gewisses Heldentum.

Findest du dich in einer dieser Beschreibungen wieder? Dann hinterfrage, warum du dich derart verhältst. Warum zeigst du diese Form des Angstverhaltens? Was steckt dahinter? Siehe dafür auch Übung 15 zur „Selbstanalyse“; hier wird vertiefend darauf eingegangen.

74 vgl. https://www.psyonline.at/lexikon/angst [Stand: 05.03.2024].

Wenn du dich fragen solltest, woran du erkennen kannst, dass du Prüfungsangst hast: Folgende beispielhafte körperliche Reaktionen bei Angst sind symptomatisch[75]:

- erhöhte Aufmerksamkeit, Pupillen weiten sich, Seh- und Hörnerven werden empfindlicher
- erhöhte Muskelanspannung, erhöhte Reaktionsgeschwindigkeit
- erhöhte Herzfrequenz, erhöhter Blutdruck
- flachere und schnellere Atmung
- trockener Mund, Speichelarmut, Hustenreiz
- Energiebereitstellung in Muskeln
- körperliche Reaktionen wie zum Beispiel Schwitzen, Zittern und Schwindelgefühl
- Blasen-, Darm- und Magentätigkeit werden während des Zustands der Angst gehemmt (oder verstärkt)
- Übelkeit und Atemnot treten in manchen Fällen ebenfalls auf
- Absonderung von Molekülen im Schweiß (auch geruchsauffallend).

Wenn du bei dir feststellen kannst, dass du Angst-Symptome aufweist, kannst du folgende Wege des Umgangs mit der Angst reflektieren und ausprobieren:

- Wichtig: sich Angst eingestehen, um sie „bekämpfen" – in den Griff bekommen – zu können.
- Hilfe: bildliche Darstellung – das Teufelchen in mir.
- Dem Teufelchen einen Namen geben: Herbert, mein Angstmacher, nun schau ich dich genauer an. Wir finden schon einen Weg des Umgangs …
- Sage dir: Ängste kann man bearbeiten – und verlernen.
- Trau dich zu analysieren: Einfach nur zu versuchen, Gefühle der Angst zu vermeiden oder zu unterdrücken, ist keine besonders aussichtsreiche oder realistische Strategie; stattdessen sollte man seine Versagensängste genau analysieren und an ihnen arbeiten, um den zukünftigen Erfolg in die Wege zu leiten.

Was kann man konkret beim Lernen und in der Prüfung berücksichtigen?

- Ein klassisch konditionierter Reiz (erlernte Angst) kann vermieden werden (keine Anspannung/negative Verstärkung). Prüfungen sind aber unver-

75 vgl. Walther, H. (2015), S. 16/17.

meidbar, deswegen muss ich spezifische Wege gehen, um die damit in Verbindung stehende Versagensangst in den Griff zu bekommen.
- Ich habe schon Ansätze wie das Zeitmanagement kennengelernt: Lernpläne helfen negativen Stress zu vermeiden, zumindest zu reduzieren. Auch weiß ich, dass ich erst ausreichend gelernt habe, wenn ich anderen den Lernstoff erklären kann. Reicht dies aus? Oder muss ich mehr ändern/berücksichtigen?
- Ich kann Szenarienarbeit üben: „Ich stelle mir vor, dass …" Dadurch bin ich vorbereitet auf unerwartete Fragen und Themen.
- In Prüfungen kann ich auch offen meine Angst ansprechen, „zugeben": „Bevor wir mit der Prüfung beginnen, möchte ich sagen, dass ich wirklich sehr nervös bin und Angst vor einem Blackout habe."

Es gibt aber auch Konstellationen, in denen man sich mit der Angst tiefergehend auseinandersetzen muss. Um dann die Angst hinter der Angst zu ergründen, kannst du folgende Übung durchführen:

ÜBUNG 22: Den Grund deiner Prüfungsangst herausfinden

Nimm dir ein Blatt Papier und schreibe eine klassische Prüfungsangst-Situation auf. Beschreibe genau, was passiert und wie du dich fühlst.
Nun stelle dir die Frage, wovor genau du Angst hast. Sofern du mehrere Punkte nennen möchtest, priorisiere sie nach 1., 2., 3., usw.
WICHTIG: Du musst ehrlich in dich hineinhören, was deine tatsächliche Angst ausmacht. Auch wenn es unangenehme Gründe sein könnten.
Wenn du dies herausfinden kannst, dann bist du bei der Wurzel des Übels Prüfungsangst angelangt.

Hier ein Beispiel dazu von Luca S. Anmerkung: Hier ist bewusst ein sehr komplexes und facettenreiches Beispiel von Prüfungsängsten gewählt, um zu verdeutlichen, dass die Angst hinter der Angst oftmals das eigentliche Problem darstellt:

Klassische Prüfungsangst-Situation:
Ich muss frei vor anderen – z. B. einer Prüfungskommission – sprechen und verschlucke mich dabei manchmal, weil mein Mund so trocken ist. Dann werde ich noch nervöser und werde rot. Dann denke ich immer: Hoffent-

lich ist das bald vorbei. Und dann kann ich mich nicht mehr richtig auf die Prüfung konzentrieren. Das ist ärgerlich und schade, denn ich habe sehr gut gelernt und habe auch Tests zu Hause stets gut absolviert. Durch Prüfungssituationen habe ich auch schon schlechtere Noten erhalten, als es meinem eigentlichen Leistungsstand entspricht – einmal bin ich sogar durchgefallen.

Luca soll nun priorisiert aufschreiben, wovor er Angst hat. Er soll es möglichst exakt erklären. Hier seine Antworten:

1. Ich habe Angst, längere Zeit am Stück zu sprechen, weil dann mein Mund trocken wird.
2. Ich habe Angst davor, rot zu werden. Es ärgert mich auch.
3. Ich habe Angst davor, einen Blackout zu haben.
4. Ich habe Angst davor, die Prüfung nicht zu schaffen.

Auf diese vier nachvollziehbaren Punkte hin nachgefragt, warum er Angst davor hat, eine Prüfung nicht zu schaffen, obwohl er doch viel gelernt bzw. nachweislich Tests gut bestanden hat, sagt Luca:

> „Ich kann meinen Eltern nicht mit einer schlechten Note kommen oder gestehen müssen, dass ich durchgefallen bin. Schließlich zahlen sie auch mein Studentenzimmer. Wir haben schon oft zu Hause über das Thema gesprochen. Aus meiner Familie bin ich der Einzige, der studiert. Meine Eltern wollen das so und halten große Stücke auf mich. Sie erzählen überall herum, wie gut ich im Studium sei."

Daraufhin wird nachgefragt, warum die Eltern wollen, dass Luca studiert. Er antwortet:

- „Wir haben ein Geschäft, das ich übernehmen soll. Meine Eltern meinen, dass es notwendig sei, studiert zu haben, weil heute die Geschäftsprozesse viel komplexer und die Konkurrenten mehr seien. Ich solle vorbereitet sein. Und da ich als Einziger in der Familie studiere, legen sie natürlich Wert darauf, dass ich die Prüfungen schaffe."
- „Außerdem wollen meine Eltern bald in den Ruhestand gehen und dann auch teilweise von den Erlösen des Geschäfts profitieren und ihren Ruhestand genießen. Sie meinen, ich gebe ihnen dann zurück, was sie mir vorher ermöglicht haben."

Wiederum nachgefragt, wie Luca mit dem Anspruch der Eltern umgehe, meint er:

- „Es beschäftigt mich sehr oft, eigentlich jeden Tag, dass ich quasi für meine Eltern studiere. Ich weiß noch nicht einmal, ob ich das Richtige studiere. Ich bin zwar ein fleißiger Lerner, aber ich hatte nie die Möglichkeit mal zu überlegen, was ich eigentlich machen möchte."
- „Und dann bin ich für die Eltern finanziell verantwortlich."
- „Das Schlimmste aber ist: Ich würde meine Eltern beschämen, wenn ich das Studium nicht oder nicht gut schaffen würde. Ich müsste meine Eltern enttäuschen und käme mir wie ein Versager vor. Jedem erzählen sie, dass ihr ‚toller Sohn' mit dem Studium bald das Geschäft neu aufbauen wird. Das wäre eine riesige Scham für meine Eltern …"

Lucas Prüfungsängste haben demnach nicht in erster Begründungslinie mit dem freien Sprechen vor der Prüfungskommission zu tun. Vielleicht findet er diese Situation nicht angenehm, aber der eigentliche Grund, warum er Angst hat und mit den beschriebenen Angstformen reagiert, ist ein anderer – er ist tiefliegender, umfangreicher. Der eigentliche Grund ist der zuletzt genannte: Luca hat Angst „zu versagen". Er hat Angst davor, die an ihn gestellten Forderungen nicht zu erfüllen, so dass die Eltern beschämt werden könnten. Es plagen ihn jetzt schon Schuldgefühle. Und die Facetten dieser Ängste und Zusammenhänge hat er nachvollziehbar geschildert. Verschlimmernd kommt hinzu, dass die Erwartungshaltung der Eltern dadurch für Luca verstärkt wird, weil er das einzige Kind in der Familie ist, welches studiert und den Betrieb übernehmen soll. Weiterhin ist für Luca nicht klar, ob das Studium und die Übernahme des elterlichen Betriebs überhaupt seinen Wünschen und Zielen entsprechen. Ihm wurde kein Raum gelassen, darüber nachzudenken und ggf. anders zu entscheiden. Dadurch haben sich Druck und Ängste aufgebaut, eben auch die Prüfungsangst.

Du siehst, Prüfungsängste können ganz anders verortet sein, als man auf den ersten Blick meint. Wie zuvor beschrieben, müssen Prüfungsängste nicht derart komplex sein wie am Beispiel von Luca. Es kann z. B. auch die Angst vor einer Blamage der Freundin/dem Freund gegenüber sein. Oder dass man sich selbst zu stark unter Druck setzt mit einer Zielerreichung (nach dieser Prüfung kaufe ich mir, mache ich … usw.). Die Begründungslage der Scham, der Regel, der Norm o. ä. ist jeweilig sehr verschieden.

Werde dir darüber klar, dass bei einer nicht so gut absolvierten Prüfung „nicht die Welt untergeht“. Es passiert zunächst einmal nichts bzw. nichts Schlimmes. Setze dich mit den Folgen auseinander. Vermutlich ist die einzige Folge, dass du die Prüfung wiederholen musst. Aber sei dir darüber im Klaren, dass ansonsten nichts Schlimmes passiert:

- Du stirbst nicht.
- Du wirst nicht in der Zeitung an den Pranger gestellt.
- Du verlierst nicht deine Freunde.
- Du kannst weiterhin deinen Hobbys nachgehen.
- Deine erlernten Fähigkeiten und Kompetenzen kommen nicht abhanden – im Gegenteil, du lernst dazu.
- Der nächste Tag steht an, die Welt steht nicht still.
- Usw.

Verdeutliche dir, dass nichts existenziell Negatives passieren wird.

Im Falle von Luca S. wären grundlegende Gespräche – auch mit der ganzen Familie – sicherlich angeraten. Dies in Verbindung mit Entscheidungen zum Studium, der Berufswahl usw. Sicherlich umfangreich und unangenehm, aber es ist nicht „lebensbedrohlich“, so dass man den Faktor Angst bearbeiten kann.

ÜBUNG 23: Deine Prüfungsangst überwinden – ein Ansatz bei Versagensangst/Erfolgsdruck

Versuche dir klarzumachen, was du über deine Prüfungsangst herausgefunden hast. Welchen wahren Grund für deine Angst hast du eruieren können? Angenommen, du hast dich selbst unter Druck gesetzt, weil du eine bessere Prüfung absolvieren möchtest als dein bester Freund. Nur warst du dir über dein Streben bisher nie so im Klaren; besser gesagt war dir nicht bewusst, dass du deshalb Prüfungsängste bekommst. Du hattest es bisher auf die ungeliebten Professoren, die vielen zu lernenden Bücher o. ä. geschoben. Nun schreibe dazu auf:

- Ich kenne den Grund, warum ich Prüfungsängste aufgebaut habe.
- Ich habe Druck, Stress und Angst aufgebaut, weil ich mich unter Erfolgs- und Wettbewerbsdruck gesetzt habe.
- Mein Ziel war, dass ich besser sein wollte als mein Freund.

- Die eine Angst bestand darin, die Prüfung nicht gut zu bestehen. Die eigentliche Angst – die Angst hinter der Angst – ist jedoch, dass ich mich einem ungesunden Erfolgsdruck ausgesetzt habe, der zu Ängsten geführt hat.
- Ich muss mir eingestehen, dass der Druck immer mehr in Angst umgeschlagen ist. Das tut mir nicht gut.
- Ich werde ab jetzt ehrlich zu mir selbst sein und von nun an die Leistung umsetzen, die meinen Kompetenzen entspricht, unabhängig von einem Leistungsvergleich mit meinem Freund.
- Ich nehme mir ein „gesundes Lernpensum" ohne Erfolgsdruck vor.
- Ich möchte keine Prüfungsängste mehr haben.
- Ich weiß, dass ich einige Zeit brauche, um die „erlernte Angst" wieder abzubauen.
- Ich weiß aber auch, dass es schaffbar ist.
- Ich möchte und werde das schaffen.

Du kannst dir ein individuelles Anti-Angst-Kompendium erstellen, das dich in 14 Schritten durch Angst-Situationen hindurchlotst:

1. **Bewusstmachung:** Fehler – z. B. nicht gute Prüfungen/durch Prüfungen durchfallen – gehören zum Leben, jeder macht sie! Jeder trägt ein Ungetüm/Teufelchen mit sich (s. o. „Herbert"). Der eine gibt es zu, der andere nicht. Du bist schlau, wenn du es dir eingestehst und versuchst, es zu verbessern, anstatt eine falsche „Einstellungstendenz" dazu zu haben. Reflektiere, was passiert ist.[76] Definiere Herbert!
2. **Ausblenden von *bad influencern*:** Negative Kritik anderer wirst du nicht annehmen! Lieber nimmst du eine neutrale Beobachterposition (Wolkenblick, s. Kapitel 1.4) ein und schaust dir deine Situation an.
3. **Adaptive Lebenshaltung:** Erfolg ist ein Prozess, dazu zählen auch Misserfolge. Akkommodation ist wichtig: Veränderungen sind positiv! Du nimmst sie an. Du lernst etwas über dich.
4. **Den Weg finden:** Hindernisse sind zur Bewältigung gedacht, nicht dafür, um zu kapitulieren! Du kannst sie übersteigen oder drum herumgehen. Jeder kann seinen Weg finden.
5. **Ausdauer einplanen – Schritt-für-Schritt-Denke:** Was sich langsam aufgebaut hat, braucht ebenso Zeit, damit es wieder abgebaut wird. Nichts überstürzen, geduldig sein. Kleine Wohlfühlschritte nacheinander planen

76 vgl. Warnecke, I. (2018), S. 126.

(Langfristziele in Teilziele gliedern, dafür mit Skripten arbeiten: Reduktion der Inhalte[77], dann klappt es besser mit der Ausdauer).

6. **Menschlich sein:** Konflikte und soziale Anspruchssituationen geschehen, weil wir Menschen – soziale Wesen – und keine Roboter sind. Du lässt diese Situationen zu, sie gehören zum Leben dazu!
7. **Stärken stärken:** Spotlight on your strengths! – „positive encouragement". Du schaust nicht immer auf das, was nicht klappt, sondern auf deine Stärken. Und diese baust du weiter aus. Evtl. ein Skript anlegen: Was hat gut funktioniert? Das verstärkst du.
8. **Korrekturen sind Professionalisierungsschritte,** keine Rückschritte: Vorsicht mit dem Wording …! Ziel ist die Verbesserung des Ist-Zustands. „Ich habe versagt" und „Alles-oder-Nichts-Denke" oder „Ich habe kein Talent" sind Einbahnstraßen und hinderliche Glaubenssätze.[78] Realistische Ziele setzen!
9. **Resilienz entwickeln:** Auf Probleme (Prüfungsängste) mit Anpassung deines Verhaltens reagieren. Du kennst Wege und Möglichkeiten, s. o. Betrachte „Momente des Versagens" als wertvolle Lernerfahrungen. Du kannst dich nur perfektionieren und dazulernen, wenn du zuvor etwas „falsch" gemacht hast (aus Fehlern lernen).
10. **Alles Zukünftige bietet Neues, Chancen, sogar Spaß:** Es ist eine Arena des Ausprobierens und des Lernens! Lebenslanges Lernen hilft dir, den Lebens- und Berufsalltag zu meistern.
11. **Erfolgs-Drehbuch:** Inszeniere Szenarien, um dich auf Prüfungssituationen geeignet vorzubereiten, z. B. auch mit deiner Lerngruppe. Dazu zählt auch, sich über die Prüfer zu erkundigen, z. B. was deren Prüfungsroutinen[79] sind o. ä.
12. **Keine Personen-Prüfung:** Ich werde nicht als Mensch geprüft und bewertet. Es geht um sachlich-fachliche Inhalte!
13. **Selbstachtung und Token-System:** Ich bin fair und liebenswürdig zu mir. Ich belohne mich, wenn ich erfolgreich bin.
14. **Personal Trainer, Coaches u. a.:** Professionelle Hilfe ist kein Stigmatisierungsgrund; es ist schlau, sich professioneller Hilfe zu bedienen.

77 vgl. Krengel, M. (2019), S. 182.
78 vgl. Hafner, B./Kronenberger, U. (2015), S. 86/87.
79 vgl. Wagner, W. (2007), S. 158.

Formen von Versagensangst kann Menschen in jedem Lebensabschnitt – von Schulkindern bis hin zu Rentnern, jeden Geschlechts, Berufs und Bildungsgrads – treffen. Sowohl die Ausprägung als auch die individuellen mit Angst belegten Situationen sind dabei unterschiedlich. Ist es einer Person nicht möglich, die Situation mit eigenen Methoden – wie hier beispielsweise beschrieben – in den Griff zu bekommen, ist es ratsam, professionelle Unterstützung von Lerncoaches oder psychologischen Beratungen etc. einzuholen.

Fasse für dich zusammen, was du in diesem Kapitel erfahren und über dich gelernt hast:
- Stress und Nervosität sind nicht pauschal „schlecht“. Es kommt auf das Ausmaß an und darauf, wie sich der Betroffene dabei fühlt.
- Stress im Sinne von Anspannung und Nervosität im Sinne von Spannung sind zulässig, wenn sie als positiver Lernansporn dienen.
- Anspannung kann man zulassen – Angst sollte man nicht zulassen.
- Ängste sind nicht positiv, sondern können dich negativ beeinflussen.
- Wenn Ängste zu Blockaden führen, ist das lebensbeeinträchtigend: Blockaden können mental-psychisch und kognitiv wirken (Gehirn), oder sich organisch auswirken (z. B. Herz); dadurch können sich Emotionen und Blockaden im Körper festsetzen: ein verspannter Nacken („große Last“), Kopfschmerzen o. ä.

Du hast nun über dich gelernt, deine optimale Leistungskurve zu bestimmen. Du kannst einschätzen, ab wann eine fokussierte Anspannung in negativen Stress oder sogar Angst übergeht, so dass du gegensteuern kannst.
Du weißt nun fokussierte Anspannung von Angst zu unterscheiden.
Du hast erfahren, wie du Angst erkennst und ihr erfolgreich begegnen kannst.

Im nächsten Kapitel kannst du in einem kleinen Exkurs nachlesen, wie du Blockaden – die sich zumeist in Folge der Prüfungsangst einstellen – bearbeiten kannst. Auch bei diesem Thema geht es wieder darum, dass du deinen persönlichen Ansatz findest. Für den Umgang mit Prüfungsangst und -blockaden gelten verschiedene individuelle bzw. persönliche Faktoren. Schaue, was dir tragfähig erscheint.

5.3 Selbstführungskompetenz – gelernt fürs Leben: Individuelle Wege zur Überwindung von negativen Einflüssen und Prüfungsblockaden, Entspannungstechniken herausfinden

Hast du Prüfungsblockaden? Wenn es dich betrifft, dann helfen dir die folgenden Ausführungen. Du weißt momentan vermutlich noch nicht genau, wie man negative Einflüsse und Prüfungsblockaden überwinden kann. Hier der elementare Ansatz: Du kannst es selbst in die Hand nehmen! Das ist die wichtigste Information für dich. Der Schlüssel liegt in der Selbstführungskompetenz! Du lenkst dich durch die Zeit und lernst dabei Methoden kennen, die dir ein Leben lang dienlich sein können – auch im Berufsleben.

Prüfungsblockaden kannst du genauso wie Versagensängste bearbeiten. Dabei ist es nicht hilfreich, sich zu verordnen, vor Prüfungen nicht an Blockaden zu denken. Dann passiert dir eben wahrscheinlich genau das, dass dir die negativen Emotionen sofort in den Kopf kommen und du die Prüfungsblockade direkt nachempfindest. „Je mehr wir uns befehlen, keine [Prüfungsblockade] zu haben, umso nervöser werden wir."[80] Deswegen solltest du andere Wege gehen, um deine Prüfungsblockaden in den Griff zu bekommen.

Hier findest du erste Tipps zum Vorgehen, die in einigen Punkten den Schritten der Angst-Analyse ähneln:

– *Themen genau betrachten und analysieren – lerne dich in schwierigen Situationen besser kennen*
  - Begrüße deine Blockade: Lass die Emotionen zu! Erst wenn du sie benennen und verorten kannst, schaffst du es, die Blockade zu überwinden! Also keinen Verdrängungsversuch starten!
  - Dafür musst du dir ehrliche Antworten geben: Welche Befürchtung steckt hinter der Blockade? Bzw. wodurch genau wird die Blockade ausgelöst? Dekliniere die Aspekte so weit, bis du beim Kernpunkt angelangt bist und das eigentliche Problem erkennen kannst. Schau es dir an. Ist es z. B. die Sorge um dein Selbstwertgefühl oder um „Spott" vor Kommilitonen? Sei ehrlich und möglichst präzise.

80 Hafner, B./Kronenberger, U. (2015), S. 85.

- *Dem „vermeintlichen Versagen“ ins Auge schauen, sich ihm stellen, mutig werden (er)lernen*
  - Wenn du deine Blockade und Angst definieren kannst, benenne sie konkret und sage dir: Diese Blockade werde ich nun mindern. Schritt für Schritt werde ich daran arbeiten.
  - Eine Möglichkeit des Einübens des Umgangs mit Blockaden oder negativen Einflüssen ist z. B., indem du bewusst etwas Neues beginnst, vor dem du Respekt hast, etwas, was du dich bisher nicht getraut hast. Es sollte zunächst nichts mit deinen Prüfungen bzw. Studium zu tun haben, so etwa ein Musikinstrument lernen zu spielen oder die Joggingrunde zu erweitern. Dadurch lernst du, dich Herausforderungen zu stellen und diese nicht mehr als unüberwindbar („Blockade“) anzuschauen. Übst du dies mit selbst gesetzten Herausforderungen, so erscheinen dir später von Dritten an dich gestellte nicht mehr bedrohlich bzw. machbar.
- *Aktiv den nächsten Schritt gehen, trotz Unwohlsein/Angst – sich selbst navigieren lernen*
  - Sich selbst erlauben, Unwohlsein erleben zu dürfen, um dann herauszufinden, was genau dieses Unwohlsein auslöst.
  - Setze dir „Challenges“, z. B. herausfordernde Situationen, in denen du „üben“ kannst, z. B. eine Ansprache bei einem Geburtstag halten. Verdeutliche dir, dass nichts Schlimmes passiert. Deine Zuhörer werden es schätzen, dich derart erleben zu dürfen. Derartige Erlebnisse schulen deinen Umgang mit Herausforderungen und werden dich stärken!
- *Misserfolge nicht personalisieren oder verallgemeinern – Umgang mit belastenden Situationen erlernen*
  - Es gibt „Versuche“, eine Prüfung zu bestehen. Gelingt das nicht, dann bist du deswegen kein schlechter Mensch; deswegen sind auch nicht alle anderen Personen „dumm“, die eine Prüfung nicht bestehen.
  - Du machst die Tür nicht zu, sondern auf: Was hast du gelernt, was nicht funktioniert hat? In welchem Bereich könntest du noch mehr lernen? Stärke deine Resilienz! (s. auch Kapitel 5.2)
- *Perfektionismus versuchen zu vermeiden, er hindert dich und ist kein gesunder Ehrgeiz*
  - Perfektionismus kann dich blockieren. Überprüfe, ob dies bei dir der Fall ist. 80–90 % reichen meistens aus, um dein Ziel zu erreichen.
  - Zu hoch gesteckte Ziele können Prüfungsblockaden auslösen. Deswegen setze dir für die Zukunft realistische Ziele.

- *Das Positive fokussieren – lenke deine Aufmerksamkeit auf Bejahendes*
  - Was ist gut gelaufen? In welcher Situation hast du keine Blockade gespürt?
  - Notiere alle Punkte, die bei dir ein positives Gefühl – Erfolg, Glück, Erleichterung etc. – ausgelöst haben.
- *Persönliche Weiterentwicklung sehen und Kompetenzen aneignen*
  - Fähigkeiten wie Resilienz und neue Lernmethoden konstant trainieren, gemäß dem LLL-Anspruch (lebenslanges Lernen).
  - Existierende Fähigkeiten stärken, Neues ausprobieren, Sicherheit erlangen!
- *Mit Belohnungen arbeiten*
  - Gut gestimmt kann man negative Einflüsse besser überwinden. Stelle dir eine machbare – aber realistische – Aufgabe. Löse sie, belohne dich z. B. mit einem Film, einer Schokolade o. ä. und sage dir, dass du ohne eine Blockade die Schwierigkeit überwinden konntest. Du stellst dir eine weitere Aufgabe und denkst an etwas Positives, an eine Belohnung. Du wirst sehen, es funktioniert, Blockaden Schritt für Schritt zu überwinden. Du sagst dir immer wieder, dass du es schaffen kannst. Schritt für Schritt – nicht alles auf einmal.
- *Nachhaltige Strukturen schaffen, die dir Selbstführung ermöglichen*
  - Erfolgreiche und effektive von nicht so erfolgreichen und ineffektiven Tagen unterscheiden lernen. Damit keine Wertung der Persönlichkeit verbinden. Es gibt immer einmal Tage, die nicht so verlaufen wie eigentlich geplant. Hierbei hilft: Lerntagebücher[81] führen. Kurze Einträge, was gut funktioniert hat und warum bzw. wie du vorgegangen bist, dich gefühlt hast usw. Dann lernst du einzuschätzen, an welchen Tagen das Lernen zukünftig eher nicht ratsam ist.
  - Aufmerksamkeit und positive Fokussierung erhöhen lernen (s. auch Kapitel 5.1), dafür Übungen kennenlernen, z. B. denkst und fühlst du nur das, was dich positiv bestärkt und du an dich herankommen lassen willst. Alles andere lässt du wie Treibholz in einem Fluss an dir vorüberziehen, bis das Wasser wieder klar ist. Das stellst du dir bildlich vor. Du siehst zu, wie Blockaden und Ängste wegschwimmen. Oder im Bild der Wolken gesprochen: Das Negative zieht als graue Wolken an dir vorbei, bis die Sonne wieder scheint.

81 vgl. Hafner, B./Kronenberger, U. (2015), S. 57.

Negative Emotionen zu lösen und in die Entspannung zu gelangen ist das Ziel des Umgangs mit Blockaden. Du kannst dich gezielt mit Entspannungstrainings auseinandersetzen, z. B. der *Progressiven Muskelentspannung.* Diese Methode ist leicht zu erlernen; du kannst sie jederzeit ausprobieren: „Die Technik der Progressiven Muskelentspannung beruht auf der wechselseitigen Anspannung und Entspannung der Muskulatur. [...] Suchen Sie sich zum Entspannen einen ruhigen Raum aus [...]. Atmen Sie einige Male tief ein und aus und lassen Sie Ihren Körper locker und angenehm schwer werden. Spannen Sie nun nacheinander jeden einzelnen Muskel Ihres Körpers etwa 5 Sekunden lang an – gerade so stark, dass Sie ein leichtes Ziehen verspüren. [...] Dann lösen Sie die Spannung wieder [...]. Machen Sie sich etwa 10 Sekunden lang das Gefühl der Entspannung bewusst. Wiederholen Sie Anspannung – Entspannung [...].“[82]

Für die Überwindung von spontan auftretenden Blockaden – z. B. in Prüfungen – gibt es zahlreiche Ad-hoc-Ansätze zur Entspannung, die du anwenden kannst. Je nach Typ Mensch funktionieren Notfall-Systeme unterschiedlich. Hier sind zwei Vorgehensweisen erklärt, die dir helfen könnten.

ÜBUNG 24: Ad-hoc-Übungen zur Entspannung bei Prüfungsblockaden

Die erste Methode kann 10 bis ca. 30 Sekunden umfassen und besteht in einem bewussten Atem-Vorgang. Du atmest nach folgendem Schema kontrolliert ein und aus:

- *Panik-/Blockade-Attacke stoppen durch „Wegatmen“*[83]:
  - 5 Sekunden durch die Nase einatmen; ins Zwerchfell atmen – nicht in die Brust (Bauch sollte sich heben, nicht der Brustkorb)
  - 5 Sekunden durch die Nase ausatmen; die gesamte Luft aus der Lunge ausatmen – dabei auf das Zählen konzentrieren
  - Wiederholung – bis Beruhigung eintritt

Die zweite Methode erfordert einen schrittweisen Prozess des Überwindens von negativen Gedanken mittels Selbstkontrolle der kognitiven Prozesse. Dieser Ansatz ist komplexer als die erste Methode, kann aber nachhaltig wir-

82 Wolf, D./Merkle, R. (2007), S. 64.
83 vgl. Warnecke, I. (2018), S. 101.

kungsvoller sein. Um diesen Ansatz in einer Blockade-Situation anwenden zu können, solltest du ihn zuvor geübt haben, z. B. beim Lernen in einer Lerngruppe, wenn ihr Prüfungssituationen simuliert:

- *„Gedankenstopp" – Negative Gedanken überwinden mit STOPP-Übung*[84]:
  - *S – Stopp:* Innehalten & Reflektieren. Du wirst dir darüber klar, dass du gerade eine schwierige Situation erlebst, die du aber gut meistern möchtest. Z. B. stellst du in der Prüfung fest, dass du gefragte Quellen oder Theorien nicht abrufen kannst, und gerätst in Panik. Verordne dir einen Stopp und schau genau, was gerade passiert. Du sagst dir, du weißt es eigentlich, und folgst den nächsten Schritten:
  - *T – Take a deep breath:* Mache bewusst tiefe Atemzüge, so dass dein Körper gut mit Sauerstoff versorgt ist und sich Verkrampfungen mindern können. Ggf. sagst du den Prüfern, dass du einen Moment des Überlegens benötigst (siehe auch *P*).
  - *O – Observe:* Beobachte deine Gedanken – worauf sollst du dich konzentrieren? Es geht um ein sachlich-fachliches Thema, auf das du dich konzentrieren sollst. Es geht nicht um dich als Mensch. Durch das bewusste Atmen wird dein Puls ruhiger. Du kannst dich wieder auf die Situation konzentrieren und gehst erneut der geforderten Frage nach.
  - *P – Pull back:* Konzentriere dich auf dich selbst und suche einen neuen Weg. Der kann z. B. auch darin bestehen, in einer Prüfung zu sagen, dass man gerade eine Blockade hat. Dann bittest du beispielsweise um die Umformulierung der Aufgabe, um eine spätere Wiederholung oder um eine kurze Zeit zum Sammeln. Ein anderer Ansatz kann sein, dass du dir zuvor beim Lernen Eselsbrücken gebaut hast und dich nun an diese erinnerst. Dann spürst du diesen Gedanken konzentriert nach.
  - *P – Proceed:* Den Weg gehen: Gemäß deinen inneren Werten, Methoden und Ziele gehst du nun den Weg weiter. Du willst und wirst die Situation meistern! Du hast dir fest vorgenommen, in Blockade-Situationen reagieren zu können. Dein Ziel besteht nicht nur in der Absolvierung der Prüfung, sondern auch in der Anwendung deiner Methoden zur Zielerreichung – von den Lerntechniken bis zu den Strategien zur Bewältigung von Prüfungsblockaden.

84 u. a. hier nachzulesen: https://www.impulse.de/selbstmanagement/stop-regel/7486543.html#Wie_funktioniert_die_STOP-Regel [Stand: 05.03.2024].

TIPP In Fachliteratur – siehe auch hier genannte – kannst du zahlreiche weitere Methoden zur Bewältigung von Prüfungsblockaden nachlesen. Wenn du dich damit auseinandersetzt, habe stets das Ziel der Selbstführungskompetenz vor Augen und prüfe dahingehend, welche Methode für dich persönlich passfähig erscheint: Finde deinen eigenen Weg!

Trotz zahlreicher Ansätze der Selbstführungskompetenz bei Blockaden und Ängsten können Überforderungsempfindungen anhalten. Dies führt bei einigen Studierenden dazu, dass sie über die Fortführung des Studiums nachdenken. Mit diesem Thema setzt sich das folgende Kapitel auseinander.

5.4 Studienabbruch: Wie konnte ich nur daran denken?! Oder ist eine Alternative zum Studium doch der richtige Weg?

Es gibt Phasen im Studienverlauf, in denen Studierende eventuell darüber nachdenken, ihr Studium vorzeitig zu beenden – abzubrechen. Die Entscheidungen und Motive sind bereits wissenschaftlich untersucht worden. Die Forschung bestätigt auch eine Zunahme von Studienabbrüchen in den letzten Jahren, insbesondere in folgenden Studiengängen: „Überdurchschnittlich hoch fällt die Abbruchquote im universitären Bachelorstudium in den Geisteswissenschaften (49 %) sowie in Mathematik und Naturwissenschaften (50 %) aus. An HAW [Hochschulen angewandter Wissenschaften] ist sie ebenfalls in der Fächergruppe Mathematik und Naturwissenschaften (39 %) sowie in den Ingenieurwissenschaften (30 %) besonders hoch. [...] Wird der längere Studienverbleib beachtet, so liegt die Studienabbruchquote im Masterstudium deutlich niedriger als im Bachelorstudium.“[85]

Über einen Abbruch des Studiums nachzudenken, bedeutet nicht zwangsläufig, dass man „zu dumm“ für ein Studium ist. Überwindung, persönliche Gründe, Interessensverschiebungen, familiäre Bedingtheiten sowie vielfältige Alternativen (s. weiter im Text das Angebot der Bank) usw. können die Entscheidung begünstigen. Die Entscheidung des Studienabbruchs ist oftmals multikausal und von inneren (z. B. geänderte Interessenslage, grundsätzliche Leistungsprobleme, Diskriminierung) sowie äußeren (z. B. unzulängliche Studienbedingungen, Studienerwartung versus Studienwirklichkeit, fehlende

85 Heublein, U. et al. (2022), S. 1.

Wahl- und Vertiefungsmöglichkeiten) Faktoren bedingt. Es liegen zumeist nachvollziehbar plausible Gründe vor.[86] Dennoch gilt ein Studienabbruch gesellschaftlich immer noch als „Versagen". Wenig berücksichtigt wird, dass hier Momente der Erkenntnis enthalten sind, die dazu beitragen, dass es dem Betroffenen im Anschluss an die vorzeitige Beendigung eines Studiums eventuell besser gehen kann.

Wenn du dich mit dem Thema des Studienabbruchs beschäftigst, so ist dir als dringender erster Schritt zu empfehlen, die Beweggründe zu eruieren.

ÜBUNG 25: Motivlagen und Gründe für eventuellen Studienabbruch analysieren

Stelle dir die folgenden Fragen; dafür schreibe dir sowohl die Fragen als auch die Antworten auf ein großes Blatt Papier:

1. Was genau ist deine Motivlage?

2. Welche fundamentalen Gründen liegen hierfür vor?

Unterscheide gründlich nach den Motiven und Gründen. Das macht dir den nächsten Schritt der Reflektion für weitere Szenarien des Vorgehens bzw. der Lösung leichter.

Nehmen wir folgenden Fall für Motive, Gründe und Lösungsansätze an:

Motivlage: Du fühlst dich mit dem Lernstoff überfordert.

Gründe: a) Methodik/Didaktik der Professoren/Dozenten ist nicht gut sowie b) eigene Lernarbeit funktioniert nicht.

Nun setzt du dich mit den Gründen genauer auseinander, indem du reflektierst, ob es Lösungen für die Gründe gibt, die deine Motivlage positiv beeinflussen können.

Im vorliegenden Fall könntest du notieren:

Zu Grund a):

- Prüfen, ob andere Lehrpersonen ähnliche Seminare/Vorlesungen anbieten. Dabei darauf achten, dass Wahl- und Pflichtseminare abgedeckt werden.
- Erkundigungen einholen, wie das gleiche Studium an einer anderen Universität/HS strukturiert ist. Ggf. Personen dort kontaktieren und die persönliche Problemlage schildern.
- Mit der Fachschaft/ASTA Gespräch suchen. Was raten sie dir?

86 vgl. Heublein, U. et al. (2017), S. 17/18.

Zu Grund b):

- Überdenke, was genau das Problem an deiner eigenen Lernarbeit darstellt.
- Welche Lernstrategien wendest du an: Arbeitest du mit Lernplänen? Lernst du gemäß deinem Lerntyp und Lernstil? (s. Kapitel 3.2 und 3.5)
- Mit dem Career Center deiner Universität/HS Kontakt aufnehmen. Oftmals werden Informationen und Seminare zum Lernmanagement angeboten, die dir helfen können, deine Lernarbeit erfolgreich in den Griff zu bekommen.

Stelle alle relevanten Informationen übersichtlich zusammen.
Nun beginnst du, die Punkte abzuarbeiten: Informationen einholen, Gespräche führen, in Ruhe überlegen. Erst, wenn du ein „big picture" vorliegen hast, steht die Entscheidungsphase an. ES GIBT IMMER EINE WAHL!

Grundsätzlich gibt es zu diesem Zeitpunkt drei mögliche Szenarien des Weitergehens:

1. *Szenario: Fortsetzung des Studiums, aber mit anderen Ansätzen, Methoden etc.*

a) Du versuchst, deinen Stundenplan umzubauen, z. B. andere Seminare aussuchen.
b) Du nimmst ein Lerncoaching wahr und regelst deine Lernarbeit nach neuen Aspekten der Lernstrategien. Du weißt nun, was du besser machen kannst. Du beobachtest fortan deine Stresssymptome und achtest frühzeitig auf Warnsignale. Du bewertest stetig, welche Methoden dir helfen und welche du ändern solltest.
c) Du lässt die Maßnahmen erst einmal wirken. Du definierst Meilensteine als Instrument der Selbstkontrolle und bewertest deinen Entscheidungsprozess über das weitere Studium.[87] Bedenke hier auch Aspekte der intrinsischen Motivation sowie innere und äußere Faktoren (s. o.).
d) Es könnte auch sein, dass du den Studienort wechselst und versuchst, dir möglichst viele bisherige Seminare/Credits etc. anrechnen zu lassen, und an einem anderen Ort dein Studium fortsetzt.

87 vgl. Piolot, P. (2016), S. 54.

2. *Szenario: Wechsel des Studiengangs oder Fachs in Bezug auf Eignung, Interesse usw.*

a) Solltest du festgestellt haben, dass dich ein anderes Studienfach mehr interessiert, z. B. statt BWL (Betriebswirtschaftslehre) eher Politik, dann erkundigst du dich nach einem entsprechenden Studienangebot (s. auch Kapitel 2.1).
b) Du überstürzt nichts, sondern nimmst dir Zeit, das neue Angebot zu prüfen: Universität/HS, Ort, Wohnmöglichkeiten etc.
c) Am besten nimmst du Angebote wie Tage der offenen Tür o. ä. wahr. Falls dies zeitlich nicht gut passt, kannst du Anfragen stellen, ob du in Vorlesungen/Seminaren hospitieren kannst. Bewerte erneut: Ist dieser Studiengang wirklich fachlich-inhaltlich der richtige?
d) Lege einen Zeitplan fest, wann du wechseln könntest. Es ist immer besser, mit dem Semesterwechsel abzuschließen bzw. neu zu starten.

3. *Szenario: Ausstieg aus dem Studium (und Einstieg in die Berufswelt)*

a) Du hast definitiv festgestellt, dass ein Studium nicht der richtige Weg für dich ist. Zum Beispiel bist du eher praktisch veranlagt.
b) Du erkundigst dich nach passfähigen Alternativen zum Studium, also wahrscheinlich Einstieg in die Berufswelt. Dazu zählt das Berufsbild, entsprechende Firmen, die Gehaltsstruktur, Standorte usw.
c) Lote deine beruflichen Perspektiven ausreichend aus. Zum einen durch Gespräche mit Jobcentern, zum anderen durch mehrere Vorstellungsgespräche (nicht das erstbeste Angebot annehmen). Auch aufgrund des Fachkräftemangels rekrutieren Unternehmen gezielt jene jungen Erwachsenen, die ihr Studium abgebrochen haben. Beispielsweise werben Banken[88] in Podcasts mit Profilen von Studienabbrechern, die stattdessen nun „zufrieden“ bei der Bank arbeiten. Derartige Möglichkeiten können forcierend auf die Entscheidung des Studienabbruchs wirken. Durch diese Optionen wird der vermeintliche Misserfolg des Studienabbruchs in eine neue Chance gewandelt. Bei deiner Überlegung des Studienabbruchs sollte allerdings die Entscheidung zunächst unabhängig von einer Alternative reflektiert werden. Du solltest zunächst sicher sein, dass das Studium an sich dir nicht zusagt. Wenn du dies hinreichend reflektiert hast, dann kannst du die Alternativen neutraler und zukunftsgerichteter bewerten.

88 vgl. https://wirsindnext.de/studienabbruch [Stand: 05.03.2024].

d) Den Ausstieg organisieren und nicht überstürzen, z. B. angefangene Projektarbeiten noch abschließen, in Ruhe die Wohnung kündigen und ggf. zur Vermeidung von Doppelzahlungen zeitgerecht einen Nachmieter stellen usw.
e) Gib dir ausreichend Zeit für die Neu-/Umorientierung. Du musst dich in eine neue Rolle als Arbeitnehmer einfinden: Arbeitszeiten, Vorgesetzte, Regeln usw. Das ist ein neuer Lebensschritt!

Anhand der hier aufgezählten Aspekte, nach Einholung aller Informationen sowie Beantwortung der Fragen kannst du jetzt abschließend eruieren, ob Szenario 1, 2 oder 3 für dich zum Tragen kommt und wie du dieses Szenario umsetzen willst. Ratsam wäre, das Szenario 1 zu verfolgen, denn sehr wahrscheinlich hast du noch nicht alle hilfreichen Ansätze und Methoden ausprobiert. Wenn dir also ein Studium und dein Studienfach grundsätzlich zusagen, dann solltest du den Hinweisen aus Szenario 1 hinreichend nachgehen. Erst wenn du dies durchgeführt hast, kannst du basierend auf mehr Erfahrung und Proben entscheiden, ob z. B. das Szenario 3 ein möglicher Weg für dich wäre.

TIPP Es geht nicht darum zu bewerten, ob Szenario 1, 2 oder 3 grundsätzlich besser ist. Es geht vielmehr darum, den für dich individuell passfähigen Weg zu finden. Dafür solltest du dich hinreichend mit dem für dich zunächst infrage kommenden Szenario auseinandersetzen.

Um dich abzusichern, dass du dich hinreichend mit dir selbst und deinen Vorstellungen – beruflicher Werdegang, private Lebensperspektiven usw. – auseinandergesetzt hast, sei hier auf die „Checks“ in Kapitel 1 und 2 verwiesen.

Wenn du dich entschieden hast, welchen Weg du nun gehen willst, ist es ratsam, dein Selbstvertrauen wieder von Grund auf zu stärken. Von einer Situation des Zweifelns und der Anspannung sollst du nun in einen Modus des „An-dich-Glaubens“ und der Entspannung kommen. Wie geht das? Selbstvertrauen ist nämlich nicht „mal eben schnell“ erlernbar: „Hier geht es um Selbstvertrauen (oder Zuversicht) als Glaube an die eigenen Fähigkeiten und Selbstvertrauen bei der Bewältigung einer Aufgabe. So wie Zufriedenheit oder Sympathie ist Selbstvertrauen ein Zustand, der sich einstellt, wenn bestimmte Bedingungen erfüllt sind.“[89]

89 Piolot, P. (2016), S. 207.

Anders gesagt, können sich dein Selbstvertrauen, dein Glaube an dich und die Zuversicht des richtigen Weges einstellen, wenn du deine Motivlage gut analysierst, die Beweggründe mit ihren jeweiligen Bedingtheiten hinreichend verstehen konntest und dir sicher bist, den richtigen Weg eingeschlagen zu haben. DANN stellt sich Optimismus ein, dein Selbstvertrauen kehrt zurück, du fühlst dich bestätigt und gestärkt.

TIPP Sei ehrlich und mutig! Diese Phase in deinem Leben ist wichtig. Überprüfe deine Szenarien und deinen Weg. Das Ziel sollte sein, dass du dir sicher bist, die richtige Entscheidung getroffen zu haben. Dazu sollst du zufrieden stehen und mit Selbstvertrauen den weiteren Weg gehen können.

Wichtig ist auch, dass – egal, für welches der Szenarien du dich entschieden hast – du sehr viel über dich selbst gelernt hast.

Mit diesem Kapitel schließt der erste Teil dieses Werks. Du hast dich nun mit allen relevanten Aspekten des Studiums auseinandergesetzt, vom Beginn bis zum Abschluss.

In der letzten Phase des Studiums bzw. im Anschluss daran steht nun die Phase des Einstiegs in den Beruf an – oder anders gesagt: vom Studierenden zum Arbeitnehmer. Über diesen facettenreichen Lebensabschnitt von der Bewerbung bis zum ersten Job, Jobwechsel oder sogar Gründung eines eigenen Unternehmens kannst du dich im zweiten Teil des Buches, ab Kapitel 6, informieren.

6 Studium fast geschafft – bald „rein in den Job"

6.1 Die Phase des Nach-Spürens und Nicht-Entscheidens: „Was will ich?" Bewusstmachen des nächsten Lebensabschnitts: Ich, meine Wünsche, mein Job – Berufseinstieg vorbereiten

Am Ende des Studiums steht ein neuer Lebensabschnitt an: der Einstieg in das Berufsleben. Du kannst diesen Moment durch ein möglichst langes bzw. langsames Studieren zwar hinauszögern, aber irgendwann ist es dann so weit und das Berufsleben kommt auf dich zu. Die meisten Studierenden schließen ihr Studium jedoch zeitig ab, wenn auch nicht immer in der Regelstudienzeit. Aber oftmals besteht auch finanzieller Druck, das Studium zu beenden und mit der Arbeit anzufangen. Überdies gibt es Personen (Eltern, Großeltern, Patenonkel/-tante, Freunde usw.) um dich herum, die „beobachten", wie du deinen Weg gehst und einen „guten nächsten Schritt" von dir erwarten. All dies – inkl. deinem eigenen Anspruch – kann dich stark beschäftigen: „Als Studierender bist du vollauf gefordert: Du musst Prüfungen bestehen und möglichst gute Noten schreiben. […] Du willst schnell einen Job finden und Geld verdienen. Eventuell belasten Dich die Wünsche von Familienmitgliedern und Freunden, die nur Dein Bestes wollen. Es kann zudem sein, dass Du Dir selbst den meisten Stress machst."[90] Schiebe den Stress und Druck hinsichtlich des Berufs zunächst einmal von dir. Jetzt ist die Phase des Nach-Spürens und Nicht-Entscheidens. Viel wichtiger ist nämlich, dass du dir Zeit nimmst und über dich selbst reflektierst. Du sollst dich noch einmal mit deinen persönlichen Zielen auseinandersetzen. „Zum einen gibt es Ziele, die von außen kommen, die Eltern, Freunde und Bekannte an Dich herantragen. Diese haben häufig mit gesellschaftlichen Werten und Normen wie Prestige oder Geld zu tun. Zum anderen gibt es die individuelle Sehnsucht."[91] Und genau das ist hier

---

90 Schreiber, A. (2018), S. 19.

91 ebd. S. 23.

gemeint. Halte inne und denke noch einmal in Ruhe nach: Studienbeginn, Angestrebtes, Prüfung – jetzt Berufsleben. Du überprüfst deine individuellen Vorhaben, Wünsche und Vorstellungen vom Berufseinstieg. Du malst dir aus, wie dein Berufseinstieg sein könnte. Du wirst bemerken, es gibt einige Punkte, die du vorbereiten kannst, die noch nichts mit Bewerbungsschreiben etc. zu tun haben.

Den Berufseinstieg kannst und solltest du also in puncto Bewusstmachen des nächsten Schrittes vorbereiten.

Dazu zählt zum einen, sich darüber Gedanken zu machen, ob das Studium, das du absolviert hast – also die Fachrichtung – auch tatsächlich deiner Berufstätigkeit entsprechen soll. Wenn du beispielsweise ein Design-Studium belegt hast, könntest du nicht nur im Bereich Architektur o. ä. arbeiten, sondern ebenfalls in der Automotive-Branche (z. B. Innendesign/Materialien ...) oder Hotellerie (z. B. Ausstattung Spa-Bereich). Auch in diesen Berufssparten gibt es Arbeitsfelder, in denen alles rund um Design sehr gefragt ist.

Und genauso offen verhält es sich bei Studiengängen, die viele Themenbereiche abdecken können, z. B. bei einem Wirtschaftsstudium (BWL). Hast du ein BWL-Studium absolviert, so stehen dir viele Branchen und Bereiche offen, etwa die Mitarbeit im Vertrieb, Marketing oder Personalwesen.

Für dich steht nun „die Qual der Wahl" an.

TIPP Sei dir bewusst, dass du einen neunen Lebensabschnitt beginnst. Nimm dir Zeit und lass diese Vorstellung vom „Start rein in den Job" auf dich wirken.

Zum anderen solltest du genau auf deine Interessen und Kompetenzen schauen: Was möchtest du nachhaltig vertiefen und was macht dir Freude? Hierfür kannst du in Kapitel 1.1–1.3 geeignete Methoden nachlesen, wie du dich intensiv mit deinen Interessensbereichen, Schlüsselkompetenzen sowie Potenzialentfaltungen auseinandersetzen kannst. Solltest du dies vor oder zu Beginn des Studiums bereits durchgeführt haben, so ist es sehr ratsam, dies nun zu wiederholen. Erstens liegt die Zeit schon einige Jahre zurück und du hast dich fachlich und persönlich weiterentwickelt, zweitens haben sich in der Berufswelt ebenfalls Veränderungen ergeben, z. B. können neue Berufe oder Unternehmen entstanden sein. Zu bedenken gibt es auch, wie sich aufgrund gesamtgesellschaftlicher und -wirtschaftlicher Entwicklungen der Arbeitsmarkt darstellt. Dies soll dir keine Angst machen oder dich in Panik versetzen. Studien haben nämlich gezeigt, dass nur jeder zehnte Befragte Angst hat, keinen Job zu finden: „Junge Menschen bewerten ihre Karrierechancen [...] weiterhin positiv – trotz Rezession, Kurzarbeit und unklarer Entwicklungen."[92] Insgesamt solltest du also keine Befürchtung haben, keinen Job zu finden. Es geht vielmehr darum, den für dich passfähigen Berufseinstieg und adäquaten Start zu finden (s. auch Kapitel 7.1), damit du einen positiven Beginn im Berufsleben hast, was dann auch bestenfalls lange anhält.

Kannst du dir dein künftiges Leben vorstellen? Läuft ein „kleiner Film" oder spielen sich „Filmsequenzen" bei dir im Kopf ab, die in ausgesuchten Szenen darstellen, wie du deine Zukunft siehst? „Auch wenn Du Dir Dein künftiges Leben ganz konkret vorgestellt hast, bedeutet das noch nicht zwangsläufig, dass Du genau weißt, wohin die Reise beruflich geht. Vielleicht ist Dir gar nicht bewusst, wer Du bist und was Du kannst."[93] Deswegen ist das Innehalten am Ende des Studiums bzw. vor der Bewerbungsphase so wichtig. Und das braucht ein Weilchen Zeit. Man kann die Erkenntnis kaum einfordern. Sie ergibt sich aus den Überlegungen und der ehrlichen Beantwortung von Lebensfragen. Achte auf Signale hier und da, die du wahrnimmst, wenn du dir deinen Schritt in das Berufsleben vorstellst, z. B. wie du dich fühlst, wer um dich herum ist, was du negativ empfindest usw.

Wer bist du nun nach dem Studium? Höre in dich hinein, spüre deinen Vorstellungen nach.

ÜBUNG 26: Neuer Lebensabschnitt – Berufseinstieg. Was denke ich, was fühle ich?

Schau dir einige der Filmbeiträge an, die die Bundesagentur für Arbeit speziell für Berufe mit Studium („Studienberufe")[94] zur Verfügung stellt. Dies soll deinen Horizont darüber erweitern, was du dir bisher unter einem Beruf vorgestellt hast, du schon wusstest oder neu dazulernst. Rezipiere bewusst auch Filme über Berufe, die im weiteren Sinne etwas mit deiner Vorstellung von Beruf zu tun haben. Hast du z. B. Rechtswissenschaften studiert, dich interessieren aber auch Ingenieurwissenschaften, dann verschaffe dir durch diesen Film einen Eindruck aus dem Berufsfeld. Zudem werden Juristen in sämtlichen

92 vgl. https://www.tecis.de/alles-ueber-uns-wissen/pressebereich/pressemitteilungen/tecis-studie.html [Stand: 05.03.2024].
93 vgl. Schreiber, A. (2018), S. 71.
94 vgl. https://web.arbeitsagentur.de/berufetv/studienberufe [Stand: 05.03.2024].

Branchen benötigt, z. B. auch bei Forschungseinrichtungen für angewandte Wissenschaften wie etwa bei der Fraunhofer-Gesellschaft[95]. Und so kannst du dich tiefergehend informieren, indem du dann z. B. Informationen über Fraunhofer im Internet nachliest. Lass dir auch hierfür wieder Zeit und die Eindrücke wirken. Anmerkung: Diese Übung kannst du ebenso in Verbindung mit Kapitel 7 absolvieren.

Nachdem du dir nun einen „Überblick“ über deinen neuen Lebensabschnitt verschafft hast, ist es ratsam, dich mit deiner anstehenden neuen Rolle auseinanderzusetzen. Du bist bald kein Student mehr. Du wirst ein Arbeitnehmer sein. Aspekte hierzu kannst du im folgenden Kapitel nachlesen.

6.2 Rollenänderung: Vom Studierenden zum Arbeitnehmer – was ist plötzlich anders?

Als Studierender hast du eine neue Rolle erfahren: z. B. bist du zu unterschiedlichen Zeiten in der HS/Uni gewesen, du hast viel gelernt und Prüfungen absolviert, du bist mit Studierenden aus anderen Studiengängen gemeinsam in die Mensa gegangen, hast in den Semesterferien gejobbt oder bist verreist. Nun steht mit dem Wechsel in den Berufsalltag wieder eine neue Rolle für dich an: Beispielsweise gehst du morgens vermutlich zur ähnlichen Zeit in ein Büro, du bearbeitest Produkte oder Projekte, absolvierst Arbeits-/Projektsitzungen, begehst Dienstreisen und führst einmal jährlich dein Mitarbeitergespräch mit deinem Vorgesetzten zur Vereinbarung von Zielen.

Du merkst, die Rolle als Studierender ist eine völlig andere als jene des Arbeitnehmers. In jede Rolle „wächst man hinein“ – so auch in die Rolle des Arbeitnehmers. Sinnvoll ist es dennoch, sich frühzeitig über ein paar Aspekte zu informieren, damit du den jeweiligen Arbeitgeber besser einschätzen kannst. An dieser Stelle sei auch angemerkt, dass es neben der Rolle als Arbeitnehmer die Alternative der Selbstständigkeit gibt, dass du also ein eigenes Business nach dem Studium aufbaust. Auf den Aspekt der Gründung eines Start-ups wird in Kapitel 12 eingegangen.

95 vgl. https://www.fraunhofer.de/ [Stand: 05.03.2024].

Hier sind ein paar Aspekte aufgeführt, mit denen du dich schon einmal im Überblick vertraut machen kannst. Im Detail muss dich das jedoch noch nicht beschäftigen:

- *Rolle als Arbeitnehmer reflektieren*

  Neben den oben beschriebenen Aspekten gibt es aber sehr genau festgelegte Punkte für dich als Arbeitnehmer. Diese sind zum einen in deinem Arbeitsvertrag[96] festgeschrieben (Gehalt/Vergütungsschema, Arbeitsinhalt, -zeit, -ort, Weisungen, Urlaubansprüche, Überstundenregelung, Kündigungen usw.). Das beinhaltet auch deine genauen Aufgabenbereiche bzw. Tätigkeiten, Verpflichtungen etc. In der Regel ist dies die Basis deines Arbeitens. In der Realität und nach einiger Zeit des Einarbeitens kommen aber auch oftmals noch Aufgaben hinzu. Hier liegt es an dir, dies mit deinen Vorgesetzten zu besprechen, auch bzgl. des Schaffen-Könnens und der Vermeidung der Überforderung aller dir anvertrauten Aufgaben.

  Zum anderen sind der Austausch und die Beziehung zu deinen Vorgesetzten und Kollegen sehr relevant. Hier solltest du von Anfang an bedenken, dass du zum Vorgesetzten eine andere Beziehung und Kommunikation pflegst als zu den Kollegen. Auch in diesem Punkt kristallisiert sich im Laufe der Zeit heraus, wie sich das gemeinsame Agieren in den jeweiligen Rollen und Stellen darstellt.

  Weiterhin ist zu bedenken: „Im Berufsleben ist ein von Leichtigkeit und Freundlichkeit geprägtes Umfeld wie während des Studiums nicht selbstverständlich. Der Fokus liegt auf korrekter Kommunikation und dem Erreichen gesetzter Ziele."[97] In diese Aufgaben und damit auch die Rolle musst du dich hineinfinden. Das leitet über zum nächsten Punkt.

- *Unterschied „Rolle" und „Stelle"*

  Es gibt einen Unterschied, der nicht immer klar ist. Deswegen hier folgende Erklärung:

  Eine Stelle ist eine „Position" in einer Firma, Einrichtung oder einem anderweitig hierarchisch aufgebauten Bereich, an die Rechte und Pflichten gebunden sind.

---

96 https://www.instaff.jobs/arbeitsvertrag/muster-arbeitsvertrag-vorlage [Stand: 05.03.2024].

97 Schwab, A. (2019), S. 7.

Eine Rolle umschreibt die Verhaltensweisen, die mit einer Stelle verbunden sind und von der jeweiligen Person erwartet werden. Innerhalb eines Unternehmens kannst du auch mehrere Rollen einnehmen, z. B. als Mitarbeiter in einem Projekt und Repräsentant.

In den letzten 15–20 Jahren nimmt die Bedeutung der Rollen stetig zu. Man spricht auch von Kompetenzträgern mit multiplen Fähigkeiten oder einer notwendigen Rollenflexibilität.[98] Dabei geht man davon aus, dass Stellen ein zu starres Konstrukt in einem Hierarchieschema sind und stattdessen Rollen favorisiert werden.

Deswegen ist es für dich sicherlich interessant, dich mit deiner Berufssparte auch hinsichtlich des Themas „Rollen" und ihrer Verantwortlichkeiten etc. auseinanderzusetzen. Dieses Thema wird im Anschlusskapitel 7 behandelt.

- *Arbeitnehmervertretungen: Gewerkschaften, Personal-/Betriebsrat*

  Als Arbeitnehmer stehst du in allen Fragen und Problemfällen nicht allein vor dem Arbeitgeber. Arbeitnehmer werden durch verschiedene Organe der betrieblichen oder unternehmerischen Mitbestimmung vertreten, z. B. in Form von Gewerkschaften[99], dem Personal-[100] oder Betriebsrat[101]. Hier soll nicht ins Detail gegangen werden. Du kannst dich in Kurzvideos über die Arbeitnehmervertretungen erkundigen. Somit erhältst du einen guten Einblick über deine Möglichkeiten, dir Rat und Hilfe als Arbeitnehmer zu holen.

- *Grundzüge des Arbeitsrechts*

  Auch wenn es hier um „Grundzüge" geht, solltest du davon ausgehen, dass das Arbeitsrecht ein umfangreiches Themenfeld darstellt.

  Wenn es dich zu diesem Zeitpunkt bereits interessiert, so kannst du auf unterschiedlichen Seiten und Portalen online[102] allgemeinverständlich nachlesen, was damit gemeint ist.

98 https://www.humanresourcesmanager.de/future-of-work/rollen-statt-stellen-die-arbeitswelt-der-zukunft/ [Stand: 05.03.2024].

99 https://www.bing.com/videos/riverview/relatedvideo?&q=was+ist+eine+gewerkschaft&&mid=-1F6A27A2647681F66E821F6A27A2647681F66E82&&FORM=VRDGAR [Stand: 05.03.2024].

100 https://www.bing.com/videos/riverview/relatedvideo?&q=Was+ist+ein+Personalrat%3f&&-mid=CD7A89E53A3759776701CD7A89E53A3759776701&&FORM=VRDGAR [Stand: 05.03.2024].

101 https://www.bing.com/videos/riverview/relatedvideo?&q=arbeitnehmervertretung+deutschland&&mid=F6F464D3C78A50181473F6F464D3C78A50181473&&FORM=VRDGAR [Stand: 05.03.2024].

102 https://www.betriebsrat.com/wissen/recht-und-gesetz/arbeitsrecht [Stand: 05.03.2024].

Aus dem vorherigen Text leitet sich für dich die Übung in diesem Kapitel ab:

ÜBUNG 27: Rollenverständnis „Arbeitnehmer" entwickeln

Nimm dir 1–2 Stunden Zeit und lies in den Portalen und auf den Internetseiten nach und schau die Filmbeiträge an. Du bist danach viel informierter über deine neue Rolle als Arbeitnehmer.
Das Ziel besteht nicht darin, dass du alles exakt wiedergeben können solltest. Dafür sind die Themenbereiche zu umfangreich und noch zu theoretisch. Es geht um einen Überblick und darum, Begriffe einsortieren zu können.

TIPP Lass dich nicht irritieren von den vielen neuen Aspekten, die dich in der Rolle als Arbeitnehmer erwarten. Die meisten Themen ergeben automatisch dann viel mehr Sinn für dich, wenn du tatsächlich mit deinem Job startest. Ein erarbeiteter Überblick lässt dich aber entspannter starten, und du wirst den Wiedererkennungseffekt merken.

Nun hast du mit dem Nach-Spüren und dem Überblick über das neue Rollenverständnis einen wichtigen Schritt absolviert, um dich konkret mit deiner Berufsorientierung auseinandersetzen zu können. Denn das übergeordnete Ziel deines Studiums ist, einen passfähigen Beruf bzw. DAS geeignete Unternehmen zu finden.[103] WIE du dich geeignet orientieren kannst, das wird im nächsten Kapitel mit den Punkten „Wege zum Traumjob", die „Überprüfung des Cultural Fit" sowie „das Sammeln von Erfahrungen" aufgearbeitet.

103 Pioch, S. (2015), S. 20.

7 Berufsorientierung

7.1 Wege zum Traumjob: Information ist alles! Die Selbsteinschätzung gibt Klarheit!

Es gibt nicht DEN Weg zum Traumjob. Es gibt auch nicht nur DIE EINE Anleitung. Den Weg dorthin musst du dir „entwerfen". Relevant sind indes dafür deine Vorstellungen vom Berufsleben, wie du dir z. B. Arbeitszeiten, deinen Wohnort, die Work-Life-Balance etc. vorstellst. Diese Informationen solltest du zusammentragen. Je genauer du definieren kannst, wie du dir dein weiteres Leben vorstellst, um so präziser und erfüllender kannst du dich auf die Joborientierung und Jobsuche begeben.

In einer Untersuchung von 2023 zur Generation „Greta" hat die WirtschaftsWoche[104] veröffentlicht, was jungen Arbeitnehmern wirklich wichtig ist. Dabei liegt auf Platz 1 die Höhe des Gehalts, auf Platz 2 Flexibilität und Work-Life-Balance, auf Platz 3 die Arbeitsatmosphäre, Platz 4 Karrieremöglichkeiten, gefolgt von Jobsicherheit auf Platz 5, Platz 6 der Standort und Platz 7 die Arbeitsaufgaben. Zu diesen Punkten kannst du eine kritische Analyse für dich persönlich und deinen Weg vornehmen.

Eines sei hier angemerkt: den tatsächlich hundertprozentig nachhaltigen Traumjob gibt es nur sehr selten. Zumeist stellen sich im Laufe der Zeit die einen oder anderen Unzufriedenheiten oder Einschränkungen ein, mit denen du zunächst nicht rechnen konntest. Das ist „normal". Dennoch solltest du dir deinen Wunsch- bzw. Traumjob schon einmal vorstellen und „erarbeiten", damit die Übereinstimmungen von Wunsch und Wirklichkeit bzw. Vorstellung und Joballtag möglichst hoch sind. Um den Job in Abgleich mit deinen persönlichen Vorstellungen zu bringen, gehst du nun derart vor, dass du zunächst eine Selbsteinschätzung anfertigst. Dazu absolviere die nächste Übung:

---

104 vgl. https://www.wiwo.de/erfolg/jobsuche/studie-das-ist-jungen-arbeitnehmern-wichtig/29426052.html [Stand: 05.03.2024].

ÜBUNG 28: Was ist dir wichtig für deinen Traumjob?

Definiere dafür folgende Faktoren tabellarisch – in Anlehnung an die zuvor genannte Untersuchung – und kläre so viele Aspekte wie möglich. Für einen guten Überblick kannst du eine vierte Spalte einfügen und dort deine Definitionen und Ausführungen festhalten. Als Hilfen kannst du die Hinweise in der Spalte Klärungen/Lösungen heranziehen:

Faktoren	Definition	Klärungen / Lösungen	Eigene Definition / Aspekte
Finanzen Einkommen, Ausgaben, Rentenvorsorge	– Bestimme deine Gehaltsvorstellung. – Wie viel Einkommen bzw. Ausgaben hast du aktuell? – Was wird sich durch die Berufszeit finanziell bei dir ändern? – Sparst du? – Hast du bereits mit einem Vermögensaufbau begonnen (Wertpapiere, Aktien)?	– Mache eine Aufstellung gemäß „Haushaltsbuch" und gewinne einen Überblick über deine Wirtschaftslage. – Überprüfe ggf. deine Anlagen. – Lass dich beraten (unabhängige Finanzberater!), inwiefern du bereits jetzt schon deine Rentenzeit monetär mitdenken und planen kannst.	– …
Work-Life-Balance Beruf/Familie/ Freunde/Freizeit	– Welche Freiheiten für die Gestaltung des Arbeitstages sind für dich gegeben? – Vertrauensebene mit dem Arbeitgeber, die dir ermöglicht, selbstständig deinen Tag zu strukturieren – Gibt es ausreichend Flexibilität in der Arbeitszeit (Tage/Stunden)?	– Lebst du in einer Partnerschaft? Wie soll deine *Berufszeit* mit der *Partnerzeit* harmonieren? Besprich dich. – Siehst du aufgrund von Wegzeiten ein Problem, z. B. in der weiteren Ausübung deines Sports? – Wirst du viel auf Reisen sein? Verstehen deine Freunde, dass du ggf. weniger Zeit für sie haben wirst?	– …
Arbeitsatmosphäre Unternehmenskultur und Kollegen	– Stellst du dir z. B. ein Großraum- oder Einzelbüro als Arbeitsplatz vor?	– Passt dein Typ zu den Umgangsweisen, z. B. morgens schon kommunikativ mit den Kollegen Kaffee trinken?	

Faktoren	Definition	Klärungen / Lösungen	Eigene Definition / Aspekte
	– Findest du es gut, wenn morgens als erstes ein Kaffee miteinander getrunken wird? – Lockerheit versus Steifheit im Umgang miteinander, z. B. siezen oder duzen – Welche Routinen, Sitzungen etc. werden zu erwarten sein? – Wie sieht die Mitarbeiter-Fluktuation aus?	– Welche Atmosphäre ist dir wichtig? Kannst du gute Leistungen bringen, wenn es zu locker/steif ist? – Ist dir bewusst, welche Abläufe dir helfen, deine Aufgaben zu erfüllen, z. B. Durchführen eines „Jour Fixe" mit deinem Vorgesetzten? – Könntest du dir vorstellen, längere Zeit in dem Unternehmen zu arbeiten? Oder ist für dich jetzt schon klar, dass dies nur ein „Step" ist und du schnell wechseln möchtest?	
Karrieremöglichkeiten Entwicklungen, Weiterbildungen	– Deinen Weg im Unternehmen kannst du mitplanen/gestalten. – Die Karriere ist die Umsetzung gesetzter (attraktiver) Ziele und Wünsche. – Welche Maßstäbe gilt es für die Zielerreichung zu beachten? – Was fordert/erwartet der Arbeitgeber hierfür von dir?	– Wie stellst du dir deine Laufbahn vor? – Hast du schon konkrete Ziele im Blick, z. B. Abteilungsleiter? – Welche persönlichen Motive verfolgst du? – Wie stellst du dir deinen (wirtschaftlichen) Beitrag zum Erfolg des Unternehmens vor (z. B. Projekterträge steigern)? – Inwiefern würden dir Weiterbildungen bei der Zielerreichung helfen? – Bietet das Unternehmen viele Möglichkeiten für deine Weiterbildung und Entwicklung (Kurse/Programme etc.)?	
Jobsicherheit Kündbarkeit etc.	– Gibt es die Gewissheit, dass dein Job zukünftig nicht in Gefahr ist (faktorenunabhängig)?	– Wie risikofreudig bist du?	

Faktoren	Definition	Klärungen/Lösungen	Eigene Definition/Aspekte
	– Unter welchen Bedingungen könnte es zur Kündigung durch den Arbeitgeber kommen (z. B. Stellenabbau oder Zusammenlegung von Standorten)?	– Würdest du auch einen Job annehmen, auch wenn nicht klar ist, wie lange du ihn ausüben könntest? – Wenn ich in einem sicheren Job weniger verdiene (z. B. Beamter) als in einem unsicheren (z. B. freie Wirtschaft), wie wird dann meine Favorisierung aussehen? – Bzw. ist mir Geld wichtiger als Sicherheit oder umgekehrt?	
Wohnen Ort & Setting	– Arbeitsort und Wohnort liegen so weit auseinander, dass du auf öffentliche Verkehrsmittel oder ein Auto angewiesen bist. – Wie viel Fahrzeit fällt täglich an? – Gibt es mehrere Standorte des Unternehmens, wo Aufgaben vergleichbar mit meiner Stelle bearbeitet werden?	– Zahlt das Unternehmen Wegegeld? – Wird dir ein Firmenwagen gestellt? – Sind die Wegzeiten für dich auf längere Sicht eine zumutbare Belastung? – Welche Möglichkeiten des Homeoffice gibt es? – Wird es evtl. wechselnde Arbeitsorte geben? – Wäre ich bereit, an einen anderen Standort zu wechseln, selbst wenn dieser weiter/noch weiter entfernt wäre als mein vorheriger? – Hinweis: Arbeitsrecht „Versetzung" prüfen	
Arbeitsaufgaben Anspruch, Art der Tätigkeiten	– Wie sehen die Jobbeschreibungen z. B. bei Ausschreibungen auf Jobportalen aus? Hört sich das attraktiv an? – Werden Ansprüche genannt, die meinen Qualifikationen und Erwartungen entsprechen?	– Wird die Art der Aufgaben mich zufriedenstellen, reizen, überfordern usw.? – Hält der Arbeitgeber, was er verspricht? Ggf. Gespräch mit jemandem führen, der dort arbeitet und Auskunft geben kann	

Faktoren	Definition	Klärungen/Lösungen	Eigene Definition/ Aspekte
	– Kann ich alle Arbeitsaufgaben erfüllen oder gibt es (teilweise) Vorbehalte?	– Recherchen anstellen, ob Negatives über das Unternehmen bekannt wurde – Gibt es ethisch-moralische Aspekte, die mir Probleme bereiten könnten (z. B. Waffen-/ Rüstungsindustrie)?	
Sonstige Aspekte Sorgen, Unklarheiten u. a.	– Gibt es Punkte, die dich beschäftigen und bisher noch nicht abgeklärt wurden?	– Was beschäftigt oder bedrückt dich ggf.?	

Vergleiche diese Aufzeichnungen mit jenen zu Studienbeginn (s. Kapitel 1). Was hat sich verändert? Ist etwas wichtiger oder weniger wichtig als vorher, z. B. die Wohnsituation oder die Freizeit mit Freunden? Schaue auch noch einmal darauf, was du in Kapitel 7.1 für dich definiert hast. Jetzt sind alle deine neuen bzw. tatsächlichen Lebensabschnitts-Prioritäten gefragt!

Nachdem du dich nun mit deiner beruflichen Selbsteinschätzung beschäftigt hast, solltest du zusammengefasst deine spezifischen Merkmale und Kompetenzen definieren, also eine individuelle Identität – **„ID – Personal Card" mit deinem „Profiling"** – definieren. Hiermit setzt du dich im nächsten Kapitel auseinander.

7.2 Steps zur Vorbereitung für den Traumjob: Deine ID mit dem Profiling-Ansatz illustriert deine Berufsorientierung

Deine Persönlichkeit ist einzigartig, d. h. in diesem Zusammenhang hier deine Vorstellungen, Kompetenzen, Ziele usw., so wie dein Foto oder dein Fingerabdruck einmalig sind. Die Personal Card mit deinem Profiling ist keine Kopie eines anderen, sie repräsentiert nur dich. Deswegen solltest du diese Definitionspunkte über dich kennen und wie ein **Persönlichkeitsmodell** handhaben, stetig überarbeiten und abspeichern, denn dann kannst du deine Interessen und Kompetenzen auf das Unternehmen bzw. deine Berufsorientierung anwenden. Das gilt jetzt, aber auch immer wieder bei einer erneuten Jobsituation, z. B. Jobwechsel; s. hierzu auch Kapitel 9. Erkunde und präsentiere deine Berufswünsche, -kompetenzen sowie -ziele. Bedenke auch Alternativen. Führe dazu folgende Übung durch:

ÜBUNG 29: Erstelle deine „personal card" mit deiner individuellen ID

Stell dir vor, du musst eine Personalkarte mit den wichtigsten deiner jobrelevanten Identitätskennzeichen – Wunsch, Kompetenzen, Ziele – erstellen. Was würde man auf dieser Karte lesen können? Verdeutliche knapp die wichtigsten Aspekte zu folgenden vier Punkten und schreibe sie auf:

- *Was will ich?*
  Wie sehen die Kriterien für deinen **Berufswunsch** aus?
  Stelle dar: Gehalt, Work-Life-Balance, Arbeitsatmosphäre, Jobsicherheit, Wohnen, Arbeitsaufgaben.
- *Was kann ich?*
  Wie beschreibst du im Überblick deine **Kompetenzen?**
  Lege dar: Schaue in Kapitel 1.3 nach. Dort hast du deine Kompetenzlandkarte mit Schlüsselkompetenzen erarbeitet, inkl. der Potenzialentfaltung. Überprüfe, ob die Angaben nun für die Zeit nach dem Studium noch gültig sind. Haben sich Veränderungen ergeben? Sicherlich hast du beispielsweise Fach- und Methodenkompetenzen erweitert/dazugewonnen. Ggf. wiederhole Schritte aus diesem Kapitel. Bedenke hier die zuvor dargestellten Arbeitsaufgaben.
- *Was sind deine Ziele bzw. was interessiert dich nachhaltig?*
  Wie definierst du deine **Ziele?**
  Beschreibe: Kriterien wie Karrieremöglichkeiten, Weiterbildungsansätze, Verbleib im Unternehmen.
- *Wie sähe mein Alternativszenario aus?*
  Was würdest du tun, wenn du deinen Traumjob nicht bekämest? Wie sähe eine Alternative aus, wenn du nicht umsetzen könntest, was du unter „Was will ich?“ dargestellt hast?

TIPP Definiere so konkret wie möglich deine ID-Card mit deinem Profiling. Schreibe konkrete und tatsächlich passende Stichpunkte auf. Je präziser du bist, um so treffgenauer kannst du ein Unternehmen ausfindig machen.

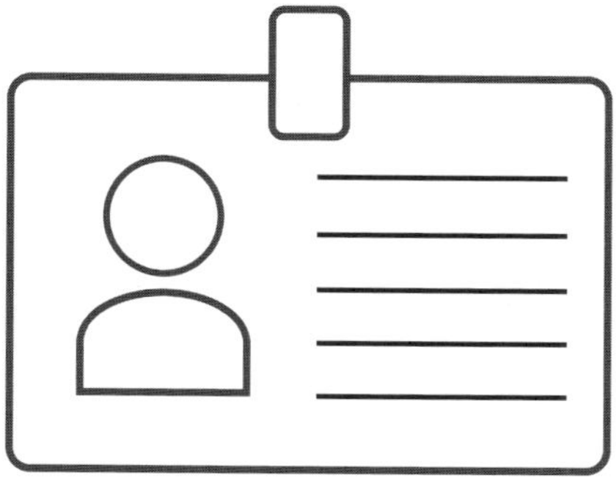

Darstellung 2.5: Persönliche ID mit Profiling

Anhand eines Beispiels kannst du hier nachlesen, wie in etwa die ID mit deinem Profiling aussehen könnte.

Max Mustermann hat BWL studiert und möchte Unternehmensberater werden. Er hat seine ID mit seinem Profiling erstellt und sich dabei vorgestellt, wie eine aussagekräftige Kurzfassung seiner Person lauten könnte:

I. Was will ich?

a) *Gehalt:* wenig gespart, möchte eigenes Haus bauen, 2 Autos & regelmäßige Urlaube, sonstige Anschaffungen (z. B. Kleidung) ermöglichen
b) *Work-Life-Balance:* 2–3 Tage/Woche reisen, restliche Zeit flexibel im Büro & Homeoffice. Dadurch Zeit für Familie & Freunde; Auslandsreisen reizen mich; weiterhin 1x/Woche Sport treiben
c) *Atmosphäre:* locker, Zusammenarbeit mit Chef auf Augenhöhe, Einzelbüro nicht notwendig/Flying Desk wäre ok, kommuniziere gerne mit anderen, Jour Fixe unerlässlich, gute Strukturen
d) *Jobsicherheit:* nicht wichtig, vertraue auf meine Kompetenz, würde ohnehin Erfahrungen in mehreren Unternehmen sammeln
e) *Wohnen:* Großstadt, kurze Wege zu Flughäfen & Büro
f) *Arbeitsaufgaben:* in Projekten und nahe am Kunden, möglichst eigenverantwortlich, Jobbeschreibung wichtig – Abgleich mit meinen Zielen

II. Was kann ich?

a) *Fachkompetenz:* durch BWL-Studium Grundlagen für Unternehmensberater erworben; z. B. betriebswirtschaftliches Recht, Unternehmensführung, Finanzplanerstellung, Marketing, Fachbegriffe bilingual

b) *Methodenkompetenz:* Analyse- und Problemlösefähigkeiten, Projektmanagement, IT-Programme/Statistik, Komplexitätsreduzierung, schnelle Auffassungsgabe
c) *Soziale Kompetenz:* Kommunikationsfähigkeit (auch in schwierigen Situationen), Kundenorientierung (erworben im Praktikum), Stressresistenz, Verhandlungsfähigkeit, professionelles Auftreten & Sicherheit, Auslandserfahrung (durch Auslandssemester)

III. Was sind meine Ziele?
a) *Karriere machen:* möglichst schneller Aufstieg
b) *Weiterbildungen:* viel lernen
c) *Senior Partner oder Selbstständigkeit:* später Entscheid, ob Firmengründung

IV. Welches Alternativszenario habe ich überlegt?
a) *Konzern/Firma:* Abteilung Unternehmensstrategie, z. B. Siemens

Mit der hier angefertigten Selbsteinschätzung sowie deiner ID mit deinem Profiling kannst du nun einen weiteren Schritt in deiner Berufsorientierung gehen. Dabei ist relevant herauszufinden, welches Unternehmen am ehesten deinen Vorstellungen von Werten und Berufsumsetzung entspricht. Man nennt das auch Cultural Fit. Im nächsten Kapitel kannst du dich durch die Aspekte des Cultural Fit navigieren.

7.3 Cultural Fit des Wunschunternehmens – „gesucht – gefunden": Persönlichkeitsmodell mit Mission, Werten und Strategie der Unternehmen abgleichen

Es ist legitim, nachvollziehbar und sinnvoll, dass du dein Wunschunternehmen finden möchtest. Um dies umzusetzen, solltest du die hier geschilderten Aspekte und Schritte beachten.

Die zentrale Frage dabei lautet: Wie groß ist die „kulturelle Übereinstimmung" (d. h. Motive, Wünsche usw.) und gegenseitige Erwartung von Arbeitgeber und Arbeitnehmer? Bedenke: Ein Beruf bzw. ein Unternehmen ist dann richtig für dich, wenn deine Motivationen und Wünsche reflektiert werden. Das Ziel besteht demnach darin herauszufinden, wie du jenes Unternehmen zielgerichtet und sicher identifizieren kannst, das tatsächlich und nachhaltig zu dir passt. Deswegen solltest du dich intensiv mit diesen Punkten auseinandersetzen, um für dich Klarheit zu gewinnen[105], um dann den Schritt des Cultural Fit zutreffend gehen zu können.

Zu den Aspekten des Cultural Fit zählen neben den zuvor erarbeiteten Aspekten ebenfalls Unternehmensansätze wie die Mission, die Unternehmenswerte oder die -strategie. Viele Unternehmen publizieren diese auf ihrer Homepage. Es lohnt sich, sie nachzulesen. Oftmals werden dort zahlreiche hilfreiche Berichte veröffentlicht, weil dies nützlich ist für das Employer Branding (Arbeitgebermarkenbildung)[106].

Eine Informationsalternative sind zudem Portale wie:

- meinchef.de (Chef und Arbeitgeber bewerten)[107]
- glassdoor.de (Arbeitgeber-Bewertung und Informationen Wunschunternehmen)[108]
- jobvoting.de (Arbeitgeber-Bewertung)
- kununu (Arbeitgeber-Bewertung und -Rankings)[109]

Hier solltest du allerdings vorsichtig sein mit der Gültigkeit und Richtigkeit der Angaben, denn in diese Portale kann jede Person Informationen eingeben; d. h. sie sind nicht nachprüfbar bzw. können sehr subjektiv geprägt sein.

Eine andere Möglichkeit, Auskünfte über Arbeitgeber einzuholen, sind etwa die folgenden Verbände oder Gewerkschaften, die objektive Informationen zur Verfügung stellen:

- Bundesvereinigung Deutscher Arbeitgeberverbände BDA (Informationen zur Sozialen Marktwirtschaft und Wirtschaftsordnung)[110]
- Gewerkschaft IG Metall (Daten über Tarifverhandlungen für Beschäftigte in der Stahlindustrie)[111]

---

105 vgl. Glaubitz, U. (2014), S. 67.

106 Darunter versteht man unternehmensstrategische Maßnahmen, um ein Unternehmen als attraktiven Arbeitgeber darzustellen. Dies dient auch dazu, sich von Konkurrenten positiv zu differenzieren. Konzepte aus dem Marketing werden für das Employer Branding herangezogen.

107 https://www.meinchef.de/ [Stand: 05.03.2024].

108 https://www.glassdoor.de/Bewertungen/index.htm [Stand: 05.03.2024].

109 https://www.kununu.com/ [Stand: 05.03.2024].

110 https://arbeitgeber.de/ [Stand: 05.03.2024].

111 https://www.igmetall.de/ [Stand: 05.03.2024].

- Vereinte Dienstleistungsgesellschaft Verdi (zuständig insbesondere für Bedienstete im öffentlichen Dienst der Länder)[112]

Wiederum ein weiterer Ansatz zur Sammlung von Informationen kann durch Printmedien erfolgen, hier eine Auswahl:
- Die Zeit: Hier kannst du nicht nur überregionale und internationale aktuelle Nachrichten nachlesen, sondern auch Kommentare, Analysen und Hintergrundberichte aus verschiedenen Sparten wie Politik, Wirtschaft, Gesellschaft, Wissen, Kultur und Sport. Neben dem Effekt der Allgemeinbildung sind hier des Öfteren interessante Artikel über Branchen, Themen oder Firmen nachzulesen.
- Die Frankfurter Allgemeine Zeitung (FAZ): Gleiches wie zur *Die Zeit* gilt auch für die FAZ – mit besonderer Gewichtung auf wirtschaftliche Themen.
- Fachzeitschriften/Magazine wie z. B. Stern, Focus, Der Spiegel etc., die ebenfalls über o. g. Aspekte berichten.
- Test-Berichte in der Zeitschrift *Stiftung Warentest* veröffentlichen Produktinformation und geben Auskunft über Qualitätskriterien von Produkten und Gütern; somit erfährst du auch etwas über den Hersteller/das Unternehmen, z. B. Innovationsprodukte.
- Die Liste ist selbstredend erweiterbar um dir wichtige oder bekannte Publikationen, Zeitschriften, die dir hilfreiche Informationen zu Unternehmen geben können.

Um „hinter die Kulissen zu schauen“, wie Arbeitgeber sich dem Jobmarkt präsentieren, kannst du auch bei PR-Agenturen wie beispielsweise Flutlicht[113] nachschauen und erfahren, wie sie Unternehmen der Öffentlichkeit präsentieren, z. B. in puncto Employer Branding. „Wenn von Employer Branding die Rede ist, sollte immer klar sein: Es handelt sich dabei nicht um eine ‚andere‘ Marke. Die Employer Branding (die Arbeitgebermarke) ist ein Teil der Unternehmermarke. Sie dient der spezifischen Ausprägung der Unternehmensmarke in den Arbeitsmärkten sowie gegenüber Mitarbeitern und Führungskräften.“[114] Bestenfalls finden sich also in den Ausführungen zum Employer Branding eines Unternehmens Aspekte wie Werte und Kultur wieder.

112 https://www.verdi.de/ [Stand: 05.03.2024].
113 z. B.: https://www.flutlicht.biz/leistungen/employer-branding/ [Stand: 05.03.2024].
114 Athanas, C./Graf, N. (2013), S. 46.

Hinweis: Da in vielen Branchen ein Fachkräftemangel herrscht und Arbeitnehmer attrahiert werden müssen, nimmt die Bedeutung des Employer Branding stetig zu.

Du kannst auch Informationen bei Unternehmen direkt anfragen, z. B. in der Personalabteilung. Dadurch ist es leicht für dich, die Angaben der Unternehmen einzusehen und untereinander zu vergleichen. So erhältst du einen Überblick über jene Themen, die bzgl. des Cultural Fit relevant für dich sind. Beispielsweise wird dort beschrieben:

- *das soziale Engagement,* z. B. auch das Freistellen von Mitarbeitern zur Unterstützung von sozialen Projekten/Einsatz für das Gesellschaftswohl;
- *die Nachhaltigkeit des Wirkens,* z. B. effektives Wirtschaften (Sustainability) ohne Verschwendung, sondern mit Schonen der Ressourcen/Fairtrade-Ansatz;
- *die Ökonomie und Umweltverträglichkeit,* z. B. Transportwege und Produktionsstätten (Inland/Ausland); der ökologische Rucksack; Plastik bei Verpackungen einsparen u. ä.;
- *der Umgang mit Mitarbeitern im Bereich der Personalführung* (Förderung der Motivation durch Berücksichtigung individueller Bedürfnisse), z. B. flexible Teilzeit- und Vollzeit-Arbeitsmodelle, betriebliches Gesundheitsmanagement;
- *Wachstumsziele,* z. B. Innovation und Kostensenkung nicht zulasten von Arbeitsplätzen; Schritte & Methoden der Marktführerschaft und Gewinnmaximierung etc.;
- *Produktorientierungen,* z. B. die Förderung hochwertiger, qualitativer Produkte, statt schnelllebiger Massen-Wegwerfprodukte, proaktives zukunftsgerichtetes bedarfsorientiertes Handeln (Kunde);
- diese Liste ist selbstredend erweiterbar um dir wichtige Aspekte.

In der nachfolgenden Tabelle kannst du nun anhand eines Beispiels anschauen, wie ein Studierender den Profiling- und Cultural-Fit-Ansatz umgesetzt hat. Der Studierende hat zunächst die Übungen 20 und 21 durchlaufen und sich dann mit Unternehmen beschäftigt, die ihn interessieren könnten. Er hat nach seinem Studium der Politik und des Rechts zwei sehr unterschiedliche Unternehmen ausfindig gemacht, die er spannend findet oder vermeintliche Wunsch-Unternehmen wären: ein Wohlfahrtsverband (z. B. Diakonie) und ein Start-up. Die für ihn wichtigen Punkte des Cultural Fit wurden durchdekliniert. Dabei hat der Studierende eine Gewichtung der Wunsch-Themen

(Was will ich?) vorgenommen, die für ihn zentralen Kompetenzen dargestellt und die für ihn relevanten Cultural-Fit-Aspekte bewertet:

Profiling & Cultural-Fit-Aspekte	Wohlfahrtsverband	Start-up
Meine Wünsche/ Was will ich?		
1. sicherer Arbeitsplatz	1. gegeben, trotz Umstrukturierung	1. (noch) nicht gegeben, Auskunft schwierig
2. regelmäßiges Einkommen	2. gegeben, pünktliche Gehaltszahlungen	2. etwas unklar, Probleme denkbar
3. Arbeitsaufgaben: in Projekten Verantwortung übernehmen	3. viele Projekte sind machbar, vielfältige Einsatzgebiete; Verantwortung möglich	3. noch nicht vollständig strukturiert, aber von Anfang an Verantwortung
4. planbare Zeit mit family & friends	4. offene Einstellung, Förderprogramme	4. wenig: viel Arbeit, wenig Freizeit
5. lockere Arbeitsatmosphäre, aber respektvoll	5. eher steifes Miteinander, aber höflich/respektvoll	5. sehr lockere Atmosphäre, eher „kumpelhaft"
6. Wohnen: egal	6. nach Absprache/Standort	6. flexibel, mit Jour Fixe
Meine Kompetenzen/ Was kann ich?		
7. Persönlichkeits-Kompetenz	7. konstruktive Lebenseinstellung, Menschenkenntnis, Lese- und Lernkompetenz, nonverbal sensibel, systemisches Denken	7. Motivierungsvermögen, Kreativität, systemisches Denken
8. Kommunikative Kompetenz	8. Präsentationskompetenz, z. B. komplexe und theoretische Inhalte verständlich und anwendungsbezogen aufbereiten	8. Moderationskompetenz; hier wäre noch viel mehr wichtig; hier muss ich dazulernen
9. Umsetzungskompetenz	9. Projekte umzusetzen für mich noch nicht vorstellbar; muss ich noch hinzulernen: Initiative ergreifen und Entscheidungsstärke aufbauen	9. Zeit für neue Aufgaben einteilen fällt mir vielleicht schwer; Verhandlungsgeschick fehlt mir; noch einiges unklar
10. Fachkompetenz	10. Studieninhalte können angewendet werden: politische Systeme, inkl. Finanzierungsmöglichkeiten, z. B. EU-Recht und Finanzen, internationale Beziehungen	10. Studieninhalte können nur bedingt angewendet werden, ggf. Aspekte des EU-Rechts

Profiling & Cultural-Fit-Aspekte	Wohlfahrtsverband	Start-up
Meine Interessen: wissenschaftlich wirtschaftlich technisch künstlerisch sozial organisatorisch	sozial organisatorisch	sozial organisatorisch wirtschaftlich künstlerisch
Cultural Fit: 1. Nachhaltigkeit	1. in sozialwirtschaftlicher Hinsicht hoch	1. vermutlich noch keine Aussage möglich
2. Wirtschaftlichkeit	2. konstant wenig bzw. hier anderer Ansatz, da Gemeinnützigkeit	2. zu Beginn wenig, Prognose schwierig
3. Effektives Wirtschaften	3. gegeben	3. gegeben
4. Umgang mit Mitarbeitern/ Mitarbeiterfreundlichkeit/ Teamorientierung versus selbstständiges Arbeiten	4. flexible Arbeitszeitmodelle (auch für junge Familien); Rücksichtnahme untereinander ist gegeben; Teamorientierung, aber nicht Fokus, auch eigenständiges Arbeiten von Anfang an möglich; Projektarbeiten machbar; Freistellung für soziales Engagement und spezifische/ termingebundene Hobbys möglich, auch Tausch von Arbeitszeiten	4. individuelle Arbeitszeit-Bedürfnisse können nicht berücksichtigt werden; nur Teamorientierung; keine Freistellung für soziales Engagement o.ä.; sehr viel überdurchschnittlicher Einsatz wird erwartet, dafür ggf. Gewinnbeteiligung
5. Unternehmens-/ Produktionsstandorte	5. deutschlandweit; keine Billiglohnland-Aktivitäten	5. örtlich begrenzt, Outsourcing international evtl. später angedacht
6. Wachstumsziele	6. Wohltätigkeit, daher keine Gewinnmaximierung	6. Kostensenkung zugunsten des Erreichens von Wachstumszielen nicht ausgeschlossen
7. Sonstiges/Büro	7. Einzelbüros machbar	7. Großraumbüro

In diesem Fall überwiegen bei dem Studierenden fünf Punkte zugunsten des Wohlfahrtverbands: 1. die Jobsicherheit, 2. das regelmäßige Einkommen, 3. Anwendung der Fachkompetenzen aus dem Studium und 4. das selbstständige Arbeiten sowie 5. der Umgang mit Mitarbeitern, insbesondere der zeitliche Work-Life-Balance-Aspekt.

ÜBUNG 30: Profiling und Cultural-Fit-Abwägung

Eruiere wie oben erklärt, welche Unternehmen deine Wunschunternehmen sein könnten. Erstelle eine Tabelle, gehe vor wie in dem Beispiel hier und definiere deine Wünsche, Kompetenzen, Interessen sowie die für dich wichtigen Punkte des Cultural Fit.

TIPP Sei achtsam, wenn du Informationen (Mission, Werte etc.) der Unternehmen zusammenträgst. Hinterfrage stets, ob die gesammelten Informationen reliabel und objektiv sind. Stelle überdies die relevanten Informationen für dich zusammen, die dir helfen sollen, eine Entscheidung für ein Unternehmen zu fällen, bei dem du dich bewerben möchtest. Du kannst die Überprüfung des Profiling und Cultural Fit mit einem oder mehreren Unternehmen durchführen. Sofern du mehrere Unternehmen analysierst, bleibe bei der Auflistung in einer übersichtlichen Tabellenform. Das erleichtert dir die Vergleichbarkeit der Unternehmen und schließlich die Favorisierung der Bewerbung.

Diese Übung wird einige Zeit in Anspruch nehmen, da du dich auf verschiedene Art und Weise über Unternehmen erkundigst; zunächst ist hier die Informationseinholung online auf den Homepages gemeint. Es gibt alternative Möglichkeiten, falls diese Art und Weise nicht ausreichend für dich ist bzw. du nicht hinreichende Daten sammeln kannst oder dir die Entscheidung weiterhin nicht klar ist. Dann lies im nächsten Kapitel nach, wie du weitere Informationen einholen kannst.

7.4 Die Moleküle des Traumberufs – Erfahrungen sammeln: Praktika, Reisen, *interview with an expert,* Mosaik-Ansatz, Probe-Assessment, Erlebnis-Scouting und Workshops

Den Traumberuf zu finden ist eine Zusammensetzung aus vielen Einzelheiten und Aspekten. Man könnte auch sagen, du beschäftigst dich mit den Molekülen des Traumberufs. An dieser Stelle stehen Traumberuf und Traumunternehmen in Teilen als Synonyme nebeneinander. Das eine ist von dem anderen in einer Suchbewegung nicht immer zu trennen. Lass das ruhig zu. Das wird in den folgenden Erklärungen deutlich.

Neben den zuvor dargelegten Analyse-Vorgängen kannst du auch noch weitere Schritte und Ansätze durchlaufen, um mehr Klarheit über deinen Traumberuf bzw. dein Traumunternehmen zu erhalten:

- *Praktika:*
  Ein sehr realitätsnahes Molekül für deinen Traumberuf kannst du durch das Absolvieren von Praktika erfahren. Vielleicht ist es nicht immer möglich, in einer Wunschabteilung und mit der angestrebten Stelle die ganz exakt angestrebten Erfahrungen zu sammeln, dennoch erhältst du einen Einblick in das Unternehmen. Und genau darum geht es – durch Erfahrungen den Traumberuf kennenlernen (s. auch Kapitel 1.3, 1.4 und 2.1)!
- *Reisen:*
  Gerade wenn für dich noch unklar ist, ob du in einem anderen Land deinen Traumberuf starten möchtest, lohnt eine Reise dorthin. Bestenfalls hast du die Möglichkeit, dort dann auch ein Praktikum zu absolvieren. Es reichen auch 1–2 Wochen aus, um einen Einblick in ein Unternehmen zu erhalten. Wenn dies nicht möglich ist, macht auch eine Betriebsbesichtigung Sinn. Zwar werden diese in der Regel nur für Gruppen angeboten. Immer mehr Unternehmen gehen aber auch auf individuelle Anfragen ein – der Fachkräftemangel macht hier vieles möglich. Reisen an sich – auch ohne ein Praktikum oder eine Besichtigung – können ein Molekül für deinen Traumberuf darstellen. Auf Reisen gewinnst du Eindrücke, kommst mit vielen Menschen und Geschichten in Kontakt und bist in Distanz zu deinem „Alltagstrott". Dies ermöglicht dir ein „freieres Denken".
- *interview with an expert:*
  Es lohnt sich, nach diesem Molekül zu suchen: Eine Person, die bereits deinen Traumberuf ausübt und/oder in deinem Wunschunternehmen bereits arbeitet. Vielleicht musst du nicht suchen und hast eine Person im Kopf, die du um Auskünfte bitten könntest. Ansonsten frage im Familien-, Freundes- und Bekanntenkreis, wer eine entsprechende Person kennt. In den meisten Fällen wird dir jemand genannt, an den du dich wenden kannst. Bevor du die Person kontaktierst, überlege dir die Darlegung deiner Gründe für das Gespräch. Es geht weniger darum, jemanden „auszufragen", als vielmehr darum, sein eigenes Bild zu vervollständigen oder zu adjustieren. Stelle auch schon Fragen zusammen, damit sich dein Gesprächspartner darauf einstellen kann. Zum Beispiel:
  - Wie sieht das Arbeitszeitmodell aus? Gibt es verschiedene?
  - Welche Fortbildungsmöglichkeiten werden den Mitarbeitern geboten?

  • Gibt es prozentuale Gewinnbeteiligungen (Absatz, Projekte etc.)?
  • Welchen Stellenwert hat Nachhaltigkeit und Ökologie in dem Unternehmen?
  • ...
- *Mosaik-Ansatz:*
  Moleküle können durch das Zusammenfügen – auch mit unterschiedlichen Kennzeichen – ein Ganzes ergeben. Du nimmst dir Zeit und setzt Erkenntnisse zusammen, du puzzelst, du ziehst Verbindungen etc. Was damit gemeint ist, sei an einem Beispiel erläutert:
  Eigentlich denkst du, dein Weg sei schon vorprogrammiert, z. B. in die Fußstapfen der Eltern zu treten und ebenfalls Dozentin für Betriebswirtschaflehre (BWL) an einer Hochschule zu werden. Nun stellst du im Verlauf des Studiums fest, dass dich diese Tätigkeit nicht erfüllen würde. Du hast identifiziert, dass du zwar dein BWL-Studium erfolgreich abschließt und die erworbenen Kenntnisse auch einsetzen kannst, dann aber in den Bereich der Kultur und des Marketings wechseln möchtest. Du hast während eines Praktikums bei einem Zeitschriftenverlag und später bei der UNESCO festgestellt, dass interkulturelle Formen des Kulturmanagements und Kulturmarketings deinen Neigungen entsprechen. Du bist zu dieser Erkenntnis gelangt, weil du alle Moleküle zu einem vollständigen Mosaik zusammengetragen hast, die dir im Verlauf der letzten Jahre (Studium) wichtig erschienen. Dazu zählt die Reflektion, was genau in den Praktika Freude bereitet hat, z. B. die Vermarktung von Kulturangeboten bei der UNESCO. Ebenso die Konzeptarbeit für eine neue junge Zeitschrift beim Zeitschriftenverlag. Du hast erkannt, welche Zusammenhänge bestehen. Weiterhin hast du die Reisetätigkeiten gemocht. Außerdem hast du gerne Englisch gesprochen und würdest dir sogar zutrauen, in Zukunft dein Sprachenportfolio mit Französisch zu erweitern. Großveranstaltungen und sogar erste kleine Vorträge haben dich angespornt. Du hast Beratungen durchgeführt und mochtest die Herausforderungen der anschließenden Konzeptarbeiten. Auch Vermittlungen zwischen Akteuren hast du bei Kollegen miterlebt. Das könntest du dir ebenso vorstellen. Schließlich hast du in dich hineingehört und -gespürt und dich befragt: Was wäre, wenn ...? Kann ich mir vorstellen, dass ...? Was sagen andere über mich? usw.
  Diese vielen Punkte haben dir Klarheit verschafft.
- *Probe-Assessments durchlaufen:*
  Es gibt online Test-Assessments oder Trainings, die du durchlaufen kannst,

z. B. einen Einstellungstest für den öffentlichen Dienst,[115] oder einen Einstellungstest für Industriemechaniker bei Siemens.[116] Du musst nicht definitiv eine Bewerbung in besagtem Segment, der Branche oder bei dem Unternehmen anstreben. Allein den Test zu durchlaufen, gibt dir Einblicke in Themen und Fragestellungen, die verdeutlichen, wie der „Traumberuf“ aussehen bzw. das Unternehmen agieren könnte.

– *Erlebnis-Scouting:*
  Erlebnisse planen und bewerten. Erlebnisse aus deinem Leben können dir helfen, Spaß, Lob und Stolz zusammenzutragen[117] und von Langeweile, Ermahnungen und Demütigung zu trennen. Dieser Ansatz bezieht bewusst Aktivitäten aus der Freizeit und dem Privatleben mit ein. Du kannst z. B. Fotos heraussuchen und in positive und negative Moleküle einteilen. Schau genau hin, wann du positiv gestimmt warst. Was sagt dir das dann? Wiederum an einem Beispiel sei veranschaulicht, was mit Erlebnis-Scouting gemeint ist: Du schaust auf Bilder einer Veranstaltung, z. B. einer Hochzeit oder eines Tags der offenen Tür. Du siehst dich immer angeregt unterhalten. Dann fragst du dich: Magst du Menschen um dich herum? Warum sieht man dich beschwingt kommunizieren? Dies können Indizien dafür sein, dass dir eine Tätigkeit – etwa mit Publikumsverkehr und vielen Gesprächsanteilen – nicht schwerfallen oder dir sogar gefallen würde. So gehst du alle aussagekräftigen Bilder durch und stellst auf Basis deiner Erlebnisse Erkenntnisse zusammen. In die Zukunft gerichtet achtest du bei den nächsten Aktivitäten und Terminen darauf, was dir positiv und negativ auffällt. Du scoutest dich selbst!
– *Workshops absolvieren:*
  „Individuelle Berufsfindung“ kannst du auch auf Basis von Kursen oder Coachings durchführen. Hier gibt es zahlreiche Angebote online. Mit großer Wahrscheinlichkeit erweitert sich dadurch deine Sammlung an Molekülen für den Traumberuf. Sei dir aber dessen bewusst, dass dich jemand Drittes nicht so gut kennt wie du dich selbst oder Angehörige bzw. Freunde. Du wirst also Zeit und Geld investieren müssen, um eine qualitativ tatsächlich aussagefähige Beurteilung zu erhalten. Dafür hättest du eine Dritt-

115 https://plakos-akademie.de/vorbereitung/oeffentlicher-dienst-einstellungstest-online-testtrainer/ [Stand: 05.03.2024].

116 https://www.easy-quizzz.com/de/einstellungstest/einstellungstest-industriemechaniker/siemens-einstellungstest/ [Stand: 05.03.2024].

117 vgl. Scheller, A./Muth, C. (2019), S. 27.

meinung vorliegen, die sicherlich ebenfalls interessant sein kann und ggf. neue Aspekte für dich bereithält. Vielleicht fühlst du dich auch abgesichert durch die Meinung eines Fachmanns. Entscheide dies nach monetären und sonstigen Möglichkeiten und Gesichtspunkten.

Du siehst, die Moleküle des Traumberufs können vielfältig sein.

ÜBUNG 31: Moleküle für den Traumberuf zusammenstellen

Entscheide dich für die dir am nächsten liegende Variante der Moleküle-Übung: Praktika, Reisen, interview with an expert, *Mosaik-Ansatz, Probe-Assessment, Erlebnis-Scouting oder Workshops.*
Du kannst auch 2–3 Varianten durchführen. Stelle bei der jeweiligen Durchführung wie oben beschrieben die Erkenntnisse zusammen. Diese Übung ergänzt die in Kapitel 7 bereits absolvierten und rundet dein Bild vom Traumberuf und/ oder Traumunternehmen ab.

TIPP Vielleicht benötigst du die Übung 31 nicht, weil du dir schon über deinen Traumberuf im Klaren bist. Dann lasse sie aus und gehe direkt weiter zu Kapitel 8. Die Übung 31 ist als Hilfe – nicht als Notwendigkeit – zu verstehen.

Ausgehend davon, dass du nun in Kapitel 7 ID und Profiling identifiziert hast und definieren kannst, bei welchem Wunschunternehmen du dich um welchen Traumberuf (Stelle) bewerben möchtest, setzt du dich im Kapitel 8 damit auseinander, eine gelungene Bewerbung zu konzipieren. Dazu zählen verschiedene Steps im Bewerbungsprozess, beispielsweise auch, eine geeignete Bewerbungsmappe zu erstellen.

8 Bewerbung vorbereiten und Unterlagen präparieren

8.1 Steps für einen gelungenen Bewerbungsprozess: BM-Tool als Fahrplan entwickeln und adaptiv halten durch eine systematische Makro-Struktur

BM – das ist die **B**ewerbungs**m**appe, deren Erarbeitung nun für dich ansteht. Eine Bewerbung zu schreiben, stellen sich viele Personen sehr schwierig und kompliziert vor. Sei beruhigt – es gibt einen Fahrplan, ein Konzept, mit dem du deine Bewerbung zuverlässig und gelingend schreiben kannst. Du arbeitest am besten mit einer Makro- und Mikrostruktur, also vom Ganzen zum Detail. Diese Strukturen bearbeitest du wie Templates, d.h. du hältst sie adaptiv bearbeit- und austauschbar. Der Vorteil ist: Du erarbeitest dir das Grundgerüst einmal, das trägst du dann fortwährend weiter. Das erspart dir Zeit und Mühen.

Zum einen kannst du auf der Makro-Struktur-Ebene die Dokumente austauschen, zum anderen auf der Mikro-Struktur-Ebene Textbausteine adaptiv gestalten und je nach Bedarf überarbeiten oder ergänzen.

Allerdings benötigt die Erstellung einer derartig tragfähigen und qualitativ guten Unterlage etwas Zeit. Sie sollte passfähig und zutreffend sein, deswegen solltest du ausreichend Zeit hierfür einplanen. Ein Tag scheint eher unrealistisch, besser 3–5 Tage mit jeweilig ca. 2 Stunden. Berücksichtige das also, wenn du eine Bewerbung schreiben möchtest. Denn du solltest dich einerseits ausreichend mit dem Adressaten – deinem Interviewer und dem Unternehmen – und der Stelle – Vakanz/Position – beschäftigen, andererseits empfiehlt es sich, Geschriebenes „zu überschlafen" und am nächsten Tag noch einmal anzuschauen. Es sollte sich dann immer noch richtig anfühlen; ansonsten fällt eine erneute Überarbeitung an.

Ein Grundziel solltest du im Kopf haben: Du musst dich mit deiner Bewerbung von anderen abheben. Denn DU möchtest die Stelle erhalten. Standardbewerbungen kann jeder schreiben, aber mit einer Bewerbung positiv aufzufallen eben nicht. Und genau das solltest du erreichen: dass man deine Bewerbung besonders findet, dass man sich für dich interessiert und du zum Bewerbungsgespräch eingeladen wirst.

TIPP Bei der Erstellung deiner Bewerbung denke stets darüber nach, wie du positiv auf dich aufmerksam machen kannst. Das fängt bei einer guten Optik und Struktur deiner Unterlagen an und hört bei wohlformulierten Texten auf.

Für die Erstellung der Unterlagen solltest du schrittweise vorgehen und einem genauen Fahrplan folgen – von dem Grundkonzept bis zu den fertigen Unterlagen. Zunächst solltest du auf der **Makro-Struktur** bedenken, dass vollständige Bewerbungsunterlagen aus folgenden Dokumenten bestehen:

- *Deckblatt:*
  relevant für Print-Postweg-Bewerbungen, für Online-Bewerbungen wird es weniger nachgefragt
- *Anschreiben bzw. Motivationsschreiben:*
  auch *cover letter* genannt
- *Lebenslauf:*
  auch CV (Curriculum Vitae) genannt, mit Foto empfohlen
- *Zeugnisse:*
  Schule und ggf. berufliche Erfahrungen/Praktika, Fortbildungen
- *sonstige Ausweise:*
  Stipendienurkunden, Ehrungen, Referenzen usw.

Überprüfe also als Erstes, ob du alle relevanten Unterlagen und Belege – auch Dritter – vorliegen hast. Oder musst du ggf. noch ein Zeugnis oder ein Empfehlungsschreiben anfordern? Dann dehnt sich der Erstellungszeitraum deiner Bewerbungsunterlagen schnell von 3–5 Tagen auf zwei bis drei Wochen aus. Berücksichtige deswegen einen Zeitplan, bestenfalls rückwärts vom Einreichungsdatum und mit Zeitpuffer gerechnet. Bedenke auch, dass du deine Unterlagen ausdrucken und heften musst. Du benötigst demgemäß „gutes Papier" – z. B. angenehme Haptik und wohlgefälliger Weißton – sowie eine Bewerbungsmappe. Ein Schnellhefter oder eine lose Zusammenstellung in einer Klarsichthülle sind einer qualitativ anspruchsvollen Bewerbung nicht angemessen. Abschließend berechne einen eventuellen Postweg mit ein. Deine Unterlagen sollten nicht erst am Tag des Fristablaufs den Adressaten erreichen, sondern mindestens 1–2 Tage vor Ende der Bewerbungsfrist. Bei

Online-Bewerbungen fällt der Aspekt des Postweges weg, und es zählt die Zeit des Hochladens im Portal oder des Zusendens per Mail.

Du merkst, bereits auf der Makro-Ebene gibt es einige wichtige Punkte, die du zeitgerecht beachten solltest.

ÜBUNG 32: To-do-Liste für Makro-Struktur der Bewerbungsunterlagen erstellen

Erstelle einen Zeit- und Einkaufsplan für alle relevanten Makro-Struktur-Elemente! Rechne dafür rückwärts mit Zeitpuffer vom Ablauf der Bewerbungsfrist an und stelle zusammen, wen du noch an welchem Tag kontaktieren musst. Bedenke auch den Einkaufszettel für Papier, die Bewerbungsmappe etc.

Die gesamte Bewerbungsmappe soll in ihrer Erscheinung von Sprache, Design und Umfang erstens stimmig und zweitens als ein Ganzes wirken. Dafür hängen alle Makro-Struktur-Elemente mit den Mikro-Struktur-Elementen als Verbindungsmodule zusammen, so dass ein passfähiges Gesamtwerk für eine Bewerbung entsteht, siehe das BM-Tool als Kreismodell:

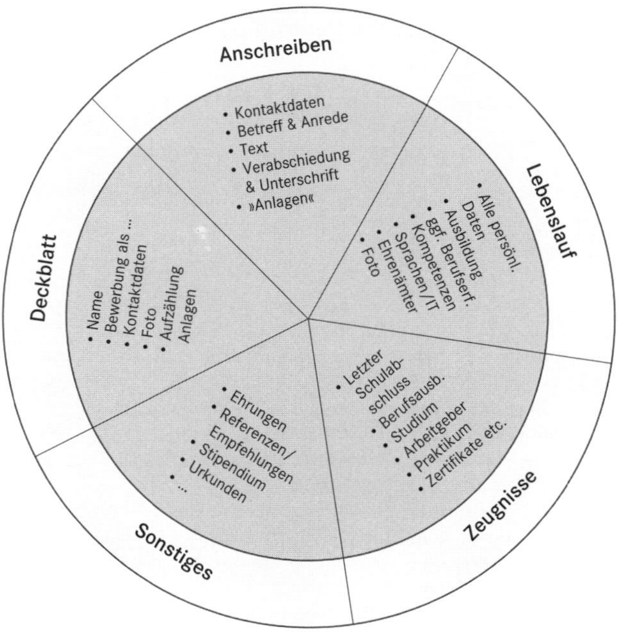

Darstellung 2.6: BM-Tool mit den Verbindungsmodulen der Makro- und Mikro-Struktur-Elemente für Bewerbungen

Verfolgst du die konsequente Umsetzung dieser Makro- und Mikro-Struktur-Elemente für deine Bewerbungsmappe, so erledigst du damit einen großen Teil deiner Gesamtarbeit. Du kannst also alle Dokumente einholen und zusammenstellen, schon einmal pro anzufertigendem Dokument eine Datei anlegen und dich mit den hier genannten Vorlagen – Design und Textentwürfen – vertraut machen. Du kannst dich dafür online kostenloser Vorlagen für ein Deckblatt[118], Anschreiben[119] und einen Lebenslauf[120], inkl. Design und Textvorschlägen, bedienen.

Richte auch schon einmal alle Daten her, die du zum Einfüttern in die Dokumente benötigst, z. B. exakte Daten der Ausbildung. Damit kannst du dann die Erstellung der Makro-Struktur-Elemente abschließen. Nun gehst du zum nächsten Schritt über: die konkrete Textarbeit bzw. das Einfügen der geforderten Angaben in den Dokumenten.

Die im nächsten Schritt einzuarbeitenden Inhalte in die hier aufgezählten Dokumente stellen die *Mikro-Struktur* der Bewerbungsunterlagen dar. In Kapitel 8.2 wird im Detail auf die Mikro-Struktur-Elemente *Anschreiben* und *Lebenslauf* eingegangen. Das Deckblatt – sofern erforderlich – besteht aus den Punkten wie im BM-Tool dargestellt, Zeugnisse und sonstige Dokumente sind Anlagen als Kopien Dritter und nicht selbst erstellt.

---

118 https://www.lebenslauf.de/?show=front-page&utm_source=bing&utm_medium=cpc&utm_campaign=SN-LebenslaufDE-DEU-DE|SRC|GEN|Bewerbung-Lebenslauf|EXM&utm_content=deckblatt_bewerbung_superschall&utm_term=bewerbung%20deckblatt%20vorlage&acc=478-918-4925&camid=405859326&adgid=1154489039592064&adid=kwd-72156252232092:loc-10&msalt=0ac861eb06bf1e539a04048c3b0b3fdd&msclkid=0ac861eb06bf1e539a04048c3b0b3fdd [Stand: 05.03.2024].

119 https://www.jobseeker.com/de/bewerbungsschreiben?msclkid=d6ce10eb16fa130f670c758c2eb09e10&utm_source=bing&utm_medium=cpc&utm_campaign=02%20 %7C%20DE-WW%20 %7C%20Cover%20Letter&utm_term=anschreiben%20vorlage&utm_content=anschreiben%20vorlage [Stand: 05.03.2024].

120 https://www.livecareer.de/lp/de/ldersmlp09.aspx?utm_source=bing&utm_medium=sem&utm_campaign=396560949&utm_term=lebenslauf%20vorlage%20word&network=o&device=c&adposition=&adgroupid=1243548222347601&msclkid=f02fbeb220911cff6feadbd51fff9239&utm_content=lebenslauf%20vorlage%20word [Stand: 05.03.2024].

8.2 Bewerbungsmappe nach Bauplan: Klare Strukturen und Kriterien – individualisierten Blueprint schaffen durch Mikro-Strukturen

Unabhängig davon, dass aktuell ein Fachkräftemangel herrscht und in fast allen Branchen Mitarbeiter gesucht werden, sollten deine Bewerbungsunterlagen dennoch von hoher Qualität zeugen. Denn Bewerbungsprozedere, wie Bewerbungsunterlagen einreichen und Bewerbungsgespräche führen, gibt es dennoch und unabhängig von der „Marktsituation". Zudem gibt es für Top-Stellen nach wie vor stets mehrere Bewerbungskandidaten. Arbeitgeber setzen deswegen voraus, dass eine Bewerbungsunterlage einwandfrei ist. Um für diese Abläufe gut aufgestellt zu sein, kannst du hier die Hinweise des Bewerbungsmappen-Checks nachlesen.

Stelle dir vor, du bist einer von 30 oder mehr Mitbewerbern für eine Stellenvakanz. Alle reichen eine perfekt designte Bewerbungsmappe ein und können auf gute Referenzen oder Noten verweisen. Du möchtest unbedingt beachtet werden und das Interesse für dich wecken. Wie kannst du dich nun aus dem Pool der anderen hervorheben? Wichtig ist:

1. *Gesamteindruck:*
   Mache auf dich aufmerksam, indem du eine perfekte Unterlage einreichst: Design, Sprache, Vollständigkeit.
2. You are the one *suggerieren:*
   Evoziere, dass du der Richtige bist. Du hast dich mit dem Unternehmen und der Stelle beschäftigt und weißt, welche Person gesucht wird. Indem du die Bedarfe erkannt hast, erstellst du demgemäß deinen Text und verdeutlichst, dass sie mit dir die geeignete Person für die Stelle einwerben.
3. *Alleinstellungsmerkmal:*
   Gewinne das nachhaltige Interesse für deine Person. Erarbeite und verdeutliche dafür dein Alleinstellungsmerkmal![121] Dir ist vielleicht nicht bewusst, dass du eines besitzt. Hier sind einige Beispiele dafür, was gemeint ist:
   - *Projektmanagement:*
     Bereits in jungen Jahren Erfahrungen gesammelt, z. B. im elterlichen Betrieb oder in einem langfristigen Studienjob, der dir Verantwortung und erfolgreiche Leitungserfahrungen eingebracht hat.

121 vgl. Erdmann, W./Silbernagel, E. (2021), S. 52/53.

- *Spezifische oder zertifizierte Fachkenntnisse:*
  Du hast dich in einer Branche bereits fachkundig gemacht, z. B. durch Praxiserfahrung für deine Abschlussarbeit oder Teilnahme an Workshops, Weiterbildungen etc.
- *Auslandserfahrung:*
  Du hast im Ausland studiert und kannst relevantes kulturelles und/oder sprachliches Wissen für ein Unternehmen einbringen.
- *Sprachkompetenz:*
  Du kannst nachweisen, dass du auf einem hohen Niveau – verhandlungssicher – kommunizieren kannst.
- *Ehrenamtliche Tätigkeiten:*
  Durch Tätigkeiten in sozialen Projekten oder Non-profit-Organisationen hast du dein gesellschaftliches Engagement bewiesen.
- *Auszeichnungen:*
  Möglicherweise hast du Förderpreise gewonnen, deine wissenschaftliche Arbeit hat eine Auszeichnung erhalten oder du hast studentische Spitzenleistungen (Gesamtnote) attestiert bekommen.

Die Kunst deiner Textarbeit besteht nun darin, die einzelnen Dokumente deiner Bewerbungsmappe dementsprechend zu bearbeiten, dass deine Persönlichkeit mitsamt aller Qualifikationen, d. h. auch deinem USP – deinem Alleinstellungsmerkmal – zum Ausdruck kommt und vom Adressaten verstanden wird. Der Schlüssel ist hier, deine Eignungen und Neigungen herauszustellen, die für den betreffenden Job relevant sein können:

Eignung: Das sind die individuellen Begabungen eines Menschen.

Neigung: Dazu gehören die Persönlichkeitsmerkmale und Interessen[122].

Es soll ein Bild von dir entstehen, das dem Adressaten ermöglicht, dich in seinem Unternehmen „zu sehen“, sich vorstellen zu können, wie du die Stelle bekleidest, Aufgaben ausführst und dich im Team integrierst.

TIPP Achte auf ein perfektes Erscheinungsbild deiner Unterlagen. Dazu zählt nicht nur das Design, sondern auch die Sprache – Ausdruck & Satz-Inhalts-Bezüge, Verständlichkeit und Rechtschreibung – sowie die Auswahl der Anlagen. Authentik und Ehrlichkeit der Angaben gehören selbstredend dazu. Das Gesamtbild muss passen und von Stimmigkeit zeugen. Überarbeite die Unterlagen, bis alles passt.

122 vgl. Neubauer, A. (2018), S. 125.

Hinweis:
Aufgrund der Möglichkeiten, die uns mit der Künstlichen Intelligenz (KI) zur Verfügung stehen, kannst du dir auch ein Anschreiben und einen Lebenslauf per ChatGPT[123] erstellen lassen. Das geht schnell und unkompliziert. Das Ergebnis ist beeindruckend.

ABER: Sei vorsichtig, denn ein geübtes Auge erkennt, ob du deine Bewerbung selbst erstellt oder aus einem KI-Angebot herauskopiert hast. Das würde keinen guten Eindruck machen und etwa folgende Fragen aufwerfen: *„Bist du ‚zu faul' eine Bewerbung zu schreiben?"* oder *„Weißt du nicht, wie man ein Bewerbungsschreiben verfasst?"* Überdies musst du einen KI-Text ohnehin überarbeiten, denn die spezifischen Angaben deiner Person (Kontaktdaten, Studium etc.) sowie die des Unternehmens (Name, Kontakt, Stellenausschreibung usw.) müssen noch eingefügt werden. Sehr relevant ist weiterhin, dass die Verdeutlichung, warum gerade du der geeignete Kandidat für die Position bist, in KI-Texten nicht enthalten ist. Dein USP und spezifische Qualifikationen musst du also noch einfügen. Dann stellt sich abschließend die Frage, wie passfähig die Anschlüsse der einzelnen Absätze im Text sind.

Das Anschreiben sollte nicht länger als 1 DIN-A4-Seite sein und enthält folgende Elemente:

- *Briefkopf:*
  Das Layout ist frei wählbar, auch seitlich denkbar (s. Vorlagenverweis weiter oben) mit Kontaktdaten, Datum, Ansprache/Adressat.
  Hinweis: Das Layout sollte unbedingt zum Design des Lebenslaufs passen (Farbwahl, Schrift usw.).
- *Datum:*
  Achte darauf, dass du dieses stetig aktualisierst, wenn du dieselbe Vorlage für verschiedene Bewerbungen benutzt.
- *Betreff:*
  Kurze Benennung der Vakanz, für die du dich bewirbst. Am besten den Text der Stellenausschreibung verwenden.
- *Anrede:*
  Hier hängt es davon ab, ob du jemandem persönlich deine Bewerbung zusendest, oder allgemein dem Unternehmen. Für den Fall, dass du allgemein – z. B. der Personalabteilung – die Unterlagen zusendest, verwen-

123 https://openai.com/chatgpt [Stand: 05.03.2024].

dest du die Ansprache *Sehr geehrte Damen und Herren.* Wenn du mit einer bestimmten und in der Sache entscheidenden Person gesprochen hast – z. B. vorab Informationstelefonat –, du die einstellende Person kennst oder ganz genau weißt, dass nur diese eine Person deine Unterlagen erhalten wird, schreibst du auch nur diese Person an: *Sehr geehrte(r) Frau/Herr.* Im Übrigen schreibst du diese Höflichkeitsform auch, solltest du den Adressaten gut kennen oder sogar duzen. Das entspricht den zu wahrenden formalen Ansprüchen an ein Bewerbungsschreiben. Ggf. solltest du sowohl *Sehr geehrter Herr/Frau …,* als auch *Sehr geehrte Damen und Herren* verwenden. Dies ist dann der Fall, wenn du zwar einer bestimmten Person die Unterlagen zukommen lässt, du aber auch davon ausgehen kannst, dass weitere Personen deine Unterlagen lesen und/oder über deine Bewerbung entscheiden werden.

– *Textprodukt:*
  Hier gibt es mehrere Möglichkeiten, den Text zu verfassen. Der Stil und Duktus hängen wesentlich mit deiner Persönlichkeit, deinem Schreibstil und dem Adressaten zusammen.
  Hinweis: Dieser Text-Part ist der wichtigste in deinem Anschreiben und sollte folgende Aspekte beinhalten:
  - Zunächst sollte man *Bezug nehmen,* wofür man sich bewirbt, etwa eine ausgeschriebene Stelle oder Initiativbewerbung, und verdeutlichen, dass man sich für diese Position/Stelle nachhaltig interessiert/bewirbt.
  - Dann solltest du dich kurz *vorstellen,* was du studierst, ggf. fachliche Schwerpunkte, Interessen, Projekte (Qualifikationsausweise bedenken – du „wirbst" für dich in dieser „Be-Werbung").
  - Nun stellst du dar, *warum dich die Vakanz interessiert,* z. B. Themen/Produkte des Unternehmens aufgreifen und überleiten.
  - Nun kommst du zu dem entscheidenden Punkt, *warum du geeignete Qualifikationen für die Stelle/Position vorweisen kannst.* Denke hier an deinen **USP** (s. o.). Erwähnen kannst du auch, dass du in der Vakanz eine persönliche Weiterentwicklung für dich siehst, du hinzulernen kannst oder dies eine freudige Herausforderung für dich darstellt.
  - Zusammenfassend betonst du, *warum das Unternehmen durch dich* bzw. deine Mitarbeit einen *Gewinn erfahren* könnte.
  - Du schließt mit dem *Wunsch/Freude,* zu einem *persönlichen Gespräch eingeladen* zu werden, um in einem Vor-Ort-Gespräch mit deinen Kompetenzen überzeugen zu können.

Zur näheren Erläuterung siehe die Beispiele unten.

- *Verabschiedung:*
  Neben den ausleitenden Abschlusssätzen (s.u.) darf die Verabschiedung *Mit freundlichen Grüßen* oder *Ich verbleibe mit freundlichen Grüßen* o.ä. nicht fehlen.
- *Unterschrift:*
  Normalerweise wird eine persönliche Unterschrift gern gesehen, sie ist aber auch als eingescannte Variante akzeptabel. Der Scan sollte dann eine gute Qualität haben (Farbe bedenken, schattenlos). Inzwischen akzeptieren viele Unternehmen aber auch die Druck-Unterschrift. Hier sollte ebenfalls berücksichtigt werden, in welcher Branche die Bewerbung gestellt wird. Handelt es sich um ein eher konservativ aufgestelltes Unternehmen, dann solltest du lieber eine Von-Hand-Unterschrift einfügen.
- *Verweis „Anlagen":*
  Da du deinem Anschreiben Unterlagen beifügst, sollte auf dem Anschreiben der Verweis mit dem Wort *Anlagen* zu finden sein. Es reicht klein gedruckt unten links. Es reicht dieses eine Wort, du musst nicht einzeln anführen, welche Unterlagen ganz genau enthalten sind. Das wird heutzutage nicht mehr verlangt. Teilweise verzichten Unternehmen sogar gänzlich auf Anlagen oder fordern sie nach Bedarf ein.

Folgend kannst du hier Beispieltexte rezipieren, anhand derer schnell deutlich wird, was mit den einzelnen Textelementen gemeint ist. Die Auslassungen ... sollten durch deine individuellen Angaben ergänzt werden. Texte in [eckigen Klammern] dienen als Beispiele und müssen durch dich angepasst werden oder enthalten Hinweise. Die einzelnen Absätze sind wie Bausteine zu verstehen. Setze dir diejenigen Module zusammen, die für dich stimmig erscheinen. Dann passe den Gesamttext an. Zum Schluss solltest du die Übergänge der Textelemente und Absätze kontrollieren, damit das Anschreiben zusammenhängend und sinnvoll sowie aussagekräftig wirkt.

Die folgenden Beispiele verstehen sich also als „Text-Steinbruch", aus dem du etwas herausnehmen kannst, anpasst und fertigstellst. Sie sind sehr unterschiedlich. Deswegen wähle jene Passagen, die dir auf Anhieb zusagen und ein Wohlempfinden (Wohl-Lesen, Wohl-Hören) bei dir evozieren. Dann ist es der richtige Stil und Duktus für dich persönlich:

Beispiel 1: Bewerbung als Produktmanager
Variante a

Sehr geehrter Herr ...,
mit großem Interesse habe ich die Stellenausschreibung als Produktmanager bei ... gelesen und möchte meine Begeisterung/Bewerbung für diese reizvolle Position zum Ausdruck bringen. Schon vor/während meinem/s Studium/s an der ... wurde ich durch verschiedene ...-Projekte von ... aufmerksam und begann, mich intensiver mit ... auseinanderzusetzen.

Im Verlauf meines Studiums der Mechatronik konnte ich dann umfangreiche Kenntnisse in den Bereichen [Mechanik, Produktentwicklung und Projektmanagement] erwerben. Darüber hinaus habe ich mich ebenfalls in die Themen des ... eingearbeitet. Meine BA-Arbeit/MA-Arbeit habe ich zum Thema ... verfasst und mit überdurchschnittlichem Erfolg abgeschlossen.

Durch meine vielfältigen bisherigen Tätigkeiten während der Studienzeit habe ich gelernt, [komplexe technische Probleme] zu analysieren und effektive Lösungen zu entwickeln. So habe ich beispielsweise bei ... eine Sonderausbildung zum ... absolviert.

Darüber hinaus verfüge ich über gute analytische und kommunikative Fähigkeiten. Dies konnte ich unter Beweis stellen, als ich im Rahmen meiner Werkstudententätigkeit bei ... ein Analysekonzept für ... geschrieben sowie eine Projektgruppe hierzu etabliert und geleitet habe. Die Umsetzung regelmäßiger Workshops zählte zu meinem Aufgabenprofil. Das war spannend und hat mir sehr viel Freude bereitet. Zudem habe ich dadurch erste Leitungserfahrungen sammeln können. [*Dies wäre beispielsweise ein Bezug zu einer in der Stellenausschreibung gemachten Anforderung, kommunikative Kompetenz zu beweisen und Workshops zu initiieren/zu leiten, zudem ein USP.*]

Ihre Firma/Die Firma ... interessiert mich nachhaltig schon seit längerer Zeit, auch aufgrund ihrer innovativen Produkte in der Branche [der Mechatronik]. Deswegen habe ich anregende Gespräche beim Tag der Offenen Tür – etwa mit Herrn ... – geführt. Darüber hinaus habe ich am ... den Artikel über Ihr Innovationsprodukt ... in der ... (Zeitung) gelesen. Dies hat mich noch mehr überzeugt, Teil Ihres Teams werden zu wollen.

Ich mag es, vorauszudenken und die Lösungen für morgen und die nächste Generation zu entwickeln. Das spornt mich an!

Durch meine Spezialisierungen im Bereich der Mechanik und des Produktmanagements gewinnen Sie mit mir einen Mitarbeiter, der Ihre Mission von [Produktion effizienter, leistungsfähiger Systeme] im In- und Ausland vorantreibt, teamorientiert agiert und mit herausfordernden Situationen gut umgehen kann. [*Hier ein weiterer Verweis auf ein USP.*]

Über eine Einladung zum persönlichen Gespräch würde ich mich sehr freuen. Gerne berichte ich Ihnen dann Details zu meinen Qualifikationen und Kompetenzen. Überdies wäre ich sehr an Mehr-Informationen zur ausgeschriebenen Stelle interessiert.
Ich freue mich von Ihnen zu hören.

Mit freundlichen Grüßen
...
Anlagen

Variante b – ChatGPT (als bereits arbeitserfahrener Arbeitnehmer)

[Dein Name]
[Deine Adresse]
[Stadt, PLZ]
[Deine E-Mail-Adresse]
[Deine Telefonnummer]

[Datum]

[Name des Empfängers]
[Position des Empfängers]
[Name des Unternehmens]
[Adresse des Unternehmens]
[Stadt, PLZ des Unternehmens]

Bewerbung um die Position als Produktmanager

Sehr geehrte/r [Name des Empfängers],
mit großem Interesse habe ich die ausgeschriebene Stelle als Produktmanager bei [Name des Unternehmens] gelesen und bewerbe mich hiermit für diese

spannende Position. Meine Leidenschaft für Produktentwicklung und meine nachgewiesene Erfolgsbilanz im Bereich des Produktmanagements machen mich zu einem qualifizierten Kandidaten für diese Rolle.

Während meiner beruflichen Laufbahn habe ich umfassende Erfahrungen in der Entwicklung und Verwaltung erfolgreicher Produkte gesammelt. Insbesondere konnte ich bei [vorherigem Arbeitgeber/Firma] als Produktmanager maßgeblich dazu beitragen, Produktstrategien zu entwickeln, Marktforschung durchzuführen und innovative Lösungen zu konzipieren. Durch meine Fähigkeit, Teams zu leiten und interdisziplinäre Zusammenarbeit zu fördern, gelang es mir, Produkte erfolgreich von der Konzeptionsphase bis zur Markteinführung zu begleiten und Umsatzwachstum zu generieren.

Meine Fähigkeiten im Projektmanagement, meine analytischen Fertigkeiten sowie meine ausgeprägte Kommunikationsstärke ermöglichen es mir, komplexe Herausforderungen zu bewältigen und Produkte entsprechend den Marktbedürfnissen zu positionieren. Ich bin äußerst motiviert, in einem dynamischen Umfeld zu arbeiten und einen Mehrwert für [Name des Unternehmens] zu schaffen.

Ich bin überzeugt, dass meine Erfahrungen und Fähigkeiten mich zu einem wertvollen Mitglied Ihres Teams machen. Über die Möglichkeit, in einem persönlichen Gespräch mehr über meine Qualifikationen und meine Vision für die Rolle des Produktmanagers bei [Name des Unternehmens] zu sprechen, würde ich mich sehr freuen.

Vielen Dank für die Berücksichtigung meiner Bewerbung. Ich stehe Ihnen gerne für weitere Informationen zur Verfügung und freue mich auf die Möglichkeit, mein Engagement und meine Fachkenntnisse unter Beweis zu stellen.

Mit freundlichen Grüßen
[Dein Name]

Beispiel 2: Bewerbung Trainee Tourismusmanagement

Sehr geehrte Frau ...,
auf der Tourismus-Messe am ... haben wir ein ausführliches Gespräch zu Ihrer Stellenvakanz als Trainee bei ... geführt. Sie ermutigten mich, Ihnen meine Unterlagen zu schicken. Vielen Dank noch einmal für den wertvollen Input, der zu meinem festen Entschluss geführt hat, mich nun bei Ihnen zu bewerben.

Nach dem erfolgreichen Abschluss meines BA-Studiums Tourismus-Management mit dem Schwerpunkt Hotelmanagement an der Euro-FH Hamburg möchte ich nun sehr gerne mit dem Trainee-Programm meinen Karrierestart bei Ihrem namhaften Unternehmen in der Touristik starten. Besonders begeistert bin ich von den innovativen Ideen der [FTI] und dem Engagement im Bereich Klimaschutz und Nachhaltigkeit, womit ich mich persönlich ebenfalls identifiziere. Das Trainee-Programm ermöglicht mir, mein erworbenes theoretisches Wissen aus meiner Studienzeit in der Praxis anzuwenden sowie zu erweitern. Dabei kann ich umfassende Einblicke in die unterschiedlichen touristischen Bereiche der Reiseveranstaltung erhalten [hier könnten auch noch Beispiele eingefügt werden].

Des Weiteren überzeugt mich die Möglichkeit des Auslandsaufenthaltes zur fachlichen, methodischen und persönlichen Horizonterweiterung.

Im Rahmen meiner Tätigkeit im [Hotel Atlantic Hamburg] als duale Studentin konnte ich erste Erfahrungen im [Kunden- und Hotelmanagement] gewinnen. Durch die verschiedenen Ausbildungsbereiche war es mir möglich, ein umfassendes Bild von der Tätigkeit des Tourismusmanagements zu erwerben. Wichtig waren mir hierbei die Einblicke in die betriebswirtschaftlichen Vorgänge. Zukünftig würde ich gerne noch mehr zum ... kennenlernen. [*USP*] Erfreulich ist, dass sich mein mehrsprachiges Aufwachsen als sehr großer Vorteil in der Kundenkommunikation erweist. Mir bereitet es überdies Freude, meine vier Fremdsprachen Französisch, Englisch, Italienisch und Spanisch anzuwenden und stetig zu optimieren. [*USP*]

Zusammengefasst glaube ich, dass meine Leidenschaft für die Touristik, die Freude am Austausch mit Gästen sowie dem Team und meine Begeisterung für betriebswirtschaftliche Prozesse mich zu einem geeigneten Kandidaten für das Traineeprogramm Tourismusmanagement von [FTI] machen.

Ich bin gespannt, mehr über das Programm zu erfahren! Deswegen sehe ich einer Einladung zum Gespräch mit Freude entgegen.

Mit freundlichen Grüßen

Beispiel 3 – innovativ und auf Englisch: Bewerbung als (Unternehmens-)Berater

Dear Mr. .../Dear Reader/Dear Ladies and Gentlemen,

> **What we know is a drop,**
> **What we don't know is an ocean.**
> *Sir Isaac Newton*

In your blog, you post that you are looking for an expert like me. ...
I am interested in your position, because there is a great match between your needs and my qualifications.
We start with a drop, but focus on the ocean as our target!

How about my expertise?
For the past five years I studied [business administration] and passed the exame/Master's degree with .../[graduated with Honours with Distinction]. [*USP*]
My key areas of expertise are [specify exactly here, clear connections to the company/position!]:
- [Investment]
- [Financing]
- [Marketing]

Where do I come from?
I was able to gain a profound knowledge in the specialised fields of ... In addition, I studied for a year at the prestigious University of ... in Boston and participated in the [Executive Track for Corporate Planning] with great success. ... [*USP*]

What is my motivation?
The willingness to face new challenges, understand and solve complex problems. In the course of this acquire new skills and knowledge. To be better prepared for future challenges!

Why do I want to work for you?
I want to develop strategies for ... [here reference to the job advertisement] and implement them broadly in companies using the appropriate methods, e.g. ... is internationally positioned and promotes people with expertise, that's what appeals to and motivates me. I think your company is a good fit!

Therefore I am suitable!
First of all, because of my highly qualified studies at home and abroad as well as my master's degree with honours.
Secondly, because I am firmly convinced that I will be able to successfully implement the task and the challenges in the job description.

Next step!
I have uploaded my personal documents to your portal and I am available at any time for a discussion – in person or online.

Best regards!

Anhand der Beispiele ist erkennbar, wie individuell ein Bewerbungsschreiben aussehen sollte. Von daher besteht nun für dich die Aufgabe darin, deinen individualisierten Blueprint für deine Bewerbung zu erstellen.

ÜBUNG 33: Individuelles Blueprint-Schreiben für Mikro-Struktur der Bewerbungsunterlagen erstellen

Versuche nun deine eigenen Textbausteine zu verfassen. Gehe vor wie in den Beispielen für ein Anschreiben bzw. Cover Letter oben gezeigt.

TIPP Das Gute ist: Sobald du den Text einmal korrekt angefertigt hast, dient dir dieser als Grundgerüst für spätere Bewerbungen. Du adjustierst dann „nur noch" den Adressaten, deinen Erfahrungshorizont und überarbeitest die Formulierungen zur Passfähigkeit von Absender/Bewerber und Adressat/Unternehmen.

8.3 Deinen Lebenslauf für die Job-Bewerbung interessant gestalten: dein individueller Ausweis für deine Qualifikationen als Schlüsseldokument in deiner Bewerbungsmappe

Der Lebenslauf ist das wichtigste Dokument in deiner Bewerbungsmappe. Er gibt im Überblick Auskunft über dich als Person, deinen Bildungs- und/oder Berufsweg, deine Kompetenzen und Qualifikationen sowie weitere ergänzende oder interessante Details wie Fortbildungen, Ehrenämter, besondere Erfolge, Auszeichnungen, Hobbys usw. Die Kunst eines Lebenslaufs besteht darin, die wesentlichen Informationen in der erforderlichen Kürze sowie notwendigen Ausführlichkeit am besten auf einer Seite darzustellen. Das hört sich herausfordernd an, dir sind aber viele Hilfen gegeben. Zum einen kannst du dich online einer kostenlos erhältlichen Vorlage bedienen, s. Kapitel 8.1. Inzwischen gibt es eine Vielzahl von Designs, die dir eine gute optische einseitige Aufbereitung deines CVs ermöglichen. Zum anderen sind die meisten Vorlagen anpassbar hinsichtlich der Größe der Felder bzw. Templates, in die du Informationen einfütterst. D. h. du kannst beispielsweise bei der Ausbildung drei Aufzählungen (Schulen/Uni o. ä.) einfügen oder auf fünf ausweiten. Wähle deswegen eine Vorlage aus, die der Menge deiner anzugebenden Informationen gut entspricht, so dass die Seite ansprechend gefüllt aussieht – nicht zu überfrachtet und nicht zu wenig. Du kannst diese Vorlage abspeichern und jederzeit neu bearbeiten und abändern. Bei der Art der Vorlage solltest du folgende Aspekte berücksichtigen:

- *Deutscher oder englischsprachiger CV:*
  Als **Kopfzeile** und in der Funktion einer **Haupt-Überschrift** steht dein Name oben auf der Seite sowie darunter die **angestrebte Stelle/Position** oder **dein Studienabschluss,** z. B. Bachelor of Arts Tourismusmanagement. Für diese Kopfzeile musst du keine Spalten o. ä. berücksichtigen.
  Im Weiteren folgt der deutsche Lebenslauf nun sehr oft einer beliebten und bei Unternehmen gern gesehenen Struktur, die wie folgt gegliedert ist:
- Die DIN-A4-Seite ist in **zwei Spalten** geteilt – die linke nimmt ca. 1/3 der Seite ein, die rechte 2/3.
- Links oben in der Spalte ist das **Foto** eingefügt. Bei der Auswahl deines Fotos bedenke, dass deine Persönlichkeit erkennbar sein sollte. Keine „Starlet-Aufnahme“ mit übertriebenem oder unehrlichem Lächeln, zu viel Kosmetik und „gestellter Gestik“. Heutzutage möchten die Unternehmen die

authentische Persönlichkeit aus dem Foto herauslesen können. Du musst also kein Passfoto einfügen, das oftmals sehr statisch wirkt, sondern kannst dich für ein Foto entscheiden, das z. B. im Hintergrund einen Seminarraum erkennen lässt und auf dem du dich mit einem offenen Lächeln der Kamera zuwendest. Branchenabhängig sind auch andere Fotos geeignet. Wenn du dich z. B. als Eventmanager bewirbst, darf dein Foto dich auch mit einem Anzug und Fliege sowie einer moderierenden Gestik zeigen. Allen Fotos ist allerdings gemein, dass sie zumeist nur den Kopf bis Schulter-/Brustbereich zeigen, d. h. keine Ganzkörperfotos.

- Unterhalb des Fotos in der linken Spalte könntest du dann mit der ersten Überschrift deine persönlichen **Informationen** wie **Geburtstag und -ort** sowie den **Familienstand** eintragen.
- Wiederum darunter bietet sich ein „Feld“ zur Beschreibung der Persönlichkeit an. Hier nennst du deine **Social Skills** (Fähigkeiten, Ausweise, Interessen, Potenziale etc., s. auch Kapitel 1.3 und 7.2); aussagekräftig wirken sie in adjektivischer Form, wie etwa
  - motiviert
  - zielstrebig
  - kreativ
  - kommunikativ
  - organisiert.

Mehr als fünf Persönlichkeitspunkte sollten es nicht sein, sonst wirkt es unüberschaubar oder auch übertrieben.

- Unterhalb der *social skills* kann man einen Block **EDV-Kenntnisse** einfügen, sofern dies besondere und für die Stelle sehr relevante sind. Dann könnte die Auflistung z. B. derart aussehen:
  - MS-Office
  - Photoshop
  - InDesign
  - C#
  - Python
  - Social Media

Sehr anschaulich kann man den Ausprägungsgrad der EDV-Kenntnisse mit einer Blockdarstellung verdeutlichen. Diese Darstellung könnte man ebenfalls für den nächsten Themenblock anwenden:

- **Sprachkenntnisse**
  Bei der Angabe der Sprachkompetenzen solltest du verdeutlichen, welches deine Muttersprache ist.
  - Deutsch: Muttersprache
  - Englisch: verhandlungssicher in Wort und Schrift
  - Spanisch: Grundkenntnisse

  Alternativ zur Beschreibung oder Blockdarstellung als Ausprägungsgrad kannst du auch die international anerkannten Niveaustufen nach dem GER (Gemeinsamer Europäischer Referenzrahmen für Sprachen)[124] von A1 (Elementare Sprachanwendung) bis C2 (Kompetente Sprachverwendung) angeben. Dies solltest du anhand eines Zertifikates belegen können; das gehört dann zu den Anlagen, genau wie die Zeugnisse etc.
- Der letzte Absatz in der linken Spalte könnte **Interessen** oder **Hobbys** lauten. Um den Lebenslauf anschaulich, abwechslungsreich und interessant zu gestalten, kannst du hier mit Icons arbeiten, um deine Interessen auszudrücken. Zum Beispiel:

  Reisen

  Aquarell-Malerei

  Outdoor-Sport

- Ganz oben in der rechten Spalte, auf Höhe des oberen Foto-Randes fügst du nun deine **Adress- und Kontaktdaten** ein. Auch hier böte es sich an, mit kleinen Icons zu arbeiten:

  Musterstraße 100, 1000 Musterdorf
  Mail
  Telefon

  Achte darauf, dass du immer die Tab-Abstände einhältst, damit der Zeilenanfang und das -ende stets gleich sind. Das gilt für Zeilen mit Icons genauso wie für andere Schriftzeichen-Zeilen/Aufzählungspunkte.

124 https://www.europaeischer-referenzrahmen.de/sprachniveau.php [Stand: 05.03.2024].

– Als Nächstes schilderst du deine Ausbildung, z. B. mit der Überschrift **Bildungsweg/Schulischer Werdegang.** Anhand der Bewerbung für Tourismusmanagement könnte das wie folgt aussehen:

10/2018 – aktuell	**Bachelor-Studium Tourismusmanagement** *Hochschule für angewandte Wissenschaften …* Schwerpunkte: Reiseveranstaltung & Destinationsmanagement
09/2010–07/2018	**Allgemeine Hochschulreife/Abitur** *Gymnasium Bonn* Sprachlicher Zweig: Englisch, Französisch, Spanisch Auslandserfahrung: 09/2015: Schüleraustausch Frankreich (Gastfamilie Paris)

Bei jedem Bewerber sieht die Auflistung des schulischen Werdegangs naturgemäß anders aus, weil jeder Studierende einen eigenen Bildungsweg absolviert hat. Vielleicht wurde auch noch ein anderes Studium ausprobiert, ein Zweitstudium angehängt oder das Abitur auf dem zweiten Bildungsweg absolviert. Zudem wurden verschiedene Fachrichtungen oder Auslandsjahre durchlaufen. Relevant ist, dass die Reihenfolge der Angaben in den einzelnen Stationen des Bildungsweges eingehalten wird: zuerst die Bildungsform bzw. den Abschluss, dann die Institution und darunter Detailinformationen wie fachliche Schwerpunkte o. ä. Man kann auch Punkt eins und zwei tauschen, also mit der Institution beginnen. Wichtig ist aber, dass du die Struktur einheitlich im gesamten CV einhältst. Dazu zählen auch die einheitlichen Datumsangaben (Monat/Jahr – Monat/Jahr).

– Nun folgt die Auflistung der **Berufspraxis**/des **beruflichen Werdegangs.** Hierzu zählen auch Praktika oder Nebentätigkeiten während des Studiums, ebenfalls Ferienjobs:

06/2019–09/2019	**Reiseberaterin im Studiums-Praktikum** *Reisebüro …* Internationale Sprach- und Bildungsreisen
07/2020–10/2020	**Freizeit-Coach** *Freizeitanlage …* Betreuung von Kinder- und Jugend-Gruppen

- Der letzte Abschnitt in dieser Spalte des Lebenslaufs widmet sich dem Punkt **Ehrenämter/Engagement.**

05/2009–05/2017	**Feuerwehrjugendbetreuerin** *Freiwillige Feuerwehr …* Jugendfeuerwehrarbeit, Social Media, Events
09/2018 – aktuell	**Tierpflegerin** *Tierheim …* Organisation von Projekten und Besuchstagen

Abzuwägen ist, ob für Aspekte wie **Fortbildungen** oder sonstige Spezifika ein eigener Abschnitt eingefügt wird oder diese in die Zeiten des Bildungswegs oder der Berufspraxis integriert und dort aufgelistet werden.
Der CV schließt unten rechts auf der Seite mit dem Datum und wahlweise einer Unterschrift (eingescannt oder per Hand).
Um die jeweiligen Absätze additiv zu den Überschriften zu kennzeichnen, kannst du zusätzlich feine Linien einziehen, die dann die einzelnen Abschnitte auch optisch noch voneinander trennen. Dies ist in vielen Vorlagen ohnehin integriert.

- Wenn du deinen **CV in Englisch**[125] schreiben möchtest oder musst, gibt es dafür genauso wie für einen deutschen geeignete Vorlagen. Denn dieser CV ist etwas anders gegliedert als ein deutscher:
- Nach dem **Namen mit ausgewählten Kontaktdaten** – i.d.R. Mail und Mobiltelefon – in der Kopfzeile startet dieser zumeist mit einer ***Professional Summary***[126], d.h. einer kurzen Beschreibung deiner Person und Kompetenzlandkarte (Fähigkeiten, Ausweise, Interessen, Potenziale etc., s. auch hier Kapitel 1.3 und 7.2).
- Dann folgt die Auflistung der ***Skills*** (Fähigkeiten und Kompetenzen – hier sind die fachlichen gemeint).
- Danach kannst du entweder mit dem Part ***Education*** – Ausbildung – oder

125 https://resume.io/resume-templates?ga_utm_source=bing&ga_utm_medium=ppc&ga_utm_campaign=377587790&ga_utm_term=englischer%20lebenslauf&msclkid=014acfdbab2112c49b05aaad460502b8&utm_source=bing&utm_medium=cpc&utm_campaign=resume.io%20-%20EU.DACH%20-%20EN%20-%20search&utm_term=englischer%20lebenslauf&utm_content=EU-DACH%20-%20resume.io%20-%20german [Stand: 05.03.2024].

126 https://www.myperfectresume.com/lp/mprrwzlp03.aspx?ref=10432&utm_medium=sem&utm_source=bing&utm_campaign=MPR%20-%20ROW%20-%20Beta%20-%20CV&msclkid=a133bda128581dd02182d8d7c294fc92&utm_term=+cv%20+format%20+english&utm_content=english%20cv%20format [Stand: 05.03.2024].

Employment History – Arbeitserfahrungen – fortfahren; je nachdem, ob du bereits Berufserfahrung gesammelt hast bzw. Praktika, Ferienjobs o. ä. – siehe auch oben den deutschen CV – angeben möchtest.

- Ein wichtiger Teil (zumeist der abschließende Absatz) gibt Auskunft über *References.* Hier werden Personen in Unternehmen/Bildungseinrichtungen o. ä. genannt, die kontaktiert werden könnten, um Auskünfte über dich als Bewerber einholen zu können, z. B. ein Professor an der Uni/HS, der Praktikumsbetreuer oder – sofern Arbeitserfahrung vorliegt – beispielsweise der Abteilungsleiter eines Unternehmens. Durchschnittlich werden 2–3 Personen angeführt. Je höher in der Position bzw. je angesehener, desto besser. Englischsprachige CVs zeigen seltener eine Seitenaufteilung in Spalten, sondern folgen eher einer Struktur in Absätzen über die ganze Seite. Auf vielen englischsprachigen CVs werden keine Fotos mehr eingefügt. Auch das Datum und die Unterschrift am Ende des Dokuments sind nicht unbedingt enthalten.

TIPP Wähle für deinen Lebenslauf eine Vorlage, die adjustierbar ist, etwa die Länge der Spalten oder das Hinzufügen von Aufzählungspunkten. Durch die Arbeit mit Vorlagen und Templates liegt Copy-and-Paste-Arbeit an. Achte auf die korrekte Einfügung, z. B. Groß-/Kleinschreibung, auf die Formulierungen – z. B. keine Satzgefüge, sondern stichwortartiges Schreiben – und eine angemessene Wortwahl.

ÜBUNG 34: Kreiere deinen individuellen Blueprint-Lebenslauf

Wähle eine Vorlage (s. o.) aus und füttere die Daten in die Templates ein. Lege dir vorher alle relevanten Dokumente (Zeugnisse etc.) zurecht, damit du die Daten (Datumsangaben etc.) schnell und unkompliziert eintippen kannst. Für die frei zu wählenden Formulierungen benötigst du etwas mehr Zeit.

Folgend ist einer von vielen möglichen Lebenslauf-Varianten abgebildet, erstellt mit einer kostenlosen Internet-Vorlage. Die Einfügungen in der rechten Spalte in hellgrauer Schrift weisen darauf hin, dass hier deine persönlichen Daten eingepflegt werden müssen, Name, Studiengang, Ferien-Tätigkeiten usw. Es sind Beispiele für die Aspekte Persönlichkeit, EDV- und Sprachenkenntnisse gegeben (linke Spalte). Von der Farbwahl, dem Foto, der Spaltenaufteilung bis zu den persönlich passfähigen Angaben musst du den CV allerdings vollständig überarbeiten, damit dein individueller Blueprint-Lebenslauf entsteht. Hier ist also das Beispiel nur zur Orientierung gegeben:

Name

BACHELOR OF Studiengang

Adressdaten

INFO

Geburtsdatum:
Geburtsort:
Familienstand:

PERSÖNLICHKEIT

- motiviert
- zielstrebig
- kreativ
- kommunikativ
- organisiert

EDV-KENNTNISSE

MS-Office
Photoshop
InDesign
Social Media

SPRACHKENNTNISSE

Deutsch:	Muttersprache
Englisch:	verhandlungssicher
Spanisch:	Grundkenntnisse

INTERESSEN

Reisen Aquarell -Malerei Outdoor -Sport

SCHULISCHER WERDEGANG

BACHELOR-STUDIUM Studiengang
Hochschule für Name Hochschule
10/2019-06/2024
Schwerpunkte: Track o. Ä.

DUALES STUDIUM ggf. Erststudium
10/2019-06/2024
Schwerpunkt:

ALLGEMEINE HOCHSCHULREIFE
Gymnasium
z.B. Betriebswirtschaftlicher Zweig
Auslandserfahrung:
z.B. Austauschschüler oder Praktikum

BERUFLICHER WERDEGANG

Ferientätigkeiten
Diverse Tätigkeiten | 10/2019-06/2024

- z.B. Servicekraft Festspiele
- oder Nachhilfeunterricht
- oder Zeitung austragen

AUSBILDUNG ggf.
Betrieb
Datum
Ausbildungsbereich

ENGAGEMENT & EHRENAMT

- z.B. Tätigkeit im Pflegeheim
- oder bei der UN
- oder bei der Caritas

Ort, Datum
Unterschrift

Darstellung 2.7: Beispiel-Lebenslauf

Du hast nun einen sehr umfangreichen Teil für deinen Bewerbungsablauf geschafft. Deine Bewerbungsmappe ist erstellt. Nun solltest du dich auf anstehende Bewerbungsgespräche vorbereiten. Um dich auf die Arbeitswelt als Arbeitnehmer einstellen zu können und Erfahrungen vor den eigentlichen Bewerbungsgesprächen zu sammeln, empfiehlt sich die Auseinandersetzung mit bedeutenden Schlüsselthemen und Personen. Was damit gemeint ist, erfährst du im nächsten Kapitel.

8.4 Schlüsselthemen und Schlüsselpersonen beim Wechsel vom Studium in den Job: Erfolgs- und Karriere-Gespräche mit Gatekeepern, Networking-To-Dos und Open-Mindedness

In diesem Kapitel soll dir nahegelegt werden, dass du nicht unvorbereitet in deine anstehenden Bewerbungsgespräche (s. Kapitel 9) gehst. Was gibt es also zu tun? Du kannst dich mit Personen, Aufgaben und Einstellungen auseinandersetzen, die dich auf die Bewerbungsgespräche vorbereiten und diese ggf. erleichtern können. Hierfür kannst du in drei Richtungen denken und vorgehen:

- *Erfolgs- und Karrieregespräche mit Gatekeepern:*
  Hier solltest du dir zwei denkbare Personengruppen vorstellen und überlegen, wen du kennst, um mit derartigen Personen ein Informationsgespräch führen zu können:
  - Personen, die bei Entscheidungsprozessen eine wichtige Position innehaben. Hier kannst du z. B. an Personen im HR[127]-Bereich denken. Jene, die mit Bewerbungs- oder Einstellungsvorgängen beruflich zu tun haben. Du könntest beispielsweise erfragen, wie mit eingehenden Bewerbungen auf dem Postweg oder im Online-Verfahren umgegangen wird: Wer liest und sortiert die Unterlagen? Wer entscheidet, welche Personen eingeladen werden? Es ist immer hilfreich, wenn man die Abläufe kennt. So kann man z. B. gezielt Auskünfte einholen, etwa wenn du dich beworben hast und Nachfragen stellen möchtest.
  - Personen, die durch ihre Fähigkeiten oder Positionen die Möglichkeit/den Einfluss/„die Macht" haben, den Aufstieg von Menschen zu beein-

127 HR = Human Resources; gemeint sind hier Personen, die im Bereich Personalmanagement arbeiten.

flussen. Vielleicht kennst du oder jemand aus deiner Familie Unternehmer, die schon mehrfach Bewerbungen und Einstellungen durchgeführt haben. Es müssen nicht nur Selbstständige sein, auch Abteilungsleiter haben oftmals die Befugnis, über Einstellungen zu entscheiden. Bestenfalls sind das Personen aus der Branche, die dich interessiert. Dann kannst du deine Fragen gezielter stellen. Du könntest z. B. fragen: Worauf achten Sie bei einer eingehenden Bewerbung am meisten? Was sind für Sie die wichtigsten Punkte im Bewerbungsgespräch? Was sollte ich auf jeden Fall beachten – was auf keinen Fall tun? Usw.

– *Networking-To-Dos:*
  Reflektiere, über welche Kontakte du verfügst. Überlege dir, welches Networking für dich zukünftig beruflich und konkret für die Bewerbungsprozesse relevant sein könnte. Erwäge, in welche Richtung eine Intensivierung lohnend sein könnte. Möchtest du dich beruflich z. B. in der Wissenschaft etablieren, etwa in die Forschung gehen oder einen Lehrstuhl anstreben, so ist es ratsam, sich in dieser „Science Community" zu vernetzen. Dafür kannst du:
  - einerseits dein eigenes Kontaktnetzwerk bedenken: Freunde oder Studienkollegen anrufen, Treffen arrangieren etc. und „dich umhören"; Informationen beispielsweise über die Arbeit an Lehrstühlen als wissenschaftlicher Mitarbeiter oder in einer Forschungseinrichtung einholen: Wie arbeitet man dort? Welche Referenzen sind für die Bewerbung wichtig? Vielleicht hat eine Person aus deinem Netzwerk genau die gleichen beruflichen Interessen wie du, steht „an der gleichen Stelle" des Bewerbungsprozesses. Dann wäre es vermutlich befruchtend, wenn ihr euch gemeinsam informiert;
  - andererseits strategisch-kontinuierlich einen neuen Netzwerkaufbau betreiben. Also identifizierst du, in welche Richtung du Kontakte aufbauen möchtest. Dafür kannst du Veranstaltungen besuchen, z. B. bei der DFG (Deutsche Forschungsgemeinschaft). Die DFG führt Informationsveranstaltungen durch, bei denen man sich über Förderangebote für wissenschaftliche Karrieren informieren kann.[128] Bei derartigen Veranstaltungen ist eine ideale Möglichkeit für Gespräche und Networking gegeben. Zum Thema Netzwerke s. auch Kapitel 12.4.

---

128 https://www.dfg.de/de/foerderung/foerdermoeglichkeiten/wissenschaftliche-karriere/veranstaltungen [Stand: 05.03.2024].

– *Open-Mindedness:*
Deine Haltung überprüfen: Bist du bereit für den Schritt der Bewerbung? Wie aufgeschlossen bist du? Vielleicht bist du noch verhaftet in der Rolle des Studierenden oder andere Dinge erfordern deine Aufmerksamkeit und lenken dich von den Bewerbungsthemen zu sehr ab, so dass du dich nicht fokussieren kannst. Auch wenn dieser Punkt viel mit deiner inneren Einstellung zu tun hat, kannst du ebenso über diese Punkte z. B. mit Personen deines Vertrauens sprechen – du musst nicht alles mit dir selbst „klären".
  - Zum einen schaue auf deine innere Haltung. Bist du bereit, den Schritt der Bewerbung zu gehen? Möchtest du jetzt Arbeitnehmer werden? Bist du bereit, diese neue Rolle anzunehmen? Siehe hierfür auch Kapitel 6.2 zum Thema der Rollenänderung – vom Studierenden zum Arbeitnehmer – und beantworte dir ehrlich, ob nun der Zeitpunkt für Bewerbungen gut und richtig ist. Bist du aufgeschlossen (genug), (dazu)lernen zu wollen und eine neue Rolle anzunehmen? Oder benötigst du nun eine Pause, ein Gap Year, eine Reise o. ä.? Siehe hierfür auch Kapitel 1.4.
  - Zum anderen solltest du möglichst frei sein von in irgendeiner Art und Weise belastenden oder beeinflussenden Themen, die dir nicht ermöglichen, deine volle Konzentration und Aufmerksamkeit auf die Bewerbungsprozesse zu legen. Beispielsweise bist du gerade im Trennungsprozess in einer Partnerschaft. Dann solltest du schauen, ob du deine Bewerbung ein wenig „hinauszögern" kannst. Oder ein Umzug steht an, der dir viel abverlangt – Tragen, Behördengänge, Renovierungen – usw. Es wird dir sonst sicherlich schwerfallen, dich z. B. mit der Mission oder Strategie eines Unternehmens auseinanderzusetzen, weil deine Gedanken „belegt und nicht offen sind".

TIPP Die Gespräche können dir Hinweise und Tipps geben. Sie sind KEIN MUSS – aber oft sehr hilfreich! Da du Fragen möglichst unbefangen stellen können solltest, überlege, ob du Personen deines Vertrauens kennst oder in Frage kommende Personen über dein Bekannten-/Verwandten-Netzwerk rekrutieren kannst. Dann fallen dir die Gespräche sicher leichter, und du traust dich das zu fragen, was dich wirklich interessiert.

ÜBUNG 35: Reflektiere die drei Aspekte zu den Gatekeepern, Networking-To-Dos und Open-Mindedness

Dann erstelle eine Liste, was du umsetzen möchtest. Beachte Prioritäten, was du unmittelbar angehen möchtest und was strategisch wichtig, aber nicht jetzt sofort relevant ist. Du kannst hier das Eisenhower-Prinzip[129] – anstehende Aufgaben zu kategorisieren – anwenden und definieren: Kategorie A: wichtig und dringend; Kategorie B: wichtig, aber nicht dringend; Kategorie C: nicht wichtig, aber dringend; Kategorie D: weder wichtig noch dringend. Dann setze eins nach dem anderen und je nach Wichtigkeit/Relevanz um.

Im nächsten Kapitel wendest du dich nun dem Thema des Bewerbungsgesprächs zu. Es geht insbesondere darum, sich geeignet auf ein derartiges Gespräch vorzubereiten. Dafür kannst du vieles tun!

129 https://de.wikipedia.org/wiki/Eisenhower-Prinzip [Stand: 05.03.2024].

9 Der große Moment bedarf eines perfekt vorbereiteten Drehbuchs: die Inszenierung eines Bewerbungsgesprächs

9.1 Job-Interview: Erfolgreicher Auftritt – überzeugend und adressatengerecht agieren

Um ein Bewerbungsgespräch perfekt vorzubereiten, solltest du dich mit einigen zentralen Aspekten auseinandersetzen. Die Erstellung deiner Bewerbungsmappe hast du bereits erledigt (s. Kapitel 8), hier geht es nun um das Gespräch, deine Darstellung, deinen persönlichen und im Gespräch überzeugenden Auftritt. Bevor du dich beispielsweise mit Fragen des Interviewers auseinandersetzt, solltest du innehalten und noch einmal reflektieren, was die wesentlichen Punkte sind, die dich einzigartig machen und deine Qualifikationen verdeutlichen. Ebenso ist relevant, dass du deine Kenntnis über das Unternehmen und die Branche herausstellen kannst. Deswegen solltest du zunächst folgende Punkte noch einmal durchdeklinieren:

- Wie sieht nach dem Studium deine individuelle Kompetenzlandkarte aus (s. Kapitel 1.3 und 8.2)? Hiermit solltest du dich insofern intensiv beschäftigen, als erstens deine Kompetenzen nun im Überblick anders aussehen als vor dem Studium, und zweitens du geübt sein solltest, deine Qualifikationen und Kompetenzen nicht nur verschriftlichen, sondern auch mündlich darstellen zu können.
- Zu einem überzeugenden Auftritt gehört ebenfalls, deinen USP – oder mehrere – verständlich und gewinnbringend im Gespräch zu verdeutlichen, so dass dein Gegenüber auch der Meinung ist, dass du einzigartig bzw. sehr relevant für das Unternehmen sein könntest (s. Kapitel 8.2).
- Sehr wichtig ist die mündliche Präsentation der Kenntnisse über das Unternehmen, z. B. gekonnt Fragen zum Kenntnisstand etwa der Produkte o. ä. beantworten zu können.

Im Folgenden werden diese drei Aspekte weiter aufbereitet. Nimm aber bereits an dieser Stelle mit:

- Du kannst das Bewerbungsgespräch perfekt vorbereiten, wenn du die Hinweise in diesem Kapitel beachtest.
- Wenn du über dich sprichst bzw. Fragen beantwortest, stelle dir vor, du erzähltest eine Geschichte über dich, mit der Berücksichtigung von Betonungen, Pausen, Sprechtempo, Grammatik/Satzbau und passender Mimik/Gestik. Kompetenzen und Qualifikationen solltest du anhand von gut nachvollziehbaren Beispielen verdeutlichen, also alles „down to earth[130]" erklären, so dass der Zuhörer sich deine Person in seinem Unternehmen und Team vorstellen kann.

  Dann wirbst du geeignet für dich, es fällt dir leichter zu sprechen, zudem wirkt es spannender, du „nimmst deinen Zuhörer mit", und es bleibt viel mehr hängen, als wenn du abgehakt, gestelzt oder stammelnd über dich sprichst.

9.2 Ablauf von Bewerbungsgesprächen: drei Arten von Bewerbungsgesprächen – was wird dich erwarten?

Grundsätzlich unterscheidet man drei Arten von Bewerbungsgesprächen, die hier im Überblick mit den wesentlichen Charakteristiken beschrieben sind:

1. **Unstrukturiertes Interview**
   - *Interview-Stichworte und -Themen* sind gesteckt, jedoch nicht gemäß exakter Fragen; diese werden sporadisch aus dem Gesprächsverlauf heraus gestellt.
   - *Fragen* z. B. zu vier Themenbereichen: Motivation, Teamfähigkeit, Persönlichkeit, Belastbarkeit, aber auch Meinungen/Einstellungen, szenarienhafte Gesprächselemente.
   - *Zeitumfang:* ca. 1 Stunde.
   - *Nachteil für Interviewer:* Direkte Vergleiche von Kandidaten schwer möglich, da übereinstimmendes Fragengerüst fehlt; die Herausforderung besteht im Zuhören, um jeden Bewerber möglichst gut kennenzulernen. Zudem muss der Interviewer fähig sein, spontan reagieren zu können.
   - *Vorteil für Bewerber:* Es herrscht zumeist eine lockere Atmosphäre, die die Situation „erträglicher" erscheinen lässt. Du kannst dir zudem im Vorfeld zurechtlegen, was du erfragen möchtest, und bringst dies an

130 d. h. unkompliziert und nachvollziehbar.

geeigneten Stellen im Gesprächsverlauf ein. Überdies ist dir die Möglichkeit gegeben, durch dein Interagieren das Gespräch mitzulenken.

2. **Teilstrukturiertes Interview**
   - *Interview* wird nach vorab grob definierten Themen und Strukturen arrangiert; es folgt dem Prinzip: obligatorische Hauptgebiete werden durchgegangen. Oft ist ein Interviewleitfaden mit einer offenen Liste gegeben.
   - *Fragen* z. B. zu vier Themenbereichen: Motivation, Teamfähigkeit, Persönlichkeit, Belastbarkeit, zudem denkbar zu CV/Abschlüssen etc.
   - *Zeitumfang:* ca. 1 Stunde.
   - *Vorteil Interviewer und Bewerber:* Rückfragen nach Ermessen beiderseits möglich.
   - *Vorteil Interviewer:* Vergleich von Kandidaten und flexible Gesprächsführung möglich.
   - *Vorteil Bewerber:* Bewerber kann sich ins Gespräch einbringen, z. B. Rückfragen stellen oder bestimmte Ausführungen anbieten.
3. **Vollstrukturiertes Interview**
   - *Interview* folgt einem exakten Fragenkatalog und einer fixierten Anzahl und Struktur sowie einer zumeist limitierten Zeiteinheit; es gibt keine Möglichkeit von Abweichungen des Schemas.
   - *Fragen* z. B. zu vier Themenbereichen: Motivation, Teamfähigkeit, Persönlichkeit, Belastbarkeit.
   - *Zeitumfang:* ca. 45–60 Minuten.
   - *Vorteil Interviewer:* stringente und effiziente Interviewführung mit guten Vergleichsmöglichkeiten der Bewerber.
   - *Nachteil Bewerber:* Interview wirkt wenig empathisch, teilweise wie ein „Verhör"; keine Möglichkeit, Fragen etc. einzubringen.
   - *Vorteil Bewerber:* Zumeist kann man sich gut auf die Fragen vorbereiten.

Es können auch Mischvarianten vorkommen, dann ist das Interview oftmals in zwei Teile gegliedert. Denkbar ist auch, dass dann auf der Interviewer- Seite Personen wechseln. Bedenke: Wirst du zu einem Zweitgespräch eingeladen, kann dieses anders strukturiert sein als das erste (s. Kapitel 9.5).

TIPP Es ist legitim, sich im Vorfeld beim Unternehmen freundlich zu erkundigen, ob es etwas gibt, was du im Zuge der Vorbereitung des Bewerbungsgesprächs beachten oder vorbereiten kannst. Hier wäre dann auch die Möglichkeit gegeben, zu fragen, welche Art des Bewerbungsgesprächs dich erwartet.

Möchtest du dich auf ein Bewerbungsgespräch auf Englisch vorbereiten, so ist das Wichtigste, sich sprachlich gut ausdrücken zu können: zu deinem CV, zu deinen Motivationen und Kompetenzen, zu Fragen das Unternehmen betreffend usw. Dafür solltest du die relevanten Vokabeln beherrschen. Hier ist zweierlei Vorbereitung gefragt: zum einen die Vorbereitung auf ein Jobinterview, zum anderen mit Fachvokabular in Englisch aufwarten zu können. Weitere Tipps kannst du beispielsweise in Lernvideos nachschauen.[131]

Die meisten Bewerbungsgespräche – vorwiegend des unstrukturierten und teilstrukturierten Interviews – folgen einem Duktus, auf den du dich gut einstellen kannst. In der Regel sind es folgende fünf Gesprächsparts: Begrüßung, Kennenlernen, Selbstpräsentation, Rückfragen, Abschluss. Hier sind die relevanten Steps in einem Ablaufschema mit ihren jeweiligen Inhalten/Vorgängen dargestellt:

Darstellung 2.8: Ablauf von Bewerbungsgesprächen – 5 Gesprächsparts

131 https://www.bing.com/videos/riverview/relatedvideo?&q=Bewerbungsgespr%c3%a4che+f%c3%b-chren&&mid=06BE4C1BF88B9249515606BE4C1BF88B92495156&&FORM=VRDGAR [Stand: 05.03.2024].

ÜBUNG 36: Mache dich mit diesen drei Arten von Bewerbungsgesprächen und Interview-Szenarien vertraut

Du kannst zu den drei Arten eines Bewerbungsgesprächs verschiedene Videos online anschauen,[132] auch Tipps von Experten zu Bewerbungsgesprächen für Jobanfänger[133] oder die 10 häufigsten Fragen im Bewerbungsgespräch.[134]

Fragen sind die zentralen Elemente in einem Bewerbungsgespräch.

Im folgenden Kapitel kannst du nachlesen, welche Arten von Fragen dich erwarten können. Und du erfährst, wie du selbst Fragen gekonnt ins Gespräch einbringst. Darüber hinaus, wie du auf Fragen reagierst, die eigentlich nicht Teil eines Bewerbungsgesprächs sein sollten (No-Go- und Fangfragen).

9.3 Du wirst gefragt werden – aber was? Es gibt Frage-Kategorien, die du gut vorbereiten kannst!

Wenn du dich für einen Erst-Job nach dem Studium bewirbst, stellen Interviewer gerne Fragen, die sich auf die Schul- und Studienzeit sowie auf familiäre Aspekte beziehen. Sie zielen darauf ab, dich „vorberuflich" besser kennenzulernen. Folgend sind einige Beispiele aufgelistet:

Spezifische Fragen für Berufsanfänger

- Welches waren Ihre Lieblingsfächer in der Schule? Was hat Sie daran fasziniert?
- In welchen Fächern hatten Sie Schwierigkeiten? Kennen Sie heute die Hintergründe dafür?
- Was waren die Gründe für schlechte Schulnoten? Was haben Sie unternommen, um sich zu verbessern?
- Was hat Ihnen geholfen, gute Noten zu erzielen? Mehr lernen, Lernen in Lerngruppen oder vielleicht Nachhilfe?

132 z. B.: https://www.bing.com/videos/riverview/relatedvideo?&q=strukturiertes+interview&&mid=B63F959BA5B43F7B5625B63F959BA5B43F7B5625&&FORM=VRDGAR [Stand: 05.03.2024].

133 https://www.bing.com/videos/riverview/relatedvideo?&q=Bewerbungsgespr%c3%a4che+f%c3%bchren&&mid=AAF43C72B02DC6CD90F5AAF43C72B02DC6CD90F5&&FORM=VRDGAR [Stand: 05.03.2024].

134 https://www.bing.com/videos/riverview/relatedvideo?&q=Bewerbungsgespr%c3%a4che+f%c3%bchren&&mid=295864617A629E90906A295864617A629E90906A&&FORM=VRDGAR [Stand: 05.03.2024].

- Welches Verhältnis hatten Sie zu Ihren Mitschülern? Gab es eine gute Klassengemeinschaft?
- Wie kamen Sie mit den Lehrern aus? Welchen Typus Lehrer mochten Sie besonders gerne – wen nicht? Woran lag das?
- Haben Sie neben dem Studium gejobbt oder ein Praktikum gemacht? Was hat Ihnen daran gefallen? Haben Sie während Ihres Studiums noch andere Aktivitäten verfolgt?
- Haben Sie Geschwister?
  Was machen Ihre Eltern und Geschwister beruflich?
  Wie ist das Verhältnis zu Ihren Eltern und Geschwistern?
- Was hat Ihnen Ihr Studium für Ihr Berufsleben gebracht? Welche Inhalte wollen Sie im Job verfolgen?
- Wohnen Sie noch zu Hause?
  Seit wann stehen Sie auf eigenen Beinen?

Das sind Beispiele, die Fragen können auch anders formuliert sein. Hier soll verdeutlicht werden, dass derartige Fragen gestellt werden könnten – aber nicht unbedingt Teil eines Jobinterviews sein müssen.

Auf den nächsten Seiten werden weitere Fragen-Beispiele aufgelistet. Teilweise beziehen sie sich auf bereits vorhandene Berufserfahrung. Du kannst dir jene herausfiltern, die für dich in Frage kommen. Wo es passt, sind die Fragen mit Beispielen und Erläuterungen bzw. Verdeutlichungs-Fragen kommentiert. Du kannst die Antworten proben, indem du auf der Grundlage deiner Kompetenzlandkarte (s. Kapitel 1.3) und deines CVs (s. Kapitel 8.3) Antworten trainierst. Denke auch an das Stadium der „unbewussten Kompetenz“ (s. Kapitel 5.2) zum Erlernen der Antworten: Je intensiver Antworten geübt wurden, umso besser gelingt ein Bewerbungsgespräch.

Fragen von Interviewern zum Unternehmen

- Welchen Eindruck haben Sie von unserem Unternehmen? Wie nehmen Sie uns wahr? Z. B. progressiv? Traditionsbewusst? Innovativ?
- Was wissen Sie bereits über unsere Firma? Z. B. ob gerade expandiert wird?
- Was wissen Sie bereits über unsere Branche? Z. B. jene im IT-Bereich bzgl. der Überlegungen, KI[135] stärker in die Unternehmen zu integrieren, etwa in der Kombination von Technik und Talenten?

135 KI = Künstliche Intelligenz.

- Kennen Sie unsere Produkte/Dienstleistungen? Welche finden Sie spannend? Was glauben Sie, welche werden zukünftig Veränderungen unterliegen?
- Kennen Sie unsere Innovationsprodukte? Wissen Sie auch, wie der Wettbewerb hier aufgestellt ist?
- Welcher unserer Geschäftsbereiche ist aus Ihrer Sicht der erfolgreichste? Warum sehen Sie das so?
- Wie viele Mitarbeiter beschäftigen wir? Am Standort/in Deutschland/in Europa/weltweit?
- Kennen Sie unsere Unternehmensstandorte? In Deutschland/Europa/weltweit?

Fragen von Interviewern zu den Softskills

- Wie wirken Sie Ihrer Meinung nach auf andere? Wie würden Ihre Freunde Sie beschreiben? Was sagen Berufskollegen über Sie? Sind Sie z. B. kommunikationsstark?
- Wie organisieren Sie sich in Ihrer Arbeit? Welche Methoden sind Ihnen wichtig? Können Sie das genauer beschreiben?
- Für was waren Sie in Ihrem alten Job verantwortlich? Was glauben Sie, wofür Sie in Zukunft bei uns verantwortlich sein könnten? Liegt Ihnen zum Beispiel Konfliktmanagement? Oder das Sprechen vor Gruppen?
- Welche Fähigkeiten sind für diese Position, auf die Sie sich bewerben, Ihrer Meinung nach besonders wichtig? Z. B. Führungskompetenz oder Entscheidungsfreudigkeit?
- Wie gehen Sie mit Misserfolgen im Beruf um? Können Sie das an einem Beispiel verdeutlichen?
- Was sind Ihre Stärken? Können Sie ein Beispiel aus der Praxis anführen?
- Was sind Ihre Schwächen? Können Sie ein Beispiel aus der Praxis anführen?

Fragen von Interviewern zum Stellenprofil

- Welche Qualifikationen besitzen Sie für diese Stelle? Was macht genau Sie zum richtigen Kandidaten für diesen Job?
- Warum sind Sie für diese Position besonders geeignet? Können Sie einen USP für die betreffende Stelle ausweisen?
- Wieso haben Sie Ihren Werdegang bisher so gestaltet? Meinen Sie, dass Ihr bisheriger CV die Anforderungen für diese Stelle erfüllt?
- Wieso haben Sie das Fach ... studiert und dann den Studiengang/die Hochschule gewechselt? Was waren die Motive oder Beweggründe?

- Was interessiert Sie an dieser Stelle am meisten? Nennen Sie drei Kriterien.
- Woran erkennt man den roten Faden in Ihrem CV? Was lässt erkennen, dass Sie einem Ziel gefolgt sind?
- Was sind Ihre größten Stärken für diesen Job? Stellen Sie das an einem Beispiel dar.
- Warum sollten wir genau Sie einstellen? Nennen Sie uns DEN Top-Grund.

Fragen von Interviewern zu Ihrem Erfolgswillen

- Auf welche Herausforderungen freuen Sie sich? Was ist eine gern angenommene Challenge für Sie?
- Warum motiviert Sie der neue Job? Worin sehen Sie die Hauptmotivation?
- Wie motivieren Sie sich für Ihre täglichen Aufgaben? Oder: Wie schützen Sie sich vor Langeweile?
- Was erhoffen Sie sich von der (neuen) Stelle? Worin würden Sie Ihren Erfolg bestätigt sehen, wenn Sie die Stelle ausführen würden?
- Welche Ziele nehmen Sie sich für die ersten drei Monate vor? Bitte so genau wie möglich formulieren.
- Was möchten Sie in einem Jahr im Job erreicht haben? Beschreiben Sie Ihr Erfolgs-Szenario.
- Welche langfristigen Ziele verfolgen Sie? Sehen Sie sich auf längere Zeit bei uns im Unternehmen? Welche langfristigen Erfolge sehen Sie?
- Wie können wir Sie als Arbeitgeber besonders gut in Ihrer Entwicklung unterstützen? Was motiviert Sie?

Fragen von Interviewern zu Ihrem Organisationstalent

- Wie organisieren/strukturieren Sie Ihren Arbeitsalltag? Welche Organisation hilft Ihnen, den Überblick zu behalten?
- Wie stellen Sie sicher, dass Ihre Erfolge keine Zufallsprodukte sind? Welche Schritte befolgen Sie? Haben Sie einen bestimmten Plan?
- Wie behalten Sie den Überblick über unerledigte Aufgaben? Es sollte Ihnen nichts „durchrutschen“ – wie verhindern Sie das?
- Wie gehen Sie bei der Priorisierung von Aufgaben vor? Manchmal erscheint alles gleich wichtig – wie können Sie alles im Blick haben?
- Wie haben Sie sich auf das heutige Vorstellungsgespräch vorbereitet? Welche Aspekte waren Ihnen wichtig?
- Wie gehen Sie bei der Planung von umfangreichen Projekten vor? Erstellen Sie einen Projektplan? Erläutern Sie das an einem Beispiel.

- Wie schätzen Sie Ihre Organisationsfähigkeit ein? Gut – mittel – verbesserungswürdig? Missglückt Ihnen schon einmal etwas? Analysieren Sie dann, woran es gelegen hat?
- Wie gehen Sie damit um, wenn Sie mehr zu tun haben, als Sie schaffen können?

Fragen von Interviewern zu Ihrem Ehrgeiz
- Auf welche Erfolge im Job sind Sie besonders stolz? Schildern Sie den Erfolgsmoment bzw. Ihren genauen Anteil an dem Erfolg.
- Was mögen Sie an Ihrer bisherigen Arbeit am liebsten?/Was glauben Sie, was Sie hier am meisten mögen werden?
- Welchen Part Ihrer bisherigen Arbeit mögen Sie nicht?/Was, glauben Sie, wird Ihnen hier tendenziell nicht so sehr gefallen?
- In welchen Themenbereichen möchten Sie sich gerne fortbilden? Worin sehen Sie Ergänzungen zu Ihren Fähigkeiten? Was sind neue Bereiche?
- Wenn Sie die Möglichkeit hätten, etwas zum Positiven zu verändern, was würden Sie dann an Ihrem bisherigen Job verbessern?
- Woran haben Sie bei der Arbeit besonders große Freude? Was spornt Sie zu Höchstleistungen an?
- Welche Ziele haben Sie für Ihre berufliche Entwicklung? Worin möchten Sie Ihren ganzen Ehrgeiz legen?
- Wen sehen Sie in Ihrem bisherigen Job als Konkurrenten an?/Wen sehen Sie als Ihren potenziellen Konkurrenten an („Typ Mensch“)?

Alle hier aufgelisteten Fragen verstehen sich als Beispiele. Es ist sehr unterschiedlich, welche und wie viele Fragen an dich gestellt werden können.

Aber indem du die einzelnen Fragen durchgehst und dir Antworten zurechtlegst, bist du für das Bewerbungsgespräch gut vorbereitet.

ÜBUNG 37: Trainiere, auf Fragen der Interviewer angemessen und korrekt antworten zu können

Wenn du auf diese Fragen vorbereitet bist, können sie dich im Bewerbungsgespräch nicht „erschrecken“ oder „irritieren“. Du fühlst dich sicher und performst entsprechend.

1. *Markiere in den jeweiligen Kategorien jene Fragen, die auf dich zutreffen.*
2. *Stelle sie in einer Übersicht zusammen (neues Dokument).*

3. Schreibe zunächst in Stichworten die jeweilig passenden Antworten auf. Dafür konzentrierst du dich auf:
- *deine Kompetenzlandkarte, die du mit Beispielen erläutern können solltest (s. Kapitel 1.3),*
- *deinen CV, damit du deinen Werdegang auswendig und ansprechend schildern (s. Kapitel 8.3) und ebenfalls beispielhaft erklären kannst,*
- *ggf. bereits gemachte berufliche Erfahrungen in kurzen Schilderungen mit den wesentlichen Essentials und gut vorstellbaren Beispielen.*

TIPP Lerne über dich wie in einer spannenden Darstellung oder Geschichte zu erzählen. Vergegenwärtige dir, was es ausmacht, dass man gerne zuhört: z. B. mit Betonung sprechen, bildliche Sprache und Beispiele einfügen, Spannungsbögen aufbauen usw. Es gibt drei gut funktionierende Möglichkeiten, seine Selbstdarstellung zu trainieren:
1. Nimm dich auf Video auf, etwa mit deinem Smartphone.
2. Erzähle einer Person deines Vertrauens „die Geschichte über dich".
3. Stelle dich vor den Spiegel und schaue dir *live* zu, wie du berichtest (s. Kapitel 1.1 und 1.3).

Die hier formulierten Tipps gelten ebenso für Kapitel 9.4, 9.5 und 9.6.

In einem Bewerbungsgespräch werden dir in deiner Rolle als Bewerber die meisten Fragen gestellt. Es gibt aber auch die Möglichkeit bzw. den Rat, dass du als Bewerber ebenfalls Fragen an die Interviewer stellen solltest. Darum geht es im anschließenden Kapitel.

9.4 Rollenwechsel parat haben: Bewerberfragen an den Interviewer

Du denkst vielleicht, dass es ungewöhnlich ist, dass du als Bewerber auch Fragen stellen solltest. Tatsächlich ist es schlau, sich Fragen zurechtzulegen. Warum ist das so? Es wird von dir erwartet, dass du dich hinreichend mit der Stelle und dem Unternehmen beschäftigt hast. Durch diese Auseinandersetzung mit der Bewerbung und den Rahmenbedingungen kommen ganz sicher Fragen auf, die dir durch das Anschauen der Homepage oder die Stellenausschreibung nicht hinreichend beantwortet werden. Deswegen ist es „normal" und gilt als Ausweis einer guten Vorbereitung, wenn du gezielt gut durchdachte Fragen stellst. Es kennzeichnet auch dein wahres Interesse an der Stelle und für den Arbeitgeber. Zudem erfährst du mehr über Personen, Strukturen o. ä., als wenn du nicht fragen würdest. Bereite dich also auch auf diesen Part in einem Bewerbungsgespräch vor. Folgend sind Beispiele für adäquate Fragen genannt:

Fragen vom Bewerber an den Interviewer zu allgemeinen Themen

- Mit wem werde ich zusammenarbeiten? Bezogen auf die Abteilung, ein Team, ein Projekt o. ä.?
- Wie regelmäßig findet ein Austausch innerhalb der Abteilung statt? Gibt es einen Jour fixe[136]?
- Wie viele Kollegen arbeiten in meinem zukünftigen Team/Abteilung?
- An wen werde ich berichten/Wie sieht meine *reporting line*[137] aus?
- *Bei einer Führungsposition:* Welche Kollegen werden mir unterstellt sein, disziplinarisch[138] und/oder fachlich[139]?
- Was zeichnet Ihre besten Mitarbeiter aus? Wie würden Sie Ihren Erfolgsmitarbeiter beschreiben?
- Wie würden Sie die Atmosphäre im Team beschreiben?
- Wie lange sind meine zukünftigen Kollegen schon im Unternehmen beschäftigt?
- Wo werde ich eingesetzt werden (Standort)?
- Wer aus dem Team wird mich bei der Einarbeitung unterstützen? An wen kann ich mich auch schon vor meiner Startzeit wenden, wenn Fragen aufkommen sollten?
- Unternehmen die Kollegen auch in der Freizeit etwas miteinander? Wie sieht das aus?

Fragen vom Bewerber an den Interviewer – Thema „Anforderungen"

- Welches Fachwissen sollte ich mir für diese Tätigkeit (noch) aneignen? Was empfehlen Sie mir?
- Welche sonstigen Qualifikationen, die nicht in der Ausschreibung genannt wurden, sind Ihnen zusätzlich noch wichtig?

---

136 Ein fest vereinbarter Termin des Austausches für zwei oder mehr Personen bzw. eine Gruppe. Dieser Termin ist regelmäßig wiederkehrend, z. B. alle vierzehn Tage oder jeden ersten Montag im Monat.

137 Mit der *reporting line* ist festgelegt, was du an wen und wann bzw. wie regelmäßig berichtest, z. B. Unternehmenskennzahlen oder Projektfortschritte.

138 Mitarbeiterführung/-steuerung.

139 z. B. Projektleitung und ohne disziplinarische Leitungsfunktion.

- Welche Stärken sollte ein Bewerber Ihrer Meinung nach für diese Position mitbringen?
- Welche Charaktereigenschaften sind wichtig, um in das Team zu passen?
- Was müsste der optimale Mitarbeiter für diese Position mitbringen? Können Sie mir die wichtigsten Aspekte nennen?
- *Sofern über eine Nachfolge gesprochen wird:* Was sollte ich besser machen als mein Vorgänger? Welche Zielvorgaben habe ich für die ersten Monate/das erste Jahr? Welche Mittel/Wege/Unterstützungen ... sind mir gegeben, um dieses Ziel zu erreichen?
- Was kann ich tun, um mich ideal auf den Arbeitsbeginn vorzubereiten? Was sehen Sie als Wichtigstes an?

ÜBUNG 38: Übe Bewerberfragen an den Interviewer zu stellen – nach dem gleichen Muster wie in der Übung 37 beschrieben

TIPP Es ist normal, dass es dir zunächst ungewöhnlich erscheint, dass du als Bewerber Fragen an den Interviewer stellen kannst und sollst. Es kommt hier auf die passenden Fragen an:

1. die richtige Anzahl – etwa 3 Fragen parat haben,
2. die Güte bzw. Qualität der Fragen – Interesse, Vorbereitung und Informiertheit zeigen,

dann ist es gut und richtig.

Im nächsten Kapitel kannst du nachlesen, wie du dich überzeugend darstellst, deine Kompetenzen geeignet in Szene setzt und für dich als „perfekten Stelleninhaber" wirbst. Vergiss nicht: In dem Wort Bewerbungsgespräch ist die Bedeutung „werben" enthalten. Du wirbst also für dich, damit du den Stellenzuschlag erhältst. Bleib bei der Wahrheit, aber übe, dich geeignet und bestmöglich darzustellen.

9.5 Kompetenzen in Szene setzen – für die Persönlichkeit werben: Von Fachwissen über Soft Skills zu Hobbys und Ehrenämtern

Im Bewerbungsgespräch möchtest du dein Gegenüber von dir überzeugen. Dafür solltest du dir überlegen, in welcher Art und Weise du über dich, die

Stelle und das Unternehmen sprichst, damit du als der beste Stellenkandidat angesehen wirst.

Übe deswegen, überzeugend zu sein in Sprache und Gesamtauftritt

- *Zeige deine Individualität*
  - Vermeide Worthülsen und Floskeln; achte auf deinen Sprachstil.
  - Der Interviewer ist interessiert daran, „das Individuum hinter der Bewerbung kennenzulernen“. Von der schriftlichen Bewerbung her kennt er dich, nun möchte er den Menschen mit seinem spezifischen Fach- oder Methodenwissen testen, die im Gespräch zu erlebenden Soft Skills beobachten und kennenlernen, Hobbys hinterfragen und vielleicht interessante Aspekte eines Ehrenamtes erläutert bekommen.
  - Bleibe dir selbst treu, aber nutze das Gespräch als Bühne für deine Selbstdarstellung.
- *Sei prägnant & strukturiert*
  - Wenn du etwas ausführst oder auf eine Frage antwortest, rede nicht „in epischer Breite“. Das kann den Interviewer langweilen oder überfordern. Übe, deinen USP interessant herauszustellen oder passfähige Beispiele auf Fragen parat zu haben. Versuche stets alles „auf den Punkt zu bringen“. Dafür übe, strukturiert zu sprechen. Folge einem eingeübten Konzept der Selbstdarstellung.
  - Als Faustregel gilt: nicht mehr als 2 Min. Redezeit am Stück durch dich als Bewerber. Trainiere deswegen, wie du ein großartiges Beispiel deines Erfolges in 120 Sekunden plausibel beschreiben kannst.
- *Bleibe authentisch & glaubwürdig*
  - Wenn es um die Darstellung und Erläuterung deines Werdegangs geht, rede flüssig, abwechslungsreich (vermeide Wiederholungen) und flechte Beispiele ein.
  - Denke an das Selbstmarketing, aber übertreibe nicht. Erzähle auch keine Unwahrheiten. So verführerisch das sein mag, Lügen hatten schon immer „kurze Beine“. Und dann ist es mehr als unangenehm, ertappt zu werden.
- *Präsentiere Differenziertheit*
  - Biete dem Fragenden verschiedene Aspekte als Antwort an – diese müssen sich nicht widersprechen! – bzw. sei reflektiert in deiner Antwort. Oftmals werden Fragen gestellt, die nicht mit Ja oder Nein zu beantworten sind, sondern man erwartet eine durchdachte Antwort von dir.

  - Antworte nicht zu hektisch. Vermeide „Schnellschüsse". Was gesagt ist, kannst du nicht wieder zurücknehmen. Besser ist, einmal tief durchzuatmen, sich kurz zu sammeln und dann eine Antwort zu geben. Diese drei bis fünf Sekunden verschaffen deinem Gehirn Zeit für eine Antwortformulierung, und dem Gegenüber fällt nicht auf, dass eine kleine Pause eingetreten ist.
- *Setze adressatengerechte Antworten um*
  - Indem du aufmerksam zuhörst, erahnst du, in welche Richtung ein Gespräch geht bzw. was dein Gegenüber von dir erfahren/hören möchte. Und diese Antwort solltest du erkennen und dann ausformulieren. Achte darauf, dass sie ausführlich genug, jedoch nicht zu ausufernd ist. Wenn du tatsächlich noch sehr viel mehr und in deinen Augen Wichtiges zu sagen hättest, bereits aber schon mehr als zwei Minuten gesprochen hast, so frage den Interviewer, ob du den Aspekt noch weiter ausführen kannst oder die Frage bereits hinreichend beantwortet ist. So fühlt sich der Interviewer in seiner Rolle als Fragen stellende Person bestätigt und respektiert.
  - Vermeide, auswendig gelernte Sätze „daherzureden". Die Antworten müssen adressatengerecht sein und eine tatsächliche Antwort beinhalten. Denke daran, kein „Papageien-Gerede" anzuwenden.

ÜBUNG 39: Deinen überzeugenden Auftritt als Bewerber einüben

So lautet die Aufgabe in dieser Übung. Warum ist hier von „Auftritt" die Rede? Weil du eine Bühne bespielen sollst, die Bühne des Bewerbungsgesprächs. Dadurch, dass du dich spezifisch in Sprache, Gestik und Mimik geben sollst, ist es wichtig, diesen Gesamtauftritt einzuüben. Verfahre dafür wie in der Übung 32 beschrieben.

TIPP „Bühne und Auftritt" erfordern dennoch Wahrheit und Authentizität von dir. Aber in einer Art und Weise, dass du auf dich aufmerksam machst und andere von deiner Person überzeugst.

Das Kapitel 9.6 zeigt dir auf, welche Fragen zu den „nicht erlaubten" bzw. Fangfragen zählen und wie du darauf reagieren kannst.

9.6 Dos und Don'ts, No-Gos und Fangfragen in der New Generation: Was gilt es zu beachten, um sich auch in unangenehmen Situationen geeignet verhalten zu können?

Eine gut formulierte Schlagfertigkeit kann hilfreich sein, in heiklen oder peinlichen Momenten „eine gute Figur" zu machen. Auch wenn es ist nicht wünschenswert bzw. sogar unzulässig ist, im Bewerbungsgespräch Fragen zu folgenden Themen gestellt zu bekommen,[140] solltest du vorbereitet sein, darauf adäquat reagieren zu können:

No-Go-Fragen zu Themen wie
- *Schwangerschaft/Kinderwunsch*
- *Heirat/Familienstand/Partnerschaft*
- *Gesundheit/Krankheit/Behinderung*
- *Ethische Herkunft/Rasse*
- *Religionsbekenntnis/Glaube*
- *Weltanschauung/politische Überzeugung*
- *Gewerkschafts-, Partei-, oder Vereinszugehörigkeit*
- *Schulden/persönliche Vermögensverhältnisse*
- *Vorstrafen*

Die Rechtsgrundlage hierfür bietet das **Gleichbehandlungsgesetz** (GlBG): „Ziel des Gesetzes ist, Benachteiligungen aus Gründen der Rasse oder wegen der ethnischen Herkunft, des Geschlechts, der Religion oder Weltanschauung, einer Behinderung, des Alters oder der sexuellen Identität zu verhindern oder zu beseitigen."[141] Aus diesem Grunde musst du No-Go-Fragen nicht beantworten bzw. kannst wie folgt parieren: Bleibe freundlich und sachlich. Reflektiere auch in der Situation, ob die Beantwortung der Frage eine hohe Relevanz für die Stellenauswahl hat. Grundsätzlich kannst du deinen Interviewer aber darauf aufmerksam machen, dass die gestellte Frage in den Bereich der nicht zulässigen Fragen fällt. Du kannst auch ohne Begründung die Antwort verweigern – das wäre aber unfreundlicher als basierend auf der Aussage, dass nach dem GlBG die Frage so nicht vorkommen sollte. Rechtlich ist es sogar

140 https://www.stepstone.at/Karriere-Bewerbungstipps/unzulassige-fragen-im-bewerbungsgesprach/ [Stand: 05.03.2024].

141 https://www.gesetze-im-internet.de/agg/BJNR189710006.html [Stand: 05.03.2024].

„erlaubt" zu lügen, wenn du befürchten müsstest, dass deine wahrheitsgemäße Antwort einen Nachteil für dich erbringen würde.

Achte also auf folgende beispielhafte und nicht zulässige Fragen.

Beispiele von No-Go-Fragen

- Sind Sie Single?
- Wie zufrieden sind Sie in Ihrer Partnerschaft/Ehe?
- Was arbeitet Ihr Partner/Mann (Beruf)?
- Sind Sie schwanger?
- Haben Sie (bald) einen Kinderwunsch?
- Liegt eine Behinderung vor?
- Haben Sie eine bestimmte Krankheit?
- Sind Sie sehr religiös?
- Gehen Sie sonntags in die Kirche?
- Gehören Sie einer Partei an?
- Welche Partei haben Sie zuletzt gewählt?
- Waren Sie schon einmal im Gefängnis?
- Wann wurden Sie das letzte Mal gewalttätig?
- Wie steht es um Ihr Sexualleben?
- Wofür geben Sie Ihr Geld aus?
- Sind Sie schon einmal verschuldet gewesen?

In einem solchen Fall halte kurz inne und reflektiere deine Antwort mit einer für dich infrage kommenden Antwortmöglichkeit. Dafür entscheide dich, ob du sachlich, humorvoll, ehrlich oder unehrlich antworten möchtest. Das hängt dann von deiner individuellen Situation ab.

Beispiele für situationsangemessen formulierte Antworten wären[142]*:*
Sachliche Antwort: „Ich habe zwar diesbezüglich nichts zu verbergen, finde aber nicht, dass Fragen, die in mein Privatleben eindringen, unbedingt in diesem Gespräch zu thematisieren sind." [Frage zum Thema Partnerschaft]

142 https://www.stepstone.at/Karriere-Bewerbungstipps/unzulassige-fragen-im-bewerbungsgesprach/ [Stand: 05.03.2024].

Humorvolle Antwort: „Ich wusste gar nicht, dass das eine Anforderung für diese Position ist. Habe ich diesen Punkt im Stelleninserat etwa unabsichtlich übersprungen?" [Frage z. B. zur politischen Überzeugung]
Ehrliche Antwort: „Momentan zwar nicht, aber in ein paar Jahren könnte es durchaus zum Thema werden." [Frage zum Thema Kinderwunsch]
Unehrliche Antwort: „Mir ist meine Karriere wichtiger als Kinder und daher stehen meine beruflichen Ziele bei mir an erster Stelle." [Frage zum Thema Kinderwunsch]

Fangfragen
Auch auf Fangfragen solltest du dich ebenso einstellen und trainieren, adäquate Antworten geben zu können. Dann überrumpeln dich die Fragen im Gespräch nicht, und du bist nicht gefordert, spontan ungeschickt zu antworten.

Hier sind Beispiele für Fangfragen und denkbare Antwort-Möglichkeiten gegeben. Online kannst du weitere und dazu gegebene Erklärungen nachlesen[143]:

Beispiele von Fangfragen und denkbaren Antworten
- **„Wenn Sie sich mit einem einzigen Wort beschreiben müssten, welches wäre das?"**
  Bedenke: Man kann eine Persönlichkeit nicht mit einem einzigen Wort beschreiben.
  Antwortmöglichkeit: Wähle ein positives Adjektiv aus, z. B. „zielstrebig" oder „teamfähig". Entscheide dich für eines, das zur Stelle und zum Unternehmen passt. Füge in einer lockeren Gesprächsatmosphäre hinzu: „Aber wir wissen, dass ein einziges Wort niemals die Vielfältigkeit eines Menschen beschreiben kann."
- **„Sie stecken in einem Aufzug in der 13. Etage fest. Um die Tür öffnen zu können, müssen Sie den richtigen Knopf von insgesamt 20 drücken. Sie haben nur einen Versuch. Was würden Sie tun?"**
  Bedenke: Hier geht es nicht um die Anzahl der Etagen oder Knöpfe, sondern das Eintreten einer Notsituation.
  Antwortmöglichkeit: „Der Notknopf erscheint mir als der sinnvollste aller Knöpfe."

143 https://karrierebibel.de/fangfragen-im-bewerbungsgespraech/ [Stand: 05.03.2024].

- **„Sind Sie eher der Anführer oder Ausführer?“**
  Bedenke: Kannst du überhaupt schon ein „Anführer“ sein, wenn du noch keine Führungserfahrung hast? Und ein „Ausführen“ erfolgt ohnehin bei jeder Tätigkeit. Hier ist wohl eher „Befehlsempfänger“ gemeint.
  Antwortmöglichkeit: „Ausführen tue ich immer das, was meine Aufgabe ist. Und Anführen würde ich gerne die Abteilung …“ oder „Und Anführen will gelernt sein – ich hoffe, das werde ich hier umsetzen können.“
- **„Führen Sie diesen Satz zu Ende: Wenn Sie das Wort Innovationen hören, …”**
  Bedenke: Bei sogenannten Brainteasern[144] geht es darum, dass du den Satz sinnvoll und interessant fortführst. In der Satzfortführung ist inhaltlich alles möglich. Von daher gibt es zunächst einmal kein Richtig oder Falsch. Auf jeden Fall solltest du aber den Bezug zum Unternehmen und zur Stelle in deine Antwort einbeziehen. Selbstbewusst wirkt zudem die Verwendung von Fachbegriffen.
  Antwortmöglichkeit: „ …, dann freue ich mich schon jetzt, wie ich in dem spannenden Projektteam die Innovation des Blockchain[145] mit voranbringen kann.“

Auch wenn du die Situation trainierst, so kann dich in der Realität immer eine Überraschung einholen. Sei es, dass die Frage sehr spezifisch ist oder die Zusammenhänge für dich nicht (sofort) erkennbar sind. Die Kunst liegt dann darin, dass du dir selbst folgendes Vorgehen verschreibst:

1. Sich kurz Zeit lassen mit der Antwort – 3 Sekunden – und dies gekonnt als „rhetorischen Kniff“ einsetzen. Du kannst in diesem Zuge auch deine Sitzposition verändern und deinen Blick von einem zum anderen Interviewer wandern lassen.
2. Sich selbst gut zureden: „Ich habe geübt, mit diesen Situationen umzugehen und werde nun etwas Passendes formulieren.“
3. Deine gelernten Antwort-Sätze und Reaktionen spontan und passend adaptiv anwenden. D. h. keine 1:1 auswendig gelernten Sätze wiedergeben, wenn sie nicht 100 % passend sind. Das langweilt/verwundert die Inter-

144 Brainteaser sollen dich kognitiv herausfordern und können z. B. auch Rätsel- oder Schätzfragen sein. Der Interviewer möchte etwas über deine Kreativität oder Denkmuster herausfinden. Überdies will er einschätzen können, wie du dich in unvorhergesehenen Situationen verhältst.

145 Blockchain meint eine Technologie, mit der sich Daten generell verwalten und vor Cyber-Attacken schützen lassen.

viewer. Sie könnten auch interpretieren, dass es etwas zu „wittern“ gibt, dass du z. B. nicht spontan agieren kannst oder etwas „zu verstecken“ hast.

4. Ehrlich bleiben mit einer „Prise Humor“.

ÜBUNG 40: Übe, dich auf No-Go-Fragen ebenso wie auf Fangfragen vorzubereiten

Gehe vor wie in den vorherigen Übungen bereits beschrieben. Je realistischer, desto besser, d. h. lasse dich von einer Person interviewen. Das Briefing sollte darin bestehen, die interviewende Person über oben beschriebene Inhalte zu informieren. Sie soll sich dann Fragen zurechtlegen. Im Anschluss könnt ihr besprechen, wie die Antworten auf die Person gewirkt haben und was sonst ggf. noch auffällig war, z. B. in Gestik oder Mimik. Eventuell wiederholst du die Übung dann – mit der gleichen Person oder einer anderen.

TIPP Bei No-Go- und Fangfragen nicht irritieren lassen. Ruhig und bedacht bleiben. Sich auf die 4 Schritte des Vorgehens konzentrieren.
Bzgl. No-Go-Fragen: Bedenke, dass es sein kann, dass dem Interviewer nicht bewusst ist, dass er unzulässige Fragen stellt. Du wirst „die Lage“ im Gespräch erkennen.

Das Kapitel 9.7 gibt dir weitere Tipps in Bezug auf Kleidung, Styling, Accessoires und zeigt dir dadurch auf, was es neben der Einübung von Antworten auf Fragen ebenfalls für das Bewerbungsgespräch selbst und die Zeit danach zu berücksichtigen gibt.

9.7 Wichtige Hinweise für das Bewerbungsgespräch und die Zeit danach

Zu der Vorbereitung deines Bewerbungsgesprächs zählt auch, sich über deine Kleidung, dein Styling und weitere Accessoires Gedanken zu machen.

Das Wichtigste: Ein gepflegtes Erscheinungsbild ist ein absolutes Muss! Du hinterlässt damit in den ersten 5–7 Sekunden des Aufeinandertreffens einen relevanten und bleibenden Eindruck beim Interviewer. Dein Gesamtstyling sendet als non-verbale Kommunikation Nachrichten aus. Sei dir dessen bewusst. Du wirst ernster genommen und strahlst eine Form von Kompetenz aus, wenn du angemessen gekleidet und gestylt bist. Hier erfährst du einige hilfreiche Tipps, du kannst dich darüber hinaus auch online erkundigen[146]:

Folgende Aspekte zur Kleidung solltest du reflektieren:
In welcher Kleidung fühlst du dich wohl? Es wäre nicht sinnvoll, dich in einem Anzug oder Kostüm zu präsentieren, wenn du dich darin vollständig unwohl fühlst und nicht „du selbst sein kannst". Dann wirst du negativ beeinflusst sein und zudem nicht authentisch wirken. Alternativen für den Mann wären eine Stoffhose oder eine feine Jeans mit Hemd und einem ansehnlichen Pullover oder Jackett. Für die Frau wäre eine Hose oder ein Rock/Kleid in Knielänge und eine schlichte Bluse oder ein qualitativ passendes Longsleeve, ggf. mit Strickjacke oder Blazer ebenso denkbar. Die Kleidung sollte nicht neu sein, sondern schon etwas eingetragen. Dann weißt du, wie sie sich anfühlt beim Sitzen, Gehen und Stehen. Das macht dich im Auftreten sicherer. Denn du sollst dich auf das Gespräch konzentrieren können und nicht von dem Sitz oder dem Tragegefühl deiner Kleidung abgelenkt sein. Zudem merkt dir dein Gegenüber an, ob du dich wohlfühlst. Bedenke auch, dass nichts zu eng/zu weit oder zu weit ausgeschnitten/zu hochgeschlossen sein sollte.

Bei der Farbwahl beachte, dass alles zueinander passen sollte, dass es nicht zu grell, aber auch nicht zu düster wirkt.

Nicht overdressed, sondern right-dressed.

- Gleiches wie für die Kleidung gilt auch für die Schuhe. Du solltest jene wählen, die unversehrt und sauber sind, aber nicht vollständig neu. Wähle dezente Farben, die zur Kleidung passen. Und du solltest in dem Schuhwerk gut laufen können. Ein zu hoher Absatz im Damenschuh beispielsweise könnte hinderlich sein: Stell dir vor, bei deinem Bewerbungsgespräch fällt ein Rundgang durch das Betriebsgelände an. Diesen solltest du ohne zu stolpern oder Schmerzen/Blasen an den Füßen überstehen können.
- Bedenke auch, ob die favorisierte Kleidung zum Job und Unternehmen passt.
- Erkundige dich und berücksichtige auf jeden Fall, ob es einen vorgeschriebenen Dresscode gibt, der bereits relevant für das Bewerbungsgespräch sein könnte. Das könntest du vorab auch erfragen (s. Kapitel 9.2).

146 https://www.stepstone.at/Karriere-Bewerbungstipps/dresscode-beim-bewerbungsgesprach/#-Schritt%203:%20Dresscode%20beim%20Bewerbungsgespr%C3%A4ch%20f%C3%BCr%20Mann%20und%20Frau [Stand: 05.03.2024].

Weiterhin bedenke, wie deine Frisur, dein Make-up, deine Fingernägel und dein Schmuck gestaltet sein sollten.

Folgende Aspekte zu deinem Styling solltest du reflektieren:
- *Dezent, gekonnt und ordentlich* lautet hier die Devise. Zu auffällig, zu wild oder zu viel solltest du vermeiden.
- Die Frisur kann – genauso wie die Kleidung – deinen Style und Typus unterstreichen, sollte aber geordnet frisiert und die Haare gewaschen sein.
- Das Make-up kann dazu genutzt werden, um einerseits ungewünschte Stellen zu kaschieren, andererseits bestimmte Gesichtszüge hervorzuheben. Für beide Beweggründe solltest du dezent agieren.
- Fingernägel sollten gepflegt, sauber und vor allem für Männer nicht zu lang sein. Frauen sollten bedenken, welche Länge/Form/Farbe dem Unternehmen und der Stelle entsprechen könnte. Dezent ist niemals verkehrt.
- Gleiches gilt für das Tragen von Schmuck.

Folgende Aspekte zu Accessoires solltest du reflektieren:
- Unterlagen, die du zum Bewerbungsgespräch mitnimmst, hast du geeigneterweise in einer Tasche geordnet dabei. Das zeigt deinem zukünftigen Arbeitgeber, dass du strukturiert agierst. Diese Signale speichert er bewusst oder unbewusst und überträgt deinen Umgang mit Materialien auf deine Handhabung von Dingen in seinem Unternehmen.

Vier weitere wichtige Hinweise kannst du überdies befolgen:
1. **Positive Einflüsse**
   In der Zeit vor deinem Bewerbungsgespräch solltest du dich mit positiven Dingen und Personen umgeben. Das hat Einfluss auf deine Grundstimmung. Vermeide deswegen zu viel Anstrengung oder negativ gestimmte Personen. Das tut dir nicht gut!
2. **Handzettel**
   Bedenke einen Handzettel zu erstellen, mit dem du dich geeignet vorbereiten kannst. Die wichtigsten Punkte für die Gesprächsverläufe, Fragen und Antworten, Formulierungen, dein Verhalten usw. sollte darauf zusammengestellt sein. Wiederhole die Punkte, um mehr Sicherheit zu erlangen. Insbesondere am Tag vor dem Bewerbungsgespräch „lerne“ alles noch einmal intensiv (s. auch Kapitel 3.4, Aspekt „Lernstrategien“).

3. **Zweitgespräch**
   Sofern du als Bewerber in die engere Wahl gekommen bist, solltest du dich auf ein Zweitgespräch vorbereiten:

Zunächst sei erfreut und sieh die Einladung als Bestätigung an, dass du alles richtig gemacht hast. Das Unternehmen findet Interesse an dir! Du bist nun ein Finalist, d. h. gleichzeitig, dass die Anforderungen an dich für das Zweitgespräch steigen können: Es kann ein anderer Personenkreis vorhanden sein, ein anderer/s Raum/Gebäude, eventuell musst du eine spezifische Frage oder Aufgabenstellung vorbereiten und präsentieren. Und im Gespräch selbst kann die Erledigung einer kleinen Fallstudie verlangt werden. *Folgende zehn Tipps solltest du berücksichtigen:*

1. **Begrüße** alle Anwesenden wiederum höflich, mit einem kräftigen Händedruck und nach Möglichkeit persönlich mit Namen.
2. **Schau** den Interviewern auch nun wieder stets in die Augen.
3. **Lächle** während des Vorstellungsgesprächs (kein Grinsen!).
4. **Spiele nicht** mit deinen Händen (kein Knibbeln oder Kneten).
5. Wenn du redest, kannst du hingegen **unterstützend gestikulieren** und deine Hände dezent und pointiert einsetzen.
6. Achte wiederum auf **angemessene Kleidung**, ziehe aber **nicht das Gleiche** an wie beim ersten Mal. Wandle deinen Look etwas ab. Das zeigt Flexibilität. Zudem hast du die Möglichkeit, dich noch einmal unterschiedlich zu präsentieren.
7. Beachte ebenfalls wieder die Punkte bzgl. **Frisur, Make-up, Fingernägeln, Schmuck und Accessoires**.
8. Stelle dich erneut auf **Fang- oder Stressfragen** ein.
9. Lege dir zwei bis drei spezifischere **Rückfragen** zurecht. Jetzt hast du bereits tiefere Kenntnisse durch das Erstgespräch, auf denen du deine Fragen aufbauen kannst.
10. Denke nicht „Hoffentlich ist es bald vorbei." – Das merkt man dir an. Versuche stattdessen auszustrahlen, dass dir das Zweitgespräch gefällt und du ein gutes Gefühl hast. Das überträgt sich auf die Interviewer.

4. Ein letzter Hinweis bezieht sich auf die **Zeit nach dem Bewerbungsgespräch** bzw. auf die Situation, solltest du eine Job-Zusage erhalten haben:

Wenn du dich bei mehr als dem einen Unternehmen beworben hast, von dem du eine Zusage erhalten hast, so informiere die anderen Stellen. Das solltest du aus zweierlei Gründen tun.

Erstens, weil zu dem aktuellen Zeitpunkt deine Bewerbung dort geschlossen werden kann. Das „gehört zum guten Ton".

Zweitens, weil du dich bei anderen Unternehmen dadurch interessanter machst als zuvor. Sie registrieren, dass du woanders eine Zusage erhalten hast, was sie als „ein guter Kandidat" interpretieren. Das kann ggf. dazu führen, dass du als ein potenzieller Abwerbekandidat gespeichert wirst. D.h. sollte eines der anderen Unternehmen eine erneute Vakanz ausweisen, kontaktiert man dich vielleicht mit einem Abwerbeangebot. In diesem Rahmen wärst du in der Position, entscheiden zu können, was maßgeblich für deine Stellung und dein Gehalt sein kann – du bist also stärker in einer Forderungshaltung als vormals, als du dich zuerst beworben hattest.

ÜBUNG 41: Stelle dir ein Gesamt-Outfit zusammen

Übertrage dein Vorgehen wie du es bei den zuvor beschriebenen Übungen im Kapitel 9 gehandhabt hast – also eine Simulation eines Bewerbungsgesprächs. So kannst du möglichst authentisch die Situation nachahmen. Solltest du feststellen, dass sich dein vorerst ausgewähltes Gesamt-Outfit nicht angenehm anfühlt, nimmst du Änderungen vor und testest erneut, wie sich das neue Styling in einer Bewerbungsgesprächs-Situation anfühlt.

TIPP Zwar ist ein Bewerbungsgespräch eine förmliche Angelegenheit, dennoch solltest du jene Kleidung bzw. das Styling wählen, womit du dich wohlfühlst und welches deinen Typus unterstreicht. Dann wirkst du am besten und kannst am ehesten überzeugen.

In einer Mindmap siehst du hier noch einmal im Überblick, was die relevanten Aspekte für die Vorbereitung von Bewerbungsgesprächen sind:

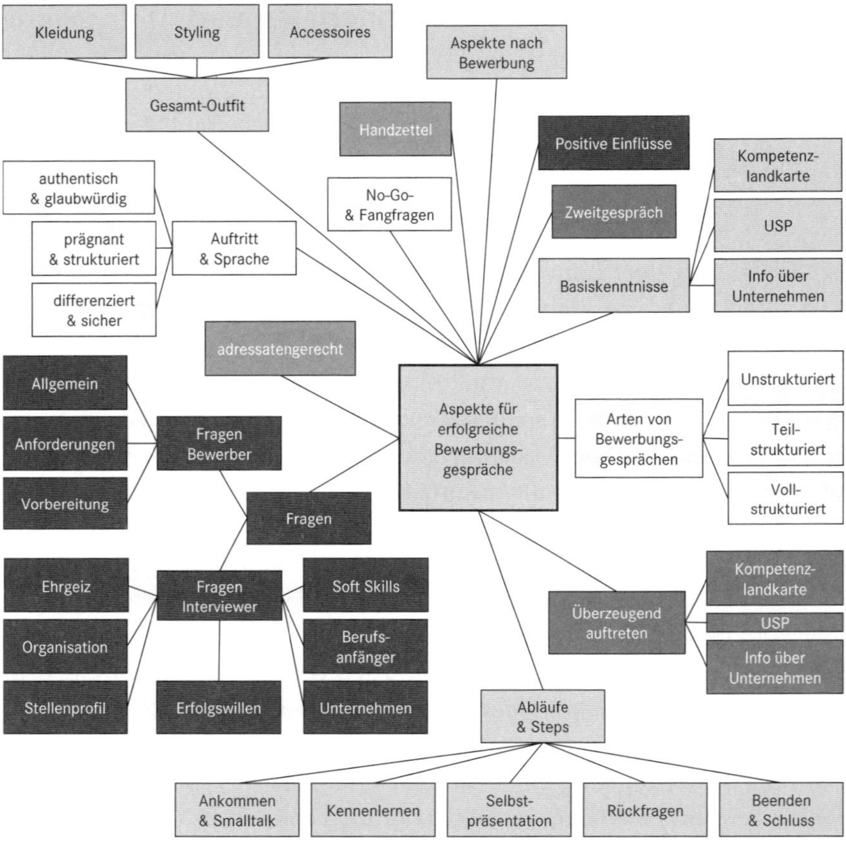

Darstellung 2.9: Mindmap mit Aspekten für erfolgreiche Bewerbungsgespräche

Das Kapitel 10 gibt dir hilfreiche Hinweise, falls bei deinem Erst-Job Fragen, Probleme bzw. Überlegungen für einen Jobwechsel auftauchen.

10 Erkenntnis ist besser als Hinnehmen und Unzufriedenheit

10.1 Resilienz – innere Stärke gewinnen: Es klappt nicht immer alles im ersten Anlauf. Lessons learnt!

Der Einstieg in den Beruf nach dem Studierenden-Leben ist ein zentraler Schritt in deinem Leben. Du nimmst nun eine andere Rolle ein – s. Kapitel 6.2 –, und vermutlich wird sich vieles in deinem Leben grundlegend ändern: Zeitabläufe beruflich und privat, Ansichten und Erfahrungen, das soziale Umfeld usw. Manche Studierende sehen sich vor große Herausforderungen gestellt, von denen sie zunächst nicht wissen, wie sie diese bewältigen sollen. All diese Erlebnisse sind normal. Erinnere dich daran, wie es war, die Schule zu besuchen. Nach dem Kindergarten war der Schulalltag plötzlich etwas vollkommen anderes. Oder die weiterführende Schule im Vergleich zur Grundschulzeit. Trotzdem konntest du dich an alles gewöhnen und hast deinen Platz bzw. deine Rolle gefunden und deine Aufgaben und Herausforderungen gemeistert. Wichtig ist: Gib dir Zeit! Es kann nicht alles von Anfang an gelingen bzw. in deinem Kopf gespeichert werden. Du benötigst Übung und Wiederholungen, um in eine „Arbeits-Routine" zu gelangen und alle Prozesse etc. wirklich verstehen zu können. Ein „guter Arbeitgeber" weiß das einzuschätzen und geht dementsprechend mit dir als „Neuling" um. In den meisten Fällen wird dir jemand genannt oder wie im *Buddy- oder Onboarding-System*[147] an die Seite gestellt, der dich einarbeitet, fachliche Fragen beantwortet oder einfach nur dein Ansprechpartner generell ist.

147 Wesentliche Elemente, um Neuankömmlingen den Start im Beruf oder Job zu erleichtern. Häufig werden diese Elemente durch Teams bzw. mehrere Personen getragen, z. B. aufgeteilt nach fachlicher Zuständigkeit oder auch für die Arbeit zu unterschiedlichen Zeiten. Man wird willkommen geheißen, erhält Basis- (z. B. Unternehmensstrategie) und spezifische Erläuterungen (Aspekte in einem Projekt), vernetzt sich schneller und erhöht von Anfang an die Produktivität, das Sich-wertgeschätzt-Fühlen sowie das Wohlfühl-Empfinden.

Trotz aller möglicher Unterstützung und Anstrengung kann es aber gut sein, dass nicht alles auf Anhieb so gelingt, wie du es dir vorstellst. Vielleicht unterlaufen dir sogar kapitale Fehler, wie z. B. eine Fehlkalkulation oder die Verärgerung eines bedeutenden Kunden. Das wünschst du dir nicht – aber du kannst nicht alles wissen und planen, so dass kleinere oder größere Fehler vorkommen können. Das ist selbstredend nicht schön für dich, zumal überdies sehr wahrscheinlich dein Vorgesetzter ein kritisches Gespräch mit dir führen wird. Dies ist dann ebenfalls eine neue Erfahrung, die du derart bisher in deinem Leben noch nicht kennengelernt hast. Oftmals ist der Ärger umso größer oder umfangreicher, je budgetrelevanter dein Fehler war. Versetzt du dich in die Lage deines Vorgesetzten, so kannst du die Verärgerung besser nachvollziehen. Denn auch für deinen Vorgesetzten gilt, dass er ebenso einen Vorgesetzten hat und den Fehler berichten muss. Schließlich hat dein Vorgesetzter dich für die Stelle auserkoren, so möchte er selbstredend nicht, dass ihm eine Fehleinschätzung zu deiner Anstellung angelastet wird. Versuche also – auch wenn es schwer fällt – die Situation aus den Augen der anderen Beteiligten oder Betroffenen zu sehen. Das hilft dir bei deinen Überlegungen, wie du nun weiter verfährst. Bemerkst du einen Fehler in deinem Agieren, so ist folgendes Verfahren ratsam:

1. *Rasches Überprüfen,* ob tatsächlich ein Fehler deinerseits vorliegt, z. B. eine erneute Kalkulation, Warenbestandsliste kontrollieren, Projektprotokoll nach Verantwortlichkeiten überprüfen o. ä.
2. Ist der Fehler dir zuzuschreiben, *suche baldmöglichst das Gespräch mit deinem Vorgesetzten.* Ungünstig wäre, wenn dein Vorgesetzter den Fehler vor dir bemerkt. Somit kannst du wenigstens nachweisen, dass du eine Überprüfung unternommen hast und dir der Fehler – möglichst zeitnah – aufgefallen ist.
3. Die *Gesprächsvorbereitung* solltest du insofern umsetzen, als dass du zum einen überlegst, wie du sachlich und korrekt den Fehler vorträgst, zum anderen, welche Maßnahmen du unmittelbar zur Schadensbegrenzung oder Fehlerbehebung einleiten kannst. Ggf. ebenso, welche Randbedingungen, Unterstützungen o. ä. für die Fehlerbehebung relevant sind. Weiterhin ist wichtig, dass du den persönlichen Lerneffekt herausstellst.
4. *Gesprächsdurchführung:*
   a) Entschuldigung richtig formulieren:
   Kurz, knapp und sachlich – nicht weinerlich oder bemitleidend; dann direkt daran anschließend:

b) Was genau ist falsch gelaufen? Wie konnte der Fehler entstehen? Zeige deinen analytischen Sachverstand und deinen Lerneffekt auf.
c) Wie wäre der Fehler vermeidbar gewesen?
Warte mit korrektem Prozessdenken auf. Skizziere Abläufe.
d) Was hättest du besser machen können?
Präsentiere, dass du reflektiert denken und agieren kannst. Stelle szenarienhafte Überlegungen laut vor.
e) Was tust du, damit derartige Fehler zukünftig nicht mehr passieren? Veranschauliche deine methodische Kompetenz.

Nach einer derartigen Erfahrung solltest du nicht an dir zweifeln oder glauben, dass Fehler nun häufig vorkommen. Relevant ist, aus dieser Situation eine Erfahrung mitzunehmen, die dich für alles Zukünftige stärkt. Dich BE-STÄRKT, gleichartige Situationen gekonnt zu meistern, deinen Weg weiterzugehen, dich – wo nötig – anzupassen sowie deine Potenziale weiter zu entfalten. Das nennt man Resilienz. „Resilienz beschreibt die Entwicklung, Nutzung und den Zugang zu den Potenzialen, die Menschen dazu befähigen, Niederlagen, Unglück, Stressoren und Schicksalsschläge besser und schneller zu meistern [...]. Resilienz kann man als Flexibilitäts-Kompetenz beschreiben, welche Widerstandsfähigkeit und Zentrierungsfähigkeit umfasst.“[148]

Die **10-Satz-Methode für Resilienz** kann wie folgt aussehen. Sage dir:
1. Es funktioniert nicht alles immer hundertprozentig beim ersten Mal.
2. Ich lerne durch Fehler dazu.
3. Ich will lernen, denn dann kann ich besser werden.
4. Erfahrungen jeder Art – positive und negative – machen mich schlauer, reifer, umsichtiger.
5. Jedem kann ein Fehler passieren. Ich bin nicht der Einzige.
6. Wichtig ist der richtige Umgang mit der Situation. Den erfahre ich jetzt.
7. Ich habe nun alles getan, um den Schaden zu begrenzen oder auszugleichen.
8. Nun schaue ich nach vorne. Der Blick in die Zukunft zeigt mir den Weg.
9. Ich nehme mir vor, möglichst keine Fehler mehr zu machen. Aber unterläuft mir doch noch einmal ein Fehler, so weiß ich nun, wie ich mit der Situation umgehe.
10. Ich bin nicht mehr aufgeregt, verärgert o. ä., sondern kann mich wieder normal meiner Arbeit widmen.

148 https://www.resilienz-akademie.com/wiki/resilienz-definition/ [Stand: 05.03.2024].

TIPP Läuft es nicht von Anfang an rund im ersten Job nach dem Studium, so verschreibe dir als Rezept: Zeit, Geduld, Resilienz!
Das gehört dazu, wenn du dich in das Berufsleben und deinen Job einfinden willst. Nobody is perfect (from the start)!

ÜBUNG 42: Schaue dir die aktuelle Problemsituation genau an und plane den nächsten Schritt

Wie bist du verfahren? Gehe die Situation gedanklich erneut durch – wende dafür die 10-Satz-Methode (s. oben) für Resilienz an. Wie sieht nun dein nächster Schritt aus?

Das Meistern von schwierigen Situationen erhöht langfristig das Selbstwertgefühl, Selbstbewusstsein und Selbstvertrauen. Erfahrungen positiver und negativer Art zu sammeln sowie Kompetenzen aufzubauen sind dafür die notwendigen Steps. Und das ist eine grundlegende Basis für Erfolg – beruflich wie privat: „Ein gutes Selbstwertgefühl gibt Menschen die Möglichkeit, sicher und voller Vertrauen in die eigenen Fähigkeiten aufzutreten. Selbstbewusste Personen besitzen also auch ein starkes Selbstvertrauen. Selbstvertrauen bezeichnet das Vertrauen in unsere eigenen Kräfte, Kompetenzen und Fähigkeiten. [...] Ein gesundes Selbstvertrauen basiert auf der Summe der Erfahrungen, die wir in der Vergangenheit gemacht haben.“[149]

Das bedeutet also, dass man Selbstwertgefühl, Selbstbewusstsein und Selbstvertrauen „erlernen“ kann. Jede Erfahrung im Job bringt dich hier einen Schritt weiter. Du kannst es auch so sehen: Jede Erfahrung, die du meisterst, sei sie noch so schmerzhaft oder einschneidend, stärkt deine Resilienz und formt dein Selbstbewusstsein. So gesehen gehören gerade die herausfordernden Erfahrungen, in denen du eine Lösung geschaffen hast, zu den wertvollsten. Du hast individuelle Stärken und persönliche Fähigkeiten entwickelt: „Sie sind sich dessen, was Sie können, voll und ganz bewusst. Sie sind in der Lage, Risiken abzuwägen, Herausforderungen anzunehmen, Ansprüche geltend zu machen und selbstverständlich Leistung zu erbringen. [...] Sie sind sich dessen bewusst, dass Ihre Sicht der Dinge sich von der anderer abhebt.“[150] Gelingt

149 Schneider, E. (2019), S. 7/8.
150 Rath, T. (2018), S. 148.

dir diese Einstellung und gehst du gemäß dieser Angaben deinen beruflichen Weg weiter, kannst du dich mehr und mehr auf deine Kompetenzen und Stärken konzentrieren: Du solltest dir also nicht den Kopf über deine Defizite zerbrechen, sondern deine Stärken ausbauen.[151]

Wenn es indes passiert, dass sich Fehler häufen, dir die Prozesse oder Methoden unklar und nicht nachvollziehbar sind, dein Vorgesetzter dich mehr rügt als nachsichtig oder lobend ist, dein Unwohlsein und ggf. deine Angst stetig steigen und du das Gefühl hast, du kannst überhaupt nichts richtig machen – dir entgleiten alle Ansätze des Arbeitens, und andere weisen dich bereits darauf hin –, dann solltest du darüber nachdenken, was du grundlegend ändern kannst, und darüber hinaus, ob du den richtigen Job im richtigen Unternehmen innehast. Das nächste Kapitel erklärt dir, wie du versuchen kannst, die Situation zu verbessern. Oder aber du wägst berufliche Alternativen ab.

10.2 Erster Job nach dem Studium – it's not perfect: Alternativen und Möglichkeiten, wechseln oder nachjustieren?

Mit dem ersten Job nach dem Studium läuft es nicht so, wie du dir das gewünscht und vorgestellt hast. Nach der ersten negativen Erfahrung dachtest du, es würde sich sukzessive bessern, du gewinnst Erfahrung sowie Sicherheit. Routinen nebst Erfolgen sollten sich einstellen, und du gewinnst endlich Freude an deinem Job. Aber nach etlichen Fehlerschleifen und unangenehmen Situationen hast du das Gefühl, dass du nicht in den Job oder das Unternehmen passt. Du hast auch bereits Gespräche mit deinem Vorgesetzten – wie in Kapitel 10.1 dargestellt – geführt. Es scheint keinen Aufwärtstrend zu geben, sondern eher eine sich fortsetzende Abwärtsspirale. Du hast mit Zeit und Geduld sowie bestmöglicher Resilienz versucht, deine berufliche Situation ins Positive zu wenden, doch es stellt sich keine Besserung ein. Dein Frust und deine Verunsicherung steigen stetig. Hier solltest du nun Abhilfe schaffen, um wieder zufrieden und glücklich sein zu können. Aber „schmeiß nicht einfach nur das Handtuch und kündige". Das wäre zu kurz gegriffen. Setze dich noch

151 vgl. Hesse, J./Schrader, H. (2015), S. 24.

einmal ausführlich mit deiner ID und Berufsorientierung – s. Kapitel 7.2 – sowie mit den Faktoren des Cultural Fit – s. Kapitel 7.3 – auseinander.

ÜBUNG 43: Erstelle in Stichpunkten eine überschaubare Liste zu deiner ID/Berufsorientierung sowie zum Cultural Fit

Gehe dabei derart vor, dass du dich an die Kriterien in Kapitel 7.2 und 7.3 anlehnst. Mindestens je 3–4 Punkte solltest du hinterfragen, etwa wie folgt:
Stelle dir erneut die Fragen zu deiner ID:
- *Was will ich?*
- *Was kann ich?*
- *Was sind meine Ziele?*
- *Wie sieht mein Alternativszenario aus?*

Hinterfrage ebenfalls noch einmal die Cultural-Fit-Punkte, die dich seinerzeit überzeugt hatten, den Job in dem Unternehmen anzutreten, z. B.:
- *Umgang mit Mitarbeitern*
- *Teamorientierung*
- *Nachhaltigkeitsaspekte im Unternehmen*
- *Wirtschaftlichkeit der Produktionsprozesse*

Nun analysiere genau, wie du die Fragen beantwortet hast. Passen die Fragen/Antworten zu deiner ID nach wie vor? Dann ist das ein Hinweis darauf, dass in Bezug auf den Cultural Fit etwas nicht passt. Somit solltest du dir Gedanken darüber machen, welches Unternehmen eher deinen Ansichten und Vorstellungen entspricht.
Zweifelst du hingegen an den Aspekten zu deiner ID, setze dich noch einmal ausführlich mit diesen Punkten auseinander. Ist es vielleicht das richtige Unternehmen, aber die falsche Tätigkeit, Abteilung o. ä.? S. auch Kapitel 10.3.

Die Hinterfragung vieler einzelner Aspekte kann für dich sehr aufschlussreich sein. Bedenke, dass du persönlich und zudem ehrlich die Antworten zu den Fragen geben solltest. Eine andere Person – zumal befangen wie z. B. ein Familienmitglied – sieht die Dinge eventuell different, kann vielleicht nicht deine Empfindungen nachvollziehen oder ist ungeübt in diesen Themen.

Es kommt darauf an, die persönlichen Bedürfnisse zu überprüfen, die Lebensmotive abzuklopfen und mit der Berufsvorstellung gegenzuchecken.

Was passt nicht zusammen? Warum passt es nicht? Was muss sich ändern? Wie kann ich es ggf. noch umgestalten?

Sollten dich die Fragen und Analysen verunsichern oder möchtest du eine „neutrale Meinung“ dazu hören, so kannst du auch professionelle Hilfe in Anspruch nehmen, beispielsweise gibt es Karriere- und Businesscoachings, die auch eine Potenzialanalyse durchführen können. Dabei nähert man sich in etwa folgenden Fragen (hier eine kleine Auswahl)[152]:

- Was hat mich bei der Auswahl des Jobs angesprochen?
- Wie sieht mein derzeitiger Berufsalltag aus? Was daran gefällt mir nicht? [Was gefällt mir?]
- Welche Erwartungen hatte ich an meinen ersten Job?
- Stimmt der Job mit meinen Interessen überein? Welche beruflichen Interessen habe ich überhaupt?

TIPP Schaue auch noch einmal in den Kapiteln 1.2 bis 1.4 nach. Hier hast du dich ausführlich mit dir selbst und deinen Interessen, Potenzialen, Wünschen und Zukunftsszenarien auseinandergesetzt. Ggf. wiederhole die Übungen. Es lohnt sich, hier noch einmal genau hinzuschauen, damit du den nächsten Schritt passgenau planen kannst: eine Umorientierung im Unternehmen, der Wechsel des Unternehmens o. ä.

Du bist nun in deiner Analyse zur aktuellen „unbefriedigenden“ Situation so weit gekommen, dass du dich neu ausrichten möchtest. Aspekte für diese „Neuaufstellung“ kannst du im nächsten Kapitel nachlesen.

10.3 Zurück auf Start – entscheiden, kalibrieren und navigieren: Noch einmal neu studieren oder Job- bzw. Unternehmenswechsel? Optionen betrachten, gewichten und deinen Weg festlegen

Du hast die Entscheidung getroffen, dass du einen neuen Weg einschlagen möchtest – du möchtest dich beruflich neu ausrichten, da du mit der aktuellen Situation unzufrieden bist und bereits einige Schritte unternommen hast.

152 https://judith-eggers.com/blog/berufseinstieg-nach-studium/ [Stand: 05.03.2024].

Wichtig ist, dass sich bei dir nicht das Gefühl einstellt, „das Zepter nicht mehr in der Hand zu haben". So ist es nämlich nicht: DU kannst jetzt agieren, adjustieren und Entscheidungen treffen. Dafür musst du das „Big Picture" von dir neu betrachten und alle relevanten Aspekte neu zusammenführen: „Sie führen alle gesammelten Informationen zu einem Gesamtbild zusammen, damit Sie das Ruder Ihres Lebens wieder in die Hand nehmen können."[153]

ÜBUNG 44: Mindmap für nächste Schritte erstellen

Du gehst dafür derart vor, dass du dir anhand einer Mindmap verdeutlichst, was gut ist, was verändert werden muss und wie du die Schritte angehen willst. Diese Punkte beziehst du auf die berufliche Situation und im Abgleich auf deine private Situation, deine Zufriedenheit, Wünsche etc.
Schaue dir anhand zweier Beispiele an, wie eine entsprechende Mindmap aussehen könnte. Sie soll dir eine „Navigationshilfe für deinen Jobwechsel" bieten. Die erste Mindmap bezieht sich auf eine Person, die den Arbeitgeber wechseln möchte, die zweite Mindmap auf eine Person, die noch einmal neu studieren möchte. Beide haben ihre jeweilige Situation genau betrachtet sowie gewichtet und dann einen jeweilig passfähigen Weg festgelegt.

Beispiel 1:
Hier ist das Beispiel eines Mitarbeiters – fiktiv *Michael Müller* genannt – gewählt, der Medizintechnik studiert hat. Er war überzeugt, dass Medizintechniker auch sein Traumberuf sei, da ihn die Kombination aus Medizin und Technik sowie Innovation von jeher fasziniert hatte. Spezialisiert hatte er sich auf Radiologie-Technologie. Er erhielt ein interessantes Job-Angebot einer Medizintechnikfirma – hier fiktiv *MediTec Future* genannt – und begann dort seinen ersten Job nach dem Studium. Schnell stellte sich heraus, dass zwar die Branche die richtige ist, jedoch nicht das Unternehmen. Deswegen hat er sich entschieden, in seinem Fachgebiet zu bleiben, jedoch den Arbeitgeber zu wechseln. Folgende Überlegungen hat Michael Müller angestellt, siehe Darstellung 2.9.

Beispiel 2:
Hier ist das Beispiel einer Mitarbeiterin – fiktiv *Lisa Müller* genannt – gewählt, die BWL studiert hat. Sie war sich nie vollständig sicher, dass Betriebswirt-

153 Gulder, A. (2013), S. 127.

schafterin ihr Traumberuf sei. Zwar fiel ihr das Studium leicht, jedoch fühlte sie sich eher aufgrund des Wunsches der Eltern zu diesem Studium hingeleitet. Ihr kam auch keine andere Idee nach dem Abitur, so dass sie dachte, alles richtig zu machen. Sie hatte sich nicht tiefergehend mit der Passfähigkeit eines Studiums für ihre Vorstellungen, Wünsche, Interessen und Begabungen auseinandergesetzt (s. auch Kapitel 2.1). Spezialisiert hatte sie sich auf International Consulting. Sie erhielt ein attraktives Job-Angebot von einer Beratungsfirma – hier fiktiv *Future Consult Pro* genannt – und startete dort ihren ersten Job nach dem Studium. Schnell stellte sich heraus, dass die Inhalte ihrer Tätigkeit nicht ihren eigentlichen Berufsinteressen und Wünschen entsprachen. Die Erfahrungen im Unternehmen waren zwar spannend – insbesondere der beratende Teil –, Lisa Müller fühlte sich jedoch fachlich unwohl bzw. wuchs ein anderes Interesse in ihr. Sie war immer schon begeistert von Architektur und Innendesign. Sie entdeckte, dass sie ihrem wahren Interesse nachgehen und ein weiteres Studium absolvieren möchte. Die Erfahrungen der Beratung – auch international – haben ihr gefallen, so dass sie sich vorstellen konnte, später selbstständig im Bereich Architektur Consultant tätig zu werden. Am besten mit Vorerfahrungen in einem breit aufgestellten Architekturbüro. Folgende Überlegungen hat Lisa Müller angestellt, siehe Darstellung 3.0.

TIPP Bei der Erstellung der Mindmap nimm dir ausreichend Zeit zum Reflektieren und zur möglichst exakten und aufrichtigen Beschreibung der Aspekte, Erfahrungen, Probleme, Wünsche etc. Das ist relevant, um die Kursänderung so treffend wie möglich und erfolgreich zu gestalten.

Anhand der Beispiele von Michael Müller und Lisa Müller wird deutlich, dass du berufliche Unzufriedenheit nicht hinnehmen musst, sondern die Möglichkeit hast, etwas an der belastenden Situation zu ändern. In welchem Umfang Adjustierungen möglich[154] und notwendig sind, hängt von deiner individuellen Situation – deinen Wünschen, Problemlagen, Zielen usw. – ab. Hier sei noch einmal auf die lohnenden Auseinandersetzungen mit deinen individuellen Themen in Kapitel 1.2 bis 1.4 verwiesen. Anhand der obigen Beispiele soll dir klar werden, dass dir stets mehrere Optionen zur Wahl stehen, wenn du beruflich unzufrieden bist. Dies gilt allgemein – insbesondere aber, wenn

154 Im Rahmen der finanziellen Möglichkeiten gilt es dies auszuloten. Denn ein erneutes Studium bedeutet Verzicht auf ein volles Einkommen. Ggf. bedarf es eines Nebenjobs oder dualen Studiums.

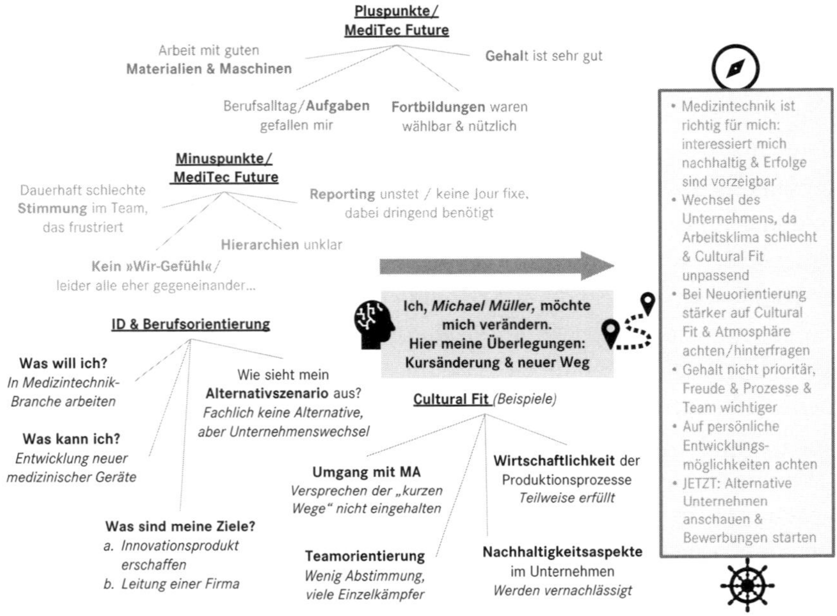

Darstellung 3.0: Navigationshilfe Jobwechsel – Beispiel neues Unternehmen

du nach dem Studium am Start deiner beruflichen Laufbahn stehst. Mit reiflicher Überlegung, Faktencheck und Analyse in Bezug auf deine Wünsche und Möglichkeiten kannst du neue Wege einschlagen, um in einen Modus der beruflichen Zufriedenheit zu gelangen. Denn bist du zufrieden und erfüllt dich deine Tätigkeit mit Freude, so bist du erfolgreich und „performst" nachhaltig gut: „Was man gerne macht, macht man häufig auch gut, weil man motiviert ist und vorankommen will. Umgekehrt gilt: Was man gut kann, macht Spaß, weil man Erfolgserlebnisse hat und positives Feedback bekommt. Und natürlich auch im Negativen: Was man nicht gut kann, macht nicht so viel Spaß, das Ergebnis wird nicht gut, und das frustriert einen noch mehr."[155] Diese Aspekte sind anhand der Beispiele oben verdeutlicht:

155 Glaubitz, U. (2014), S. 59.

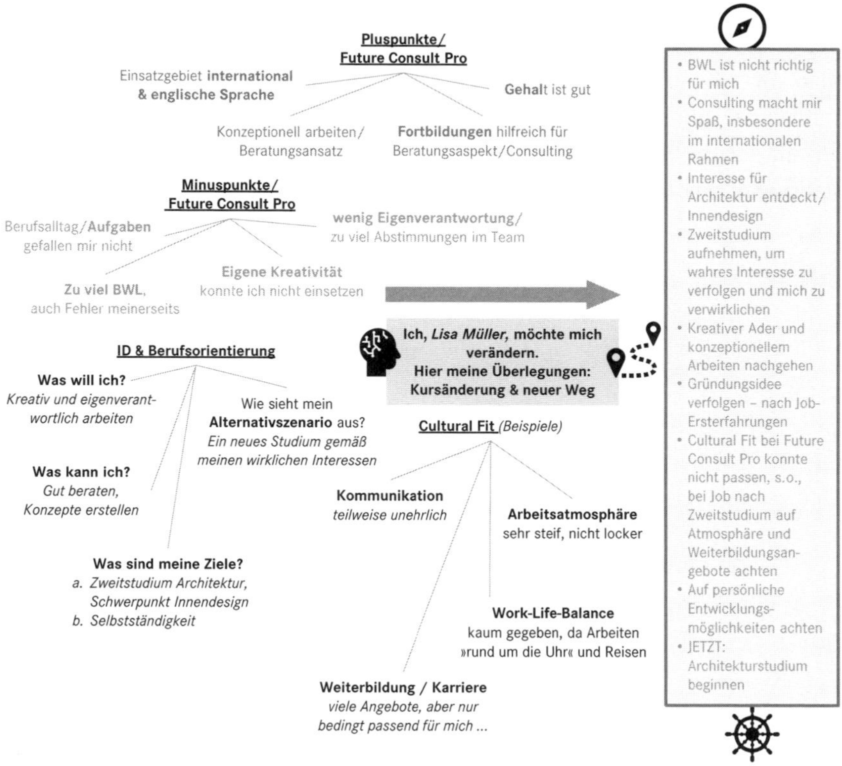

Darstellung 3.1: Navigationshilfe Jobwechsel – Beispiel Zweitstudium und neue Berufsausrichtung

Michael Müller fühlt sich zwar in der Medizintechnik fachlich beheimatet, hingegen ist das Unternehmen nicht passend für seine Vorstellungen und Wünsche des Arbeitens. Darunter leiden dann das Wohlempfinden, die Freude und Arbeitsleistung. Mit einem passfähigen Unternehmen sind der richtige Weg und eine Neuausrichtung eingeschlagen.

Lisa Müller hatte sich vor dem Studium nicht mit ihren wahren Interessen und Begabungen auseinandergesetzt, so dass sie ein für sie nicht passendes Studium belegte und infolgedessen auch keinen beruflich geeigneten Hafen fand. Mit einem neuen Studium/Zweitstudium mit Rücksicht auf ihre Kompetenzen und Wünsche kann sie sich nun verwirklichen und Freude im Job entwickeln. Sie wird sicherlich einen erfolgreichen Berufsweg gehen.

Das Kapitel 11 gibt dir Hinweise dafür, wie du verfahren kannst, wenn bisher alles in deinem Erstjob erfreulich sowie erfolgreich verlaufen ist, und man dir z. B. einen Aufstieg im Unternehmen anbietet. Denn auch für diesen Schritt gibt es einige Punkte, derer du dir im Klaren sein solltest. Es geht erneut darum, ob die neue Vakanz zu dir als Persönlichkeit und deinen Vorstellungen passt.

11 Es läuft rund – geht es noch runder?

11.1 Glücksgriff – dann „The Big Challenge“: Aufstieg, Verantwortung oder Führungsposition – kommt das zu früh oder gerade recht?

In Kapitel 10 hast du nachlesen können, was du tun kannst, um eine unzufriedenstellende oder frustrierende Jobsituation zu verändern. Diese Situation trifft nicht auf dich zu? Im Gegenteil, du bist zufrieden und überdies ergeben sich für dich interessante Chancen und Herausforderungen, weil alles bisher gepasst hat? Beispielsweise offeriert man dir einen Stellenaufstieg, eine umfangreichere Verantwortung oder Führungsposition. Zunächst einmal GLÜCKWUNSCH und freue dich, denn das ist eine Bestätigung für deine Person, deine Fähigkeiten und Kompetenzen! Man traut dir mehr zu, man schaut mit dir gemeinsam in die Zukunft. Jedoch solltest du auch in dieser Situation nicht vorschnell entscheiden, sondern dir Zeit nehmen, um einige Aspekte für dich zu klären. Tu das, damit deine Zufriedenheit und dein Erfolg gewahrt bleiben. Wie solltest du nun vorgehen?

Angenommen du hast gerade erst einen Job nach dem Studium begonnen, alles läuft erfolgreich und du bist zufrieden. Nun wird dir unerwarteterweise recht bald nach deinem Arbeitsstart eine Führungsrolle im Unternehmen angeboten. Derartige Situationen können beispielsweise entstehen, wenn umstrukturiert wird, plötzlich eine tragende Person aus dem Unternehmen scheidet oder man dich fördern möchte, weil man dein Potenzial erkennt. Wie gehst du jetzt mit dieser Situation um? Willst du eine Führungskraft sein? Entspricht das deinen Vorstellungen und deinem Ziel?

Zunächst solltest du dich mit dem Aspekt einer neuen Rolle auseinandersetzen. In Kapitel 6.2 hast du erfahren, wie du dich mit der veränderten Rolle vom Studierenden zum Arbeitnehmer auseinandersetzen kannst. Was ist plötzlich alles anders? Die gleiche Frage kannst du dir stellen, wenn du überlegst, ob du eine Führungsrolle annehmen solltest. Denn wiederum handelt es sich um eine neue Rolle, die du bekleiden wirst. Das richtige Rollen- und Führungsverständnis als Führungskraft ist ein zentraler Punkt, um zu einer Entscheidung zu gelangen, ob du in eine Leitungsfunktion eintreten solltest/möchtest oder nicht. Als Führungskraft stehst du für die Interessen des Unternehmens ein: „Als Führungskraft sind Sie in erster Linie dafür verantwortlich, die Unternehmensinteressen zu vertreten. Sie sind mit dem Auftrag versehen, in Ihrem Verantwortungsbereich gemeinsam mit Ihren Mitarbeitern die Unternehmens- bzw. Abteilungsziele zu erreichen."[156] Dies ist ein grundlegend anderer Auftrag als der eines Mitarbeiters im Unternehmen ohne Führungsfunktion. Weiterhin gilt es zu bedenken, was du unter einer Führungsrolle genau verstehst. „Wie wir unsere Führungsaufgabe wahrnehmen, hängt sehr stark davon ab, wie wir glauben, dass Führung auszusehen hat. [...] Ihr Führungs- und Rollenverständnis wird im Wesentlichen gespeist durch Ihre Glaubenssätze. Glaubenssätze sind das, was wir für wahr, für richtig halten. [...] Sie bestimmen letztlich, was wir für möglich bzw. für machbar halten."[157]

Zu den einschränkenden, hinderlichen Glaubenssätzen zählen Aussagen wie:
- Das kann ich bestimmt nicht.
- Das sollte ich mir nicht aufhalsen.
- Daran sind schon andere gescheitert.

Förderliche Glaubenssätze wären z. B.:
- Ich kann die Situation/das Projekt/den Erfolg beeinflussen.
- In anderen Situationen habe ich bereits bewiesen, was ich kann.
- Herausforderungen sind dazu da, gemeistert zu werden.

In welcher Kategorie der Glaubenssätze würdest du dich einsortieren? Zusätzlich zur Auseinandersetzung mit dem Führungs- und Rollenverständnis solltest du dir weitere sehr konkrete Fragen stellen, die dir sicherlich behilflich sind, zu einer Entscheidung zu gelangen, eine Führungsposition anzunehmen oder nicht.

Wichtig ist, dass du dich befragst und dir ehrliche Antworten gibst, ob du dir nun eine Führungsrolle zutraust und wünschst. Hier sind einige zentrale

156 Kosel, M. (2012), S. 21.
157 ebd., S. 17/18.

Fragen gelistet, die du dir stellen solltest, sowie Beispiele der Reflektion; Derartiges kannst du in Teilen z. B. auch online in Blogs nachlesen[158].

ÜBUNG 45: Fertige eine zweispaltige Tabelle für eine Selbstbefragung an

In die linke Spalte trägst du die Fragen wie unten angeführt ein. Die rechte Spalte füllst du derart aus, dass du die Antworten auf die Fragen der linken Spalte rechts eingibst. Die hier in der rechten Spalte aufgeführten Fragen dienen als Frage-Hilfe, damit du zu spezifischeren Antworten gelangst.
Wenn du alle Fragen bearbeitet hast, bewerte, ob eine Bejahung zur Position einer Führungsrolle überwiegt oder nicht.

TIPP Die Selbstbefragung soll zu einem sehr individuellen Ergebnis führen. D. h. deine Antworten beziehen sich konkret auf deine persönliche Situation, Vorstellung und Ziele sowie Wünsche – beruflich wie privat. Deswegen dient dir hier keine Blaupause eines anderen. Beantworte die Fragen gemäß deinem ehrlichen Empfinden, dann wirst du dich mit dem Endergebnis wohlfühlen. Und das wird man dir auch anmerken.

Selbstbefragung nach folgendem Fragenkatalog:

Will ich jetzt schon führen?	Kommt das Angebot zu früh für mich? Sehe ich mich in dieser Rolle?
Bin ich eine Führungspersönlichkeit?	Gebe ich gerne die Richtung vor und übernehme Verantwortung, budgetär und personell? Kann ich mit „Ablieferungsdruck" gut umgehen?
Liegt mir ein Alltag als Führungsperson?	Vermutlich gibt es viele Sitzungen, Abstimmungen, Reisen usw. Kann ich mir mich selbst als disziplinarischen Vorgesetzten vorstellen?
Halte ich den Druck aus, der auf mir lasten wird?	Bin ich ein Macher, der gut mit den vielfältigen Anforderungsbereichen einer Führungskraft jonglieren kann?
Hilft die Position mir zum Erreichen meiner Ziele?	Was genau sind meine Ziele? Eine Leitungsfunktion als Team- oder Ableitungsleiter oder eher eine fachliche Leitung?

158 vgl. https://judith-eggers.com/blog/fuehrung-lernen/ [Stand: 05.03.2024].

Liegt mir die tagtägliche Auseinandersetzung mit Menschen?	Ich gehe gerne/nicht so gerne auf andere zu und kommuniziere, aber auch andere wollen stetig mit mir kommunizieren – zu vielfältigen Themen und Anlässen. Halte ich diesem Anspruch der Auseinandersetzung Stand?
Kann ich andere motivieren und mitnehmen?	Nicht nur ich muss motiviert und überzeugt sein. Diesen Spirit muss ich in das Team tragen können, so dass ich alle „einsammle". Gelingt mir so etwas gut? Wann habe ich das schon einmal bewiesen?
Bin ich bereit, für mich und andere Verantwortung zu übernehmen?	Verantwortung für Positives zu übernehmen ist schöner als für Negatives. Kann ich beides? Kann ich auch schon einmal „den Kopf hinhalten" und Misserfolge auf mich nehmen, ggf. auch einmal, um mein Team/einen Mitarbeiter zu schützen?
Was reizt mich am meisten an der Führungsrolle?	Das Gehalt, das Ansehen, die Macht/Befehlsgewalt?
Was reizt mich nicht an der Führungsrolle?	Der Stress, die Ansprüche vieler Menschen, die Veränderungen?
Wie sähe der nächste Schritt konkret aus?	Was würde sich nun unmittelbar verändern? Meine Aufgaben, mein Arbeitsweg, mein Büro, meine Vorgesetzten? Wie fühlt sich das alles in der Zusammenschau an?
Welches Szenario sehe ich nach einiger Zeit als Führungskraft?	Ich muss einige Jahre vorausdenken und mir ein Szenario vorstellen. Wie sehen meine mittel- bis langfristigen Ziele aus (s. Kapitel 1.3)?

Solltest du festgestellt haben, dass eine Führungsrolle (jetzt) nicht der richtige Schritt für dich ist, so kannst du wie folgt vorgehen:

I. Bedanke dich für das Angebot, schließlich drückt es Wertschätzung für die geleistete Arbeit und Vertrauen in deine Fähigkeiten aus.

II. Verdeutliche, dass du dir ggf. in Zukunft eine Führungsposition vorstellen kannst, aber momentan nicht.

III. Erwäge, ob du gezielte Fort- und Weiterbildungen ansprechen möchtest, die dich eventuell für einen späteren Zeitpunkt auf eine Leitungsfunktion vorbereiten können.

IV. Sofern relevant, stelle deine ehrlichen Entwicklungsambitionen dar, soweit du das jetzt schon für dich klar hast. Dazu zählt zum einen, deine weitere Berufszeit im Unternehmen zu skizzieren, ggf. mit einer fachlichen Leitung, zum anderen die Erläuterung von alternativen Plänen, etwa ein Auslandaufenthalt oder die Familienplanung/Elternzeit.

Wenn du hingegen festgestellt hast, dass nach obiger Selbstbefragung alle Anzeichen darauf hindeuten, dass du die Herausforderung einer Führungsrolle annehmen möchtest, sind die folgenden Ausführungen wichtig für dich; zum einen, mit welchen Verhaltensweisen anderer du rechnen solltest und zum anderen, mit welchen hilfreichen Verhaltensweisen du jenen der anderen begegnen solltest:

Womit solltest du als „junger Leader" in deiner neuen Führungsrolle rechnen?
Vor allem folgende vier Aspekte sind hier zu nennen:

- **Reserviertheit der Kollegen und Mitarbeiter**
  „Die Ausgangssituation für junge Führungskräfte ist zunächst fast immer gekennzeichnet durch eine erhebliche Skepsis der Mitarbeiter, ob [die Person] die gestellte Aufgabe überhaupt bewältigen kann."[159]
- **Skepsis und Gerüchte**
  Oftmals traut das Umfeld nicht den Abläufen und formuliert seine Skepsis, so dass Gerüchte entstehen können: „Er muss gute Beziehungen haben."[160]
- **Neid und Mitbewerber**
  Andere möchten selbst in der Führungsposition sein und neiden dir den Erfolg; sie gönnen dir die Position nicht.
- **Missgunst und ablehnende Haltungen**
  Rechne mit destruktiven Handlungen oder Gefühlen dir gegenüber, z. B. ist jemand „gehässig" oder unkooperativ dir gegenüber, der Erfolg wird dir nicht gegönnt.

Was kannst du gegen diese Verhaltensweisen anderer tun?
Übrigens nicht nur geltend für dich als „jungen Leader" – auch generell:

- **Sich der Situation stellen**
  Offenheit signalisieren, wenn nötig, Dialoge anbieten; verdeutlichen, dass du mit einer gewissen Energie oder Spannung gerechnet hast.
- **Gruppenbezug und Schlüsselkompetenzen berücksichtigen**
  Diese Strukturen – überhaupt oder weiterhin – ausbauen; verdeutlichen, dass man gemeinsam am Erfolg arbeitet, dafür bedarf es jeder einzelnen Kompetenz und Stelle im Team. Schlüsselpersonen, Kompetenz- und Sympathieträger solltest du für dich gewinnen.

---

159 Fischer, P. (2002), S. 165.
160 vgl. ebd.

- **Mitarbeiter und das betreffende Umfeld ins Boot holen**
  Vertrauen aufbauen, z. B. durch Delegation einer verantwortungsvollen Aufgabe an Einzelne im Team, Teilhabe an Entscheidungsprozessen bzw. „Meinung" des Teams einholen; so fühlen sich die Mitarbeiter wertgeschätzt.
- **Kommunikation auf Augenhöhe**
  Lobende und gut platzierte Austausche pflegen, ggf. intensivieren; auch verschiedene Arten der Gespräche durchführen, z. B. Kurz-Info-Slots (5-Minuten-Pitch), ausführliche Projekt-Besprechungen (Jour fixe), Mitarbeitergespräche (auch für persönliche Anliegen der Mitarbeiter) usw.
- **Agieren ohne Zeitdruck**
  Priorität gilt nicht den (vor-)schnellen Handlungen oder Erfolgen, sondern dass sich alle nachhaltig wohlfühlen in der Gemeinschaft und mit dir als „Leitwolf"; dafür ggf. auch schnell erzielbare Kleinziele liegenlassen, denn das größere Ganze ist wichtiger. Oder anders gesagt: Du brauchst dein Team – nur gemeinsam seid ihr erfolgreich.
- **Gemeinsame Ziele aufzeigen**
  In einer der ersten Teamsitzungen ein gemeinsames Zielszenario erarbeiten und dies z. B. auf einem Plakat festhalten. Achte darauf, dass sich alle Team-Mitglieder in diesem Szenario wiederfinden bzw. ihren Platz finden. Den „Wir-Modus" stets eingeschaltet haben.
- **Lob und Belohnung**
  Jeder Mensch möchte gelobt werden, erst recht, wenn ihm etwas gut gelungen ist. Deswegen reagiere auf jede positiv gestaltete und wirkende Handlung mit Lob. Variiere deine lobenden Worte und stelle für herausfordernde Aktivitäten Incentives und für besondere Erfolge gemeinsame Belohnungen in Aussicht. Denke hier nicht nur im monetär möglichen Rahmen, sondern auch in Bezug zu Gruppenprozessen, z. B. gemeinsam zum Bowling gehen oder sonstige Team-Aktivitäten.
- **Symbolisch gesprochen: Sei Mensch und nahbar**
  Sprich z. B. nicht immer nur im Managerjargon, sondern auch einmal locker, lache oder scherze – auch über dich selbst; biete legere Rituale an: z. B. morgens in der Kaffeeküche der 5-Minuten-Plausch vor dem Arbeitstag usw.
- **Veränderungen sensibel durchführen**
  Jede Führungskraft möchte etwas schaffen, verändern oder initiieren. Sei hier sensibel, nicht alles auf einmal im „Hauruck-Verfahren" umzusetzen. Nimm dein Team mit, sonst lebt es deine Ansätze nicht oder sie sind

bereits im Ansatz abgewendet, bevor sie auch nur ein einziges Mal realisiert wurden.

Eine etwas anders gelagerte Situation liegt vor, wenn du kurz nach dem Start deiner beruflichen Laufbahn ein Führungsrollen-Angebot eines anderen Unternehmens erhältst. Aspekte hierzu werden im nächsten Kapitel erläutert.

11.2 Marktwert ist gestiegen: Soll ich das Wechsel-Angebot annehmen? Was sollte ich bedenken? Der Faktencheck!

Du hast deine Tätigkeit nach dem Studium in einem Unternehmen begonnen, fühlst dich wohl und bestätigt. Erste Projekterfolge konntest du überdies im Rahmen von Kooperationen mit anderen Unternehmen aufweisen. Es scheint alles in guten Bahnen zu verlaufen. Nun ereignet sich etwas Unvorhergesehenes: ein Wettbewerber deines aktuellen Unternehmens ist aufgrund deiner anerkannten Leistungen auf dich aufmerksam geworden. Er stellt dir ein Wechsel-Angebot. Wie sollst du mit dieser Situation umgehen? Annehmen oder ablehnen? Was solltest du bedenken?

Grundsätzlich ist diese Situation eine sehr angenehme, über die du dich freuen kannst:

- Du bist in einem zufriedenstellenden Arbeitsverhältnis.
- Es gibt keine Probleme.
- Du konntest dich schon fachlich und persönlich beweisen.
- Du erhältst von anderer Seite in Form eines Wechsel-Angebots die Bestätigung deiner Leistungen. Anders ausgedrückt: Du kannst dich eines guten „Marktwertes“ deiner Person erfreuen, denn vom Erstjob zum nun vorhandenen Wechsel-Angebot sind der Wert und die Anerkennung deiner Mitarbeit in einem Unternehmen gestiegen. Andernfalls hättest du kein Angebot erhalten.

Bei aller Euphorie und Bestätigung deiner Person solltest du nun einen klaren Kopf bewahren und das Wechsel-Angebot gut prüfen.

Zunächst einmal ist davon auszugehen, dass ein Alternativangebot attraktivere Rahmenbedingungen enthalten sollte als bei dem momentanen Arbeitgeber, etwa in Bezug auf das Gehalt und/oder die Position im Unternehmen nebst Verantwortungsrahmen. Dies sind die häufigsten Pull-Faktoren, mit denen Arbeitnehmer attrahiert und abgeworben werden. Aber deinerseits solltest du ebenfalls die Push-Faktoren bedenken: Was könnte den Weggang nach deinen Überlegungen begünstigen? Diese Begründungslage ist individuell unterschiedlich. Deswegen sind die Optionen, nachzulesen oder Bekannte um Rat zu fragen, zwar denkbare Möglichkeiten, um zu einem Entschluss zu gelangen. Wesentlich fundierter ist jedoch der Faktencheck für ganz individuelle Wechselgründe nach folgendem Schema:

ÜBUNG 46: Fertige ein Bewertungsschema an

Bewerte die Aspekte mit „trifft voll zu", „trifft in Teilen zu", „trifft eher nicht zu". Du kannst dafür mit einem Plus-/Minus-Voting vorgehen. Hier ist beispielhaft anhand einer fiktiven Person Max Meier *gezeigt, wie ein derartiges tabellarisches Bewertungsschema ausgefüllt aussehen könnte:*

	+	+ –	–
Persönliche Weiterentwicklung	Gehaltsverbesserung (Grundgehalt)	Erfolgsvariablen, Aufstiegsmöglichkeiten	
Stellung im Unternehmen	Zwei Hierarchie-Stufen höher als bisher	Position, Wirkungsrahmen	
Verantwortungsrahmen	Entscheidungen fällen/Eigenverantwortung, Freiheiten		
Neue Herausforderungen		Perspektiven selbst erarbeiten	fachlich-inhaltlich
Neue Arbeitsumgebung	Kollegen-/Team-Situation	Anwendung von Techniken und Methoden	
Persönliche Gründe		Entfernung zum Arbeitsort & Nähe Familie	
Unternehmenswechsel		Match & Passfähigkeit, Cultural Fit (s. Kapitel 7.3 und 10.3)	
Sonstiges			

Die Kriterien für das Bewertungsschema kannst du selbstredend ergänzen oder abändern. Wenn du das Schema fertiggestellt hast, ergeben sich vielleicht noch Unklarheiten. Dann ist es lohnend, Aspekte zu hinterfragen. Siehe hier beispielhaft das Vorgehen im Fall Max Meier:

Im Fall von Max Meier ergibt das Bewertungsschema, dass viele Gründe im Plus-, statt im Minusbereich liegen, also für einen Unternehmenswechsel stehen. Jedoch sind auch einige Aspekte mit „trifft in Teilen zu" vermerkt. Diesbezüglich sollte Max Meier nun noch mehr Informationen einholen, um ggf. einige der Aspekte noch deutlicher in den Plus- oder Minusbereich verschieben zu können. Z. B. sollte er die Aspekte der Passfähigkeit der Ansichten, der Strategien, des Mitarbeiterhandlings usw. des neuen Unternehmens in Abgleich zu seinen eigenen Vorstellungen bringen. Dies könnte Max Meier im Kapitel 7.3 zum Aspekt Cultural Fit nachlesen. Dafür kann er z. B. Angaben auf der Homepage nachlesen. Eventuell findet er auch Berichte in Printmedien zu Themen wie Wirtschaftlichkeit, Gehaltsstrukturen o. ä. Schließlich kann er ebenso ein offenes Gespräch mit der betreffenden „Abwerbe-Person" und ggf. der Personalabteilung suchen und erklären, dass er sich tiefergehend erkundigen möchte und um einen Austausch bittet. Dann sollte Max Meier gut vorbereitet in das Gespräch gehen und gemäß den zahlreichen Hinweisen für Gespräche mit dem potenziellen Arbeitgeber – wie in Kapitel 9 aufgezeigt – verfahren. Dann komplettiert er sein Bewertungsschema. Nun sollte er ein eindeutiges Bild vorliegen haben. Es dürften ihm ausreichende Informationen und Grundlagen gegeben sein, um begründet entscheiden zu können, ob er das Angebot einer Führungsposition in einem anderen Unternehmen annehmen möchte oder nicht.

TIPP Bei Unklarheiten oder fehlenden Informationen für die Bewertung eines Unternehmenswechsels noch einmal überprüfen, ob Informationen eingeholt werden können, die dann ein eindeutigeres Bewertungsbild ermöglichen. Es sollten keine Fragen/Aspekte ungeklärt bleiben.
Je klarer das Ergebnis, umso leichter fällt dir die Entscheidung!

In Kapitel 12 – dem letzten Kapitel dieses Buches – kannst du dich über die Ansätze einer Selbstständigkeit informieren. „Start-up" ist hier das Stichwort. Mit dieser Idee haben sich einige Studierende bereits während des Studiums auseinandergesetzt. Was gilt es zu beachten, wenn man plant, ein eigenes Unternehmen aufzubauen? Ein spannender Ansatz!

12 Mein eigener Herr sein – wann ist der geeignete Zeitpunkt? Und wie geht gründen?

12.1 Die Idee reifte schon lange ...: Selbstständigkeit und Start-up. Was sind die essenziellen Vorüberlegungen und ersten Schritte? „Der kleine Businessplan" hilft dir weiter

Schon während des Studiums gingen dir immer wieder Ideen und Ansätze für die Verwirklichung deiner Selbstständigkeit durch den Kopf. Du hast dich mit Kommilitonen ausgetauscht, Konzepte entwickelt, aber letztlich entschieden, erst einmal die Arbeitnehmerposition anzunehmen.

Nun stellst du in deinem ersten Job nach dem Studium fest, dass deine Ideen und Wünsche, selbstständig zu sein, wieder aufkeimen – stärker denn je. Denn in deiner Tätigkeit erhältst du die Bestätigung, dass du mit deiner Denke und Ausrichtung deiner Idee zur Selbstständigkeit vollkommen richtig gelegen hast. Vielleicht sogar noch mehr: Du erkennst, dass du bessere Lösungen, Produkte oder Services anbieten oder entwickeln kannst als die bisher existenten. Vielleicht bist du auch mit dem *State of the Art* in deinem Unternehmen unterfordert und möchtest unbedingt JETZT deine persönliche und produktbezogene Weiterentwicklung vorantreiben. Dann ist jetzt der Zeitpunkt gekommen, konkret über eine Selbstständigkeit – dein Start-up – nachzudenken. Es besteht ebenfalls die Möglichkeit, dass du bereits im Studium *die* geniale Idee für eine Selbstständigkeit entwickelt hast. Du möchtest nicht erst Erfahrungen als Arbeitnehmer in einem anderen Betrieb sammeln, sondern direkt dein eigenes Business gründen. Das wäre ebenfalls denkbar.

Wie könntest du vorgehen, um dich dem Schritt der Selbstständigkeit zu nähern? Zunächst unabhängig davon, ob du direkt nach dem Studium dein Start-up gründen oder erst in einem Unternehmen tätig sein möchtest; für beide Ansätze der Selbstständigkeit solltest du dir für dein Unternehmen einige grundlegende Aspekte vorher überlegen.

Relevante Vorüberlegungen wären die folgenden:

- **Kompetenz und Freude**
  Die Arbeit und Inhalte in deiner Selbstständigkeit sollten zum einen deinen Kompetenzen entsprechen, zum anderen sollte dir deine Tätigkeit Freude bereiten: „Die Selbstständigkeit wird einen großen Teil Ihres Alltags ausmachen. Deswegen sollten Sie eine Tätigkeit aussuchen, die Sie gut beherrschen und auch gerne machen."[161]
- **Start-up als Nebenjob**
  Bist du sehr auf Sicherheit und Planbarkeit bedacht, so solltest du überlegen, wie du mit vielleicht aufkommenden Unsicherheiten und Nicht-Planbarkeiten umgehen kannst. Ist eine Selbstständigkeit dann der richtige Weg für dich? Ist ein „Mittelweg" ggf. ein Schritt, um herauszufinden, ob du das „Gründer-Gen" vollends besitzt? Ein Mittelweg könnte darin bestehen, Arbeitnehmer zu sein und nebenher ein eigenes Unternehmen aufzubauen, also zunächst im kleineren Umfang zu testen, ob dies dein Weg sein könnte. „Viele betreiben sehr erfolgreiche 4-Stunden-Start-ups als genau das, was sie von Anfang an waren – als Nebenprojekte. Sie genießen das Gefühl, weder vom einen noch vom anderen abhängig zu sein."[162] Du wirst schnell herausfinden, ob dir die Selbstständigkeit liegt. Stellt sich heraus, dass das dein Weg sein kann, so macht es Sinn, sich nun vollkommen auf dein Unternehmen zu konzentrieren. Dann kann es wachsen und gedeihen. Deine Arbeitskraft und Kompetenz werden dann sinnhaft eingesetzt, und deine Ressource gilt zielgerichtet und vollumfänglich deiner Selbstständigkeit.
- **Persönliche Treiber für Start-up**
  Der wesentliche Antrieb für ein eigenes Unternehmen liegt nicht unbedingt darin, mit der Selbstständigkeit vermögend zu werden. Faktoren wie Verwirklichung, Unabhängigkeit und (Er-)Neuerungen können ebenso starke Treiber sein: „Reichtum ist schon längst nicht mehr der Hauptgrund, weswegen sich so viele Menschen und auch junge Menschen direkt nach der Schule oder Uni selbstständig machen möchten. Es geht vielmehr um Flexibilität, die eigene Zeiteinteilung, unabhängig entscheiden zu können, [...], erfüllt zu sein von dem, was du tust, mehr Zeit mit der Familie zu verbringen, und einem Drang, nachhaltige Veränderungen zu bewirken."[163]

161 Hilmer, T. (2023), S. 9.
162 Plötz, F. (2020), S. 21.
163 Schopp, A. (2020), S. 8.

- **„Totally committed"**
  Deine Idee sollte dich „vollkommen einnehmen", d. h. eine halbherzige Idee, hinter der du nicht wirklich zu 100 % stehst, treibt dich vermutlich nicht nachhaltig und erfolgreich an.
- **Emotionale Überzeugung**
  Dein Unternehmensansatz sollte authentisch und emotional anhaltend sein. Zum Beispiel der dringende Wunsch, mit einem Freund oder Partner in die Selbstständigkeit zu gehen, da man gemeinsam eine Idee teilt und aufbauen möchte: „Du brauchst ein emotionales Ziel, welches du gerne erreichen möchtest. Sei es das Reisen ohne zeitliche und finanzielle Einschränkungen, eine bessere Work-Life-Balance, ob du Menschen helfen möchtest, mehr Zeit mit deiner Familie verbringen möchtest oder ob du die Welt verändern möchtest … was immer es ist, es ist möglich, aber es muss klar definiert und emotional mächtig sein."[164]
- **Bewährte Geschäftsidee oder Innovation**
  Basiert deine Selbstständigkeit auf einer bewährten Geschäftsidee oder einer Innovation? Und ist deine eventuelle Innovation tatsächlich eine Neuerung oder Neuerfindung? „Die meisten Geschäftsideen gründen sich schlicht und einfach auf Weiterentwicklungen. Sehr viele Innovationen sind also aus bereits vorhandenen Dingen entstanden, nämlich aus solchen mit gewissen Lücken und Schwächen."[165] Beide Ansätze sind möglich. Jedoch ergeben sich jeweilig andere Aspekte, z. B. hinsichtlich der Markterschließung (Erreichen der Zielgruppe usw.) oder des Marketings (bekanntes oder neues Produkt). Das sollte dir bewusst sein.

Nach reiflichen Vorüberlegungen möchtest du jetzt die Idee deines Start-ups weiterverfolgen und dich entschlossen in die Richtung bewegen, dein eigener Herr zu sein. Dann solltest du in einem nächsten Schritt der Konkretisierung deiner Selbstständigkeit folgende Übung durchführen:

164 ebd., S. 9/10.
165 Ripptal, K. (2020), S. 38.

ÜBUNG 47: Erwäge verschiedene Blickwinkel zu deiner Idee – gehe schrittweise vor und erstelle den „kleinen Businessplan"

1. *Versuche deine Idee in Worte zu fassen – eine Kurzbeschreibung von ca. 1–2 Seiten ist dafür dienlich. Schildere die Herleitung deiner Start-up-Idee und erkläre deinen Ansatz. Überprüfe, ob du dich verständlich ausdrücken kannst und eine klare Vorstellung von deinem Start-up hast.*
2. *Jedes Unternehmen braucht einen Businessplan – auch deines. Um nicht gleich ein sehr umfangreiches Dokument anzufertigen (s. Kapitel 12.2), reicht es in dieser Findungsphase, auf 5–7 Seiten stichpunktartig in einem „kleinen Businessplan" zusammenzustellen, was die Kernpunkte deines Unternehmens sind:*
   a. *Geschäftsidee/Ansatz beschreiben*
   b. *Firmenname und Logo überlegen – abstrakt oder produktbezogen?*
   c. *Produkt/Dienstleistung definieren – was „verkaufst" du?*
   d. *Wer sind deine Kunden – gibt es unterschiedliche Kundengruppen?*
   e. *Marktsituation klären – welche Stellung & Möglichkeit hätte dein Produkt im Markt? Auch Wachstumspotenzial bedenken*
   f. *Wettbewerber scannen – wen gibt es, der Gleiches anbietet wie du?*
   g. *Was ist dein USP? Abheben von Wettbewerbern und Neuerschließung von Kunden*
   h. *Risiken – worauf solltest du achten? Z. B. Anfertigen einer SWOT-Analyse[166] (Stärken = **S**trengths/Schwächen = **W**eaknesses/Chancen = **O**pportunities/Risiken = **T**hreats)*
   i. *Management deines Start-ups – wer erledigt was? Zuständigkeiten! Personalplanung!*
   j. *Finanzierungsbedarf – wie viel Kapital benötigst du zur Umsetzung? Wie gehst du vor?*
   k. *Meilensteinplan – wann würdest du starten/dein Business beginnen können?*
   l. *Gewerbeanmeldung*
3. *Wenn du Punkt 1 und 2 erledigt hast, solltest du dich mit Personen deines Vertrauens zu deiner Idee und ggf. schon zu deinem Businessplan austau-*

166 SWOT-Analyse: Das ist ein Instrument zur Situationsanalyse. Es dient zur strategischen Planung eines Unternehmens und bewertet die Punkte Stärken/Schwächen/Chancen/Risiken.

schen. Zwei oder mehrere Köpfe betrachten unterschiedliche Punkte und werten Gesichtspunkte anders, an die du eventuell noch nicht gedacht hast.

4. *Überlege, wen du als Selbstständigen/Unternehmer kennst, oder lass dir durch Bekannte jemanden empfehlen, den du um ein Beratungs-/Austauschgespräch bitten kannst.*
5. *Überarbeite ggf. berechtigte Punkte Dritter.*
6. *Lass deine Überlegungen und Unterlagen „etwas ruhen" – zumindest einen Tag („eine Nacht darüber schlafen") und schaue sie dir dann erneut an. Passt jetzt alles für dich? Oder fallen dir weitere Änderungspunkte auf? Optimiere so lange, bis du zufrieden bist.*

TIPP Du solltest für dich persönlich sicher sein, dass du diesen Weg gehen möchtest. In die Selbstständigkeit zu wechseln, darf kein halbherziger Schritt sein, sondern sollte von fester Überzeugung geprägt sein. Je präziser du die hier beschriebenen Schritte absolvierst, um so verlässlicher und überzeugter kannst du dein Start-up nun beginnen und aufbauen.

Zur Verdeutlichung der Übung 47 sei hier ein Beispiel gegeben:
Erika Musterfrau möchte sich selbstständig machen. Die Herleitung, Kurzbeschreibung ihrer Idee und ihres Start-ups[167] hat sie so verfasst:

- Ich habe Informatik und BWL studiert.
- Während meines Studiums habe ich mein fundiertes Interesse an der Erstellung von **adaptiven IT-Lösungen für Wirtschaftsunternehmen** entdeckt. Meine Noten und Studienerfolge waren gut bis sehr gut.
- Ich habe verschiedene sehr lehrreiche Praktika belegt, u. a. bei *Gemini Consulting*. Dadurch konnte ich auch bereits Netzwerke aufbauen.
- Durch ein umfangreiches Uni-Projekt, in dem ich mit zwei Kommilitonen eng zusammengearbeitet habe, konnte ich mein Können austesten und stetig erweitern.
- Schließlich haben wir es geschafft, durch einen Zeitungsbericht in der ZEIT zwei namhafte Industrieunternehmen – Firmen „Siemensios" und „Philiparu" – auf unsere Entwicklungen aufmerksam zu machen.

167 Namen, Produkte, Firmen und Ausführungen sind fiktiv und dienen hier der Erläuterung der Herangehensweise.

- Durch gelungene Produktpräsentationen bei beiden Unternehmen haben wir jeweils erstens einen Beratungsauftrag für neue IT-Lösungen und zweitens einen Umsetzungsauftrag im fünfstelligen Bereich akquirieren können.
- Das war der Beginn unserer Idee, uns mit einem IT-Beratungsunternehmen selbstständig zu machen.
- Meine Kommilitonen und ich haben uns zum Ende des Studiums ein Wochenende für einen Workshop verabredet. Dafür hatten wir zur Ideenvorstellung und zum Brainstorming auch einen Abteilungsleiter von *Gemini Consulting* eingeladen, den ich in meiner Praktikumszeit als Mentor zur Seite gestellt bekommen habe. Das war ein lohnender Austausch.
- An diesen drei Tagen haben wir geschaut, was unser gemeinsamer und erfolgversprechender Ansatz für ein Start-up wäre und wie bzw. ob wir drei zusammenarbeiten könnten.
- Uns war wichtig, einen ersten Businessplan zu erstellen.
- Weiterhin wollten wir sichergehen, dass jeder von uns einen „guten und passenden Platz" in dem Unternehmen findet und ausleben kann.
- Wir haben intensiv gearbeitet und sind zufrieden mit dem Ergebnis.
- Unser Start-up soll „Master Mind IT Consultant" heißen.
- Wir bleiben mit unserem Firmensitz im Raum Berlin.
- Wir agieren weltweit, da unsere Lösungen nicht räumlich begrenzt angeboten werden.
- Wir schaffen Lösungen für Unternehmen, die IT-Prozesse entweder neu aufsetzen oder überarbeiten wollen.
- Das Innovative unseres Start-ups ist, dass wir zum einen ein System auf einer Cloud-Basis neu entwickelt haben, welches in sehr kurzer Zeit bestehende Systeme umarbeiten und adaptiv sowie stabil und geschützt halten kann. Zum anderen haben wir die Möglichkeit geschaffen, dass auch ein völlig neues System schnell aufgesetzt werden kann. Dieses ist ein von uns selbst entwickeltes „Care-System", das pflegeleicht, veränderbar und sicher ist. Wir haben es auch geschafft, dass man beide Systeme miteinander kombinieren kann. Derartige Angebote sind nach unseren Recherchen bisher einzigartig.
- Aufgrund unserer Erfolge bei den Firmen „Siemensios" und „Philiparu" haben wir bereits Anfragen bzw. Aufträge von fünf weiteren Großkunden vorliegen.
- Vermutlich werden wir bald mehr Personal für unser Start-up benötigen.

Erika Mustermann hat die Herleitung und die Geschäftsidee ihres Start-ups nachvollziehbar beschrieben. Durch ihr Studium, die Praktika und bereits erste Projekte hat sie mit ihren potenziellen Mitgründern bereits sehr fundierte theoretische und praktische Erfahrungen im Themengebiet ihrer Selbstständigkeit sammeln können. Auch der monetäre Aspekt ist bereits transparent für Erika, so dass sie den Punkt „Finanzen & Wirtschaftlichkeit“ in einem Businessplan durchdacht bearbeiten kann. Da sie mit anderen zusammen gründen möchte, war es sehr sinnvoll, alles gemeinsam zu besprechen und auch festzulegen, wer für welche Aufgaben in dem Unternehmen verantwortlich ist. Durch den Austausch mit einem Experten konnten sie alle Aspekte „durchdeklinieren“ und sich zudem wertvolle Ratschläge und Feedback einholen. Erika hat mit ihren Mitgründern einen attraktiven Firmennamen sowie Firmensitz festgelegt und noch einmal das Produkt, die Mission und den USP ihres Start-ups herausgestellt.

In einem nächsten Schritt sollte nun der „kleine Businessplan“ erstellt werden, der *überblicksartig* die Punkte a.-l. (s. o.) beinhaltet. Hier sind beispielhaft einige Aspekte in Stichworten zusammengestellt, die in den ca. 5–7 Seiten ausgewiesen sein sollten. Der kleine Businessplan stellt zunächst einmal alle relevanten Punkte zusammen – geht aber nicht ins Detail. Dafür wären 5–7 Seiten nicht ausreichend, und es braucht ein ausführlicheres Dokument, den „großen Businessplan“. Auf diesen wird dann im nächsten Kapitel eingegangen. Hier einige Hinweise für den „kleinen Businessplan“ am Beispiel von Erika Mustermanns „Master Mind IT Consultant“:

Der kleine Businessplan

a) *Geschäftsidee & Ansatz*
   IT-Lösungen für Unternehmen, Adaptiv- und Care-Systeme
   [genauere Beschreibung des Produkts und Services]
b) *Firmenname & Logo*
   „Master Mind IT Consultant“ produktbezogen, Logo ebenfalls produktbezogen
c) *Produkt & Leistung*
   Verkauf von IT-Produkt, Dienstleistung und Beratung, neue IT-Systeme zur Anpassung bestehender Systeme oder zum Aufsetzen neuer Systeme, Care-System, Besonderheiten: …

d) *Kunden*
unterschiedliche Kundengruppen; Unternehmen, die gesicherte und umfangreiche IT-Systeme benötigen, Mittelständler und Großunternehmen, weltweit agierende Unternehmen; Daten- und Cybersicherheit; Preisgestaltung für Kunden, Verständlichkeit, ...

e) *Marktsituation & Stellung im Markt*
Stellung im Markt wäre sehr gut, Preise für IT-Beratungen steigen stetig, seit mehreren Jahren; Bedarf an guten und sicheren Lösungen (Cybersicherheit) ebenfalls beständig steigend.
IT-Fachkräftemangel; Firmen müssen Wartezeiten in Kauf nehmen; Business Advisory mit spezifischen Bedürfnissen nimmt zu, hier Ansatz unserer eigenen System-Lösung; neue Berufsbezeichnung „Digitale Berater", ...

f) *Wettbewerber*
Wettbewerb ist anspruchsvoll und vielseitig; Ansätze und Produkte von bedeutenden Wettbewerbern sind bekannt; in Teilen bieten wir Ähnliches an, andererseits auch Neues; können uns von Wettbewerbern absetzen

g) *USP*
Abheben von Wettbewerbern und Neuerschließung von Kunden gegeben; bestehende Systeme umbauen für überschaubare Lösungen im Unternehmen; zwei adaptive und sichere IT-Systeme, kombinierbar, nah und schnell am Kunden; Eigenentwicklungen ermöglichen Akquise vielfältiger Kunden und Kundenbedarfe

h) *SWOT-Analyse*

Stärken/**S**trengths: Neue Produkte und Dienstleistungen	Schwächen/**W**eaknesses: Überschaubare Erfahrung
Chancen/**O**pportunities: Wachstum mit neuen Mitarbeitern, Expansion/Internationalität	Risiken/**T**hreats: Wettbewerb, Startkapital

Kostenlose Vorlagen für eine SWOT-Analyse findest du online.[168]

168 z. B. hier: https://de.smartsheet.com/14-free-swot-analysis-templates [Stand: 05.03.2024].

i) *Management*
Regelung der Zuständigkeiten im Management; Planung, Organisation, Finanz- und Personalplanung, Kontrolle, Kommunikation usw.; alle Ressourcen & Faktoren müssen berücksichtigt werden

j) *Finanzierungsbedarf*
Finanzplan erstellen, eigene Mittel; wer bringt was/wie viel ein? Finanzierungsbedarf festlegen, Kapitelbedarfsrechnung, …
Vorlagen zur Ermittlung des Finanzierungsbedarfs und für einen Finanzplan findest du kostenlos online.[169]

k) *Meilensteinplan*
Meilensteinplan ist fester Bestandteil vom Business-Plan; wie Projektplanung vom Start bis zum Ziel; Meilensteine wären z. B. Gewerbeanmeldung, Start-Besprechung, Gerätebeschaffung, Erstellung Homepage, AGB, Briefpapier/Visitenkarten usw.
Kostenlose Tipps und Vorlagen findet du ebenfalls online.[170]

l) *Gewerbeanmeldung & Handelsregister*
Termin beim zuständigen Gewerbeamt, Anmelde-Unterlage vorbereiten, Fragen vorab klären; Eintrag im Handelsregister

Nach Beendigung aller Vorüberlegungen, Abwägung der ersten Schritte sowie der Erstellung des „kleinen Businessplans“ hast du die wesentliche Grundlagenarbeit zur Selbstständigkeit und Gründung deines Start-ups getan. Es gibt viele Gründer, die über diese Punkte hinweg nichts weiter planen oder kein ausführliches Dokument erstellen. Das kann funktionieren. Sicherlich ist es aber lohnend, einige Aspekte detaillierter anzuschauen, gerade, wenn man die Gründung mit Partnern umsetzt und ein Finanzierungsbedarf gegeben ist.

Mit Abschluss der Übungen in diesem Kapitel bist du dir jetzt sicher, dass die Selbstständigkeit der richtige Weg ist. Kurzum: Du möchtest starten.

Im folgenden Kapitel kannst du dich deswegen intensiv mit den Arbeitspaketen eines Unternehmers auseinandersetzen, der sein eigenes Unternehmen strukturiert aufbaut.

169 z. B. hier: https://www.gruenderlexikon.de/checkliste/informieren/finanzierungsbedarf-ermitteln/ [Stand: 05.03.2024].

170 z. B. hier: https://www.fuer-gruender.de/wissen/existenzgruendung-planen/organisation/meilensteine/ [Stand: 05.03.2024].

12.2 Aller Anfang ist einerseits „super", andererseits „anstrengend": Erledigungen vor und nach dem „großen Businessplan"

Deine Vorüberlegungen und ersten Schritte zur Selbstständigkeit sind abgeschlossen – s. Kapitel 12.1 – und du bist fest entschlossen, nun dein Start-up zu gründen. Einerseits beginnt nun eine spannende und ereignisreiche Zeit; alles ist super, denn du bist hochmotiviert und voller Vorfreude. Du hast gute Ideen im Kopf und bereits den ersten Kunden im Fokus usw. Andererseits solltest du dir aber auch im Klaren darüber sein, dass eine erfolgreiche Gründung Arbeit und viel Investment in jeglicher Hinsicht bedeutet; es wird dich einige Anstrengungen kosten, bis du „so richtig" gestartet bist. So musst du dich beispielsweise von Anfang an mit den Themen „Finanzen", „Buchhaltung" und „Steuern" auseinandersetzen, was jeweils gänzlich anders verläuft als im Privaten. Und das Grundlegendste ist neben dem Firmennamen und der Gewerbeanmeldung zunächst die Entscheidung für die Rechtsform.

Um bei all den zu erledigenden Punkten nicht den Überblick zu verlieren, siehst du hier noch einmal zu den relevanten Aspekten erklärt, wie du vorgehen solltest. Das Grundgerüst liefert der „kleine Businessplan" (s. Kapitel 12.1), den du nun mit allen weiteren bedeutsamen Reflektions- und Erledigungspunkten ausführlich in den „großen Businessplan" überführen kannst. Den großen Businessplan benötigst du ohnehin, wenn du eine Finanzierung bei einer Bank oder sonstige Gründungszuschüsse beantragen sowie Partner in dein Unternehmen aufnehmen möchtest. Insofern ist das Dokument ein „Must-have", das du einmal geschrieben haben solltest. Es gibt keine Normierung für dieses Papier, außer dass es erklärlich und verständlich sein sollte. Der Umfang liegt geschätzt bei etwa 20–30 Seiten. Je nach Notwendigkeit oder Erläuterungshilfe kannst du Abbildungen, Tabellen oder Sonstiges integrieren. Alles Relevante für einen Businessplan kannst du auch online nachlesen und dich kostenloser Business-Plan-Vorlagen bedienen bzw. Tipps nachlesen[171].

Folgend wird der „große Businessplan" in 12 Punkten erklärt. Um es anschaulicher zu gestalten, wird hier erneut in einigen Bezügen das Beispiel von Erika Mustermanns Start-up „Master Mind IT Consultant" hergenommen. Schau dir alles in Ruhe und im Detail an:

171 https://www.business-in-a-box.com/?a=business-in-a-box&s=google&c=world&gad_source=1&gclid=EAIaIQobChMIzoi29Z3dhAMVEFFBAh3dLwhmEAAYASAAEgIL1_D_BwE [Stand: 05.03.2024].

1. **Geschäftsidee & Businessmodel**
   - Die Geschäftsidee und das Businessmodel sind die zentralen Ausgangspunkte für die Selbstständigkeit.
   - Welche Produkte und Dienstleistungen sind die zentralen bei „Master Mind IT Consultant"? IT-Lösungen für Unternehmen, Adaptiv- und Care-Systeme hier genauer beschreiben.
   - Was wird in welcher Form angeboten? Welche Produkte und Services gibt es? Hier bedarf es einer genauen Beschreibung.
   - Was wird nicht angeboten? Gerade dieser Punkt sollte klar definiert und abgegrenzt sein, um sich besser auf die eigenen Produkte fokussieren zu können.
   - Wofür zahlen die Kunden wie viel? Diesem Aspekt liegt eine Preiskalkulation zugrunde, s. auch Punkt 3 und 10.
   - Wie sieht die Preisstruktur aus? Wann wird z. B. erhöht? Gibt es Packages?
   - Erika und ihre Mitgründer sollten zudem eine Überprüfung gemäß der ***SMART-Methode*** vornehmen:
     s = spezifisch, z. B. ist hier das Spezifische gegeben durch die Spezialisierung in Form neuer Produkte und Services im Bereich IT-Lösungen.
     m = messbar, z. B.: Kann die Idee in der heutigen Arbeitswelt funktionieren? Hier: Ja, die erarbeiteten IT-Lösungen werden angenommen.
     a = akzeptiert, z. B.: Werden die Produkte und Services akzeptiert, nachgefragt und gekauft? Hier: Ja, bereits Erfahrung mit „Siemensios" und „Philiparu".
     r = realistisch, z. B.: Können Kunden akquiriert werden? Gibt es Kunden für das Spezifische? Hier: Ja, bereits vorhanden und durch weitere Kunden nachgefragt.
     t = terminiert, z. B.: Kann die Start-up-Idee jetzt umgesetzt werden oder braucht es noch Zeit? Hier: Ja, die IT-Lösungen können direkt umgesetzt werden; es wird überdies zukünftig an weiteren Lösungen gearbeitet.
2. **Firmenname & Logo**
   - Der Firmenname sollte Wiedererkennungswert haben.
   - Können Kunden den Namen gut behalten und aussprechen bzw. ist die Schreibweise unkompliziert? Insbesondere bei Fantasienamen ist hier Vorsicht geboten. „Master Mind IT Consultant" ist nicht zu kompliziert und bleibt im Gedächtnis.
   - Die Schreibweise ist entsprechend der englischen Rechtschreibung, dadurch ist der Name auch für den internationalen Markt geeignet.

- Der Firmenname taugt auch für ein Kürzel „MMIT“ oder „MaMiitCo“.
- Das Prinzip der Wiedererkennung und Unkompliziertheit gilt ebenso für das Logo.
- Ist das Logo gut erkennbar in Kleindruck, z. B. auf Visitenkarten?

3. **Produkt & Leistung**
   - Was exakt können Kunden bei „Master Mind IT Consultant“ kaufen? Hier bedarf es einer Produkt-Kategorisierung, s. Punkt 1.
   - Werden die Produkte selbst hergestellt oder eingekauft? Oder teils-teils?
   - Innovative Ideen werden nach ersten Erfahrungen gut angenommen, z. B. das Care-System. Wie kann eine Weiterentwicklung aussehen? Welche Innovationen und Zukunftsaspekte sind bedacht?
   - Gibt es eine schnelle Erfolgsgarantie für gute Dienstleistung und Beratung?
   - Besonderheiten und Neuheiten hervorheben, für den Innen- und Außenraum (Mitarbeiter und Kunden).
   - Ggf. Verkaufsstrategie erläutern, so dass sie leicht verständlich ist.
   - Wie hängen Produkt und Dienstleistung miteinander zusammen?
4. **Zielgruppe & Kunden**
   - Zielgruppenanalyse[172] & Kundensegmente[173]: Sammeln von Informationen über die Target-Unternehmen und potenziellen Kunden von „Master Mind IT Consultant“ sowie deren IT-Lösungsbedarfe; Herausstellen der gemeinsamen Merkmale, etwa Cybersicherheit; dafür werden Verhaltensmuster, Trends, Branchen, Probleme usw. betrachtet. Diese Analysen bieten u. a. eine Grundlage für gezielte Marketing-Aktivitäten, s. auch Punkt 5 und 7.
   - Kundenanalyse betreiben: Kategorien bilden nach Mengen (Umsatz, Profit), Regionen, Altersstrukturen usw.
   - Wie kann „Master Mind IT Consultant“ langfristige Kundenbeziehungen aufbauen?
   - Wie können die unterschiedlichen Kundengruppen bedient werden?
   - Sind die Hauptkunden national oder international aufgestellt?
   - Ist die Preisgestaltung für Kunden verständlich?
   - Wunschkunden identifizieren & passfähige Lösungen anbieten.

---

172 vgl. z. B. https://www.gruenderlexikon.de/checkliste/informieren/marktanalyse/zielgruppenanalyse/ [Stand: 05.03.2024].

173 vgl. Schopp, A. (2020), S. 54 ff.

5. **Marktsituation & Marketing**
   - Marktstellung ist ideal, da steigender Bedarf an unterschiedlichen technologischen Entwicklungen gegeben ist.
   - Große Bandbreite der Marktansprache von Business Advisory bis Cybersicherheit.
   - Seit Jahren gibt es enorme Investitionen in der IT-Branche, der Markt ist auch in Zukunft stabil.
   - IT-Beratungen zählen seit Jahren zu den bestbezahlten Beratungs-Dienstleistungen.
   - Ggf. Nischenfindung analysieren.
   - Wegen des Fachkräftemangels warten Firmen teilweise lange auf Beratung, zusätzlich nimmt der Bedarf an spezifischen Lösungen zu. Deswegen den Ansatz der System-Lösungen von „Master Mind IT Consultant“ vermarkten. Innovative Ansätze wie z. B. neue Berufsbezeichnung „Digitale Berater“ einbeziehen.
   - Für Marketing-Aktivitäten bedarf es der genauen Kenntnis über die Zielgruppe, s. auch Punkt 4.
   - Marketing-Kanäle reflektieren, z. B. Online- versus Print-Marketing.
   - Kostenlose Marketing-Beratung und entsprechende Vorlagen einholen.[174]
6. **Wettbewerber**
   - Anwenden von Methoden für eine Wettbewerbsanalyse[175], u. a. auch SWOT, s. auch Punkt 8.
   - Analyse der Stärken und Schwächen von Konkurrenz-Unternehmen in der IT-Beratung.
   - Wer ist wem voraus? „Master Mind IT Consultant“ den Wettbewerbern oder umgekehrt? Was lernen die Gründer daraus für ihre eigenen Produkte und Services bzw. deren Weiterentwicklung?
   - Ansätze und Produkte von bedeutenden und „gefährlichen“ Wettbewerbern anschauen – was macht sie erfolgreich? Wie gefährlich können sie „Master Mind IT Consultant“ werden?

---

174 vgl. z. B. https://plandisc.com/de/marketing-de/?msclkid=b5cc223c06c11b281b24478e0a862c08 [Stand: 05.03.2024].

175 vgl. z. B. https://www.similarweb.com/blog/de/research/market-research/competitor-analysis-frameworks/ [Stand: 05.03.2024].

- Strategische Datensammlung von Anfang an und dauerhaft; Wettbewerbsanalysematrix innerhalb der drei Gründer besprechen und ausführen.
- Strategie festlegen: Wie und womit von Wettbewerbern absetzen/deutlich erkennbar unterscheiden? S. auch Punkt 5 und 7.

7. **USP**
   - Neuigkeitswert: Adaptivität, Care-Systeme für neue und bestehende IT-Systeme.
   - „Master Mind IT Consultant“ ist aufgrund des Business-Modells ein schnelles Agieren möglich, zudem zeit- und ortsflexibel.
   - Was ist das Wertvolle an den Angeboten von „Master Mind IT Consultant“? Hier ist es sinnvoll, ein Unternehmens-Portfolio zu erstellen. Die Fortschreibung macht auch hier wieder Sinn.
     Vorsicht: Können andere die neuen IT-Lösungen schnell nachahmen?
   - Sollte an eine Patent-Anmeldung, z. B. für das Care-System, gedacht werden? Die Schutzrechte sollten ggf. überprüft werden.
   - Bedürfnis-Analyse der Kunden auch in Bezug auf die USP durchführen.
   - Kundennutzen-Analyse: Der Kunde ist bereit mehr zu zahlen, weil er die Lösung nur von „Master Mind IT Consultant“ erhält, z. B. die Adaptivitätslösung (USP-Ansatz).
   - Konzept zur Neuerschließung von Kunden mit ggf. neuen USP-Produkten und Services reflektieren.
8. **SWOT-Analyse**
   - s. auch o. in „Der kleine Businessplan“
   - Stärken: Was ist der Kunden-Magnet von „Master Mind IT Consultant“? „Das ist der Grund, warum Kunden zu Ihnen und zu niemand anderem wollen.“[176]
   - Schwächen: Hier vor allem ehrlich sein: „Welche Schwächen weist Ihre Idee auf und wo sind die Probleme, für die Sie noch keine Lösung gefunden haben?“[177]
   - Chancen: Weit und offen denken, z. B. szenarienhaft denken oder auch Ausführungen von Zukunftsforschern lesen: Welche gesellschaftlichen und technologischen Trends und Entwicklungen können Ihnen zugutekommen und Ihre Stärken unterstützen?[178]

176 Hilmer, T. (2023), S. 45.
177 ebd., S. 46.
178 ebd.

- Bedrohungen: Dafür umschauen, welche Firmen aus welchen Gründen schon einmal in „Schieflagen“ geraten sind. Bestehen ähnliche Bedrohungen jetzt oder perspektivisch eventuell auch für „Master Mind IT Consultant“? Welche Trends, Entwicklungen oder auch Gesetzeslagen könnten eine negative Beeinflussung für Ihr Start-up jetzt und zukünftig darstellen?[179]

9. **Management**
   - Zuständigkeiten-Klärung und -Realisierung in der Firmenleitung: Welcher Geschäftsführer/Inhaber ist für welchen Bereich verantwortlich? Definition des Aufgaben- und Verantwortungsbereichs verfassen.
   - Zu berücksichtigende Bereiche im Management sind z. B: Organisationsplanung, Finanz- und Personalplanung, Controlling, Kommunikation, Geschäftsstrategien, Marketing, Innovations- und Projektmanagement – alle Ressourcen und Faktoren müssen berücksichtigt werden.
   - Wie sehen die Abläufe aus? Wer informiert wann wen über was? Fahrpläne anhand etwa von Fließdiagrammen festlegen.
   - Lohnend ist, sich eine Software für die Buchhaltung zuzulegen und Daten „einzufüttern“. Oftmals erspart das die Person des Buchhalters, zumindest zu Beginn, s. auch Punkt 10.
   - Beispiele anderer Firmen – vergleichbare Branche – anschauen,[180] wie sind diese bei Management-Themen vorgegangen?
   - Wichtig ist der Steuerberater: Hier sollten eine Beratung und Begleitung von Anfang an bedacht und umgesetzt werden. „Master Mind IT Consultant“ sollte sich für einen branchenkundigen Berater sowie eine Person ihres Vertrauens entscheiden.
10. **Finanzen**
   - Grundfrage: Wie viel Kapital benötigt „Master Mind IT Consultant“ für die Gründung insgesamt?
   - Wofür wird das benötigte Kapital gebraucht: Computer, Marketing usw.?
   - Ein Finanzplan hilft grundlegend und enthält[181] mindestens folgende Punkte: Umsatzplanung, Ausgaben-Einnahmen-Auflistung und alle Kosten (variabel – z. B. aufgrund von Wareneinkauf – und fix – z. B.

179 vgl. ebd., S. 47.

180 vgl. z. B. https://www.studysmarter.de/studium/bwl/innovationsmanagement/start-up-management/ [Stand: 05.03.2024].

181 vgl. https://www.fuer-gruender.de/wissen/existenzgruendung-planen/finanzen/ [Stand: 05.03.2024].

Miete), laufende Kosten/Betriebskosten (z. B. Versicherungsgebühren[182] für Kranken-/Pflege-/Unfallversicherung usw.), Gründungskosten (z. B. Geräte, Eintrag ins Handelsregister – s. auch Punkt 12), Kapitalbedarf, Finanzierungsplan, Rentabilitätsrechnung usw.

- Die Unternehmensentwicklung sollte in Zahlen dargestellt werden (Tabelle). Das Ziel ist: Erkenntnis gewinnen, ob sich die Gründung wirtschaftlich lohnt bzw. welcher Umsatz und Gewinn zu erwarten sind – kurz- und zumindest mittelfristig.
- Investitionen und Abschreibungen müssen vollständig aufgelistet werden.
- Wer von den drei Mitgründern kann wie viel Eigenkapital einbringen?
- Welche Kapitalgeber kommen in Frage? Hier ebenfalls Überprüfung von Förderungsmöglichkeiten für Selbstständige, z. B. Gründerkredite (die ersten Jahre sind oftmals tilgungsfrei). Beratungen hierzu können z. B. auch bei der IHK oder der Bundesagentur für Arbeit eingeholt werden.
- Wie viel wird das Fremdkapital, z. B. von Banken oder von CrowdFunding-Anbietern, kosten?
- Wie viel Umsatz muss mit der Geschäftsidee erwirtschaftet werden, damit sich das insgesamt verwendete Kapital (Eigen- und Fremdkapital) rentiert?
- Wann kann geliehenes/finanziertes Kapital zurückgezahlt werden?
- Sollen Partner oder Mitarbeiter eingestellt werden? Wie sehen die Gehalts- oder Beteiligungsstrukturen aus?
- Können die drei Gründer von „Master Mind IT Consultant" von dem momentanen Gewinn bereits leben? Wenn nicht, wie viel mehr Umsatz/Gewinn ist erforderlich? Ab wann wird dieser voraussichtlich erreicht?
- Gibt es Fixgehälter und/oder Erfolgsvariablen?
- Welches finanzielle Risiko besteht insgesamt betrachtet, s. auch Punkt 8?
- Hängt das Gehalt für die drei Gründer von „Master Mind IT Consultant" grundsätzlich oder nur zu Beginn unmittelbar von der Auftragslage ab?

11. **Meilensteinplan**
    - Relevant ist, einen Realisierungsfahrplan zu erstellen. Dieser enthält auch die Angaben: „Wer macht was bis wann?"
    - In den Meilensteinplan werden Kurz-, Mittel- und Langfristziele aufgenommen.

182 vgl. https://www.gruender.de/versicherungen/versicherungen-fuer-startups/ [Stand: 05.03.2024].

- Was sind weitere Meilensteine? Beispielsweise Standort/Büro, Gewerbeanmeldung, Steuerberater, Finanzierungsgespräche, Produkt(weiter-)entwicklung, Gerätebeschaffung, Versicherungsabschluss, Workshop und finale Erstellung der Homepage & der Social-Media-Kanäle, der Visitenkarten, Erstkundenakquise, Rekrutierung von Personal usw.; mit Mini-Szenarien arbeiten, damit jeder den Meilensteinplan lesen und verstehen kann.[183]
- Der Start der Meilensteine kann schon vor der Gründung gegeben sein, z. B. der Wochenend-Initial-Workshop von „Master Mind IT Consultant".
- Die Meilensteinplanung sollte adaptiv gehalten sein. Es können Steps/Ziele/Produkte hinzukommen oder wegfallen.

12. **Gewerbeanmeldung & Handelsregister**
    - Vor der Gewerbeanmeldung sollte mit einer Namensprüfung durch die IHK sichergestellt sein, dass der gewünschte Firmenname für das Start-up noch nicht vergeben ist.
    - Ebenfalls vor der Gewerbeanmeldung sollten sich die Gründer von „Master Mind IT Consultant" die Rechtsformen[184] angeschaut haben. Kommt z. B. eher eine Personen- und Kapitalgesellschaft in Frage? Dafür kann eine tiefergehende Beratung Sinn machen.
    - Ein weiterer Punkt vor der Gewerbeanmeldung und in direktem Zusammenhang mit dem vorgenannten Aspekt ist der Punkt der Steuer, s. auch Punkt 9. Ein Beratungsgespräch mit einem Steuerberater oder einer Anwaltskanzlei für Gründer und Start-ups ist hier zu empfehlen. Grundsätzlich gilt: Welche Steuer – und deswegen auch welche Höhe der Steuer – erhoben wird, hängt von der Rechtsform ab. Umsatz-, Einkommens-, Gewerbesteuer usw. hängen unmittelbar mit dem Gesamtkonstrukt des Start-ups zusammen, also neben der Rechtsform z. B. auch mit der Größe des Unternehmens, dem Umsatzvolumen usw.
    - „Die Gewerbeanmeldung musst Du in Deiner Stadt beim zuständigen Gewerbeamt beantragen. Du kannst dies persönlich oder aber in Schriftform erledigen. Es gibt auch online eine Möglichkeit dafür. [...] Falls Dein Start-up ein Einzelunternehmen ist, muss der Antragsteller zugleich Inhaber sein. Sobald du eine Personengesellschaft wie eine OHG oder

183 vgl. z. B. https://www.fuer-gruender.de/wissen/existenzgruendung-planen/organisation/meilensteine/ [Stand: 05.03.2024].
184 vgl. Schopp, A. (2020), S. 111 ff.

GbR gegründet hast, muss der Geschäftsführer das Gewerbe anmelden. [...] Handelt es sich bei Deinem Unternehmen um eine Kapitalgesellschaft wie eine AG oder GmbH, dann muss ein Geschäftsführer, der vertretungsberechtigt ist, das Gewerbe anmelden."[185]

- Im Falle von „Master Mind IT Consultant" müssen die drei Gründer also festlegen, für welche Anmeldung sie sich entscheiden, denkbar wäre eine GbR: „Die GbR oder Gesellschaft bürgerlichen Rechts ist die kleinste mögliche Rechtsform, wenn sich zwei oder mehrere Personen zu einer geschäftlichen Tätigkeit zusammenschließen. [...] Die GbR muss genau wie beim Einzelunternehmen die Namen der Gründer sowie den Geschäftszweck und die Rechtsform beinhalten."[186]
- Alle drei Gründer von „Master Mind IT Consultant" benötigen zur Gewerbeanmeldung ein Ausweisdokument (Personalausweis oder Reisepass) sowie eine aktuelle Meldebescheinigung (Wohnort).
- „Nach der Gewerbeanmeldung erhalten verschiedene Behörden und Institutionen eine Meldung über die Existenzgründung, z. B. die IHK oder das Statistische Bundesamt. Hier muss seitens der Gründer zunächst nichts weiter erledigt werden. Falls Du in Deinem Unternehmen Mitarbeiter beschäftigst, wird die Meldung ebenfalls noch an die Agentur für Arbeit weitergegeben. Von dieser erhältst du dann im weiteren Verlauf eine Betriebsnummer. Darüber hinaus musst Du einer Berufsgenossenschaft beitreten, wenn Du Mitarbeiter beschäftigst. Diese ist ein Träger der gesetzlichen Unfallversicherung für Arbeitnehmer [...]."[187]
- Schließlich muss das Start-up von Erika Mustermann „Master Mind IT Consultant" noch in das Handelsregister eingetragen werden: „Das Handelsregister dokumentiert als öffentliches Verzeichnis Einträge über die angemeldeten Kaufleute im Bereich eines zuständigen Registergerichts. Es kann von jedermann eingesehen werden und stellt Informationen über die wesentlichen wirtschaftlichen Verhältnisse von Kaufleuten und Unternehmen bereit. Dazu zählen beispielsweise Jahresabschlüsse und Bilanzen. [...] Eintragungspflichtig sind grundsätzlich alle Kaufleute."[188]

185 Ripptal, K. (2020), S. 165/166.
186 Hilmer, T. (2023), S. 27/28.
187 Ripptal, K. (2020), S. 167.
188 https://www.fuer-gruender.de/wissen/unternehmen-gruenden/unternehmen-anmelden/handelsregister/ [Stand: 05.03.2024].

Du stellst nun sicherlich fest, dass ein umfassender Businessplan viel Arbeit und Aufwand bedeutet. Gleichzeitig wird hierdurch vermutlich aber auch deutlich, wie sinnvoll die gesamten Grundplanungen sind. Wenn du über die Anleitungen der 12 Punkte hinweg mehr Hilfen oder Unterstützungen benötigst – etwa damit du bei all diesen Themen nicht den Überblick verlierst (zumal du vielleicht allein gründest und nicht wie Erika Mustermann Mitgründer hast, die dich unterstützen) –, gibt es sogenannte Gründungsfahrpläne, die du dir beschaffen kannst. Einen übersichtlichen und gut verständlichen Gründungsfahrplan, der Themen wie hier in den 12 Punkten enthält, kannst du z. B. bei Schopp[189] nachlesen, ebenso kannst du dich online kostenlos informieren[190].

Für die Gründung deines Start-ups kannst du dich auch vollumfänglich beraten und „anleiten“ lassen. Firmen bieten hierfür beispielsweise „Unternehmensgründung mit cleveren Paketen“[191] an. Dies ist dann allerdings nicht kostenlos.

ÜBUNG 48: Erarbeite nun den „großen Businessplan“ für dein Start-up mit allen hier geschilderten 12 Punkten

Sei so exakt wie möglich in der Ausformulierung, kürze nichts ab, sondern gehe ins Detail. Lasse ein oder mehrere Personen deines Vertrauens den Businessplan lesen und überarbeite ihn danach ggf.

TIPP Ein vernünftiger Businessplan ist das Kernstück deiner Start-up-Planungen und -Umsetzungen. Entsprechend gut durchdacht sollte er sein. Es macht sogar Sinn, den Businessplan alle paar Jahre fortzuschreiben. Das in dem Sinne, als dass sich dein Unternehmen weiterentwickelt, Produkte sich ändern oder hinzukommen, vielleicht Partner in das Unternehmen einsteigen, sich das Finanzvolumen verändert u. ä. Für all jene Veränderungen benötigst du einen „Businessplan à jour“.

Du stellst fest, dass du jetzt oder ziemlich bald Support in Form von Mitarbeitern für dein Start-up benötigst? Dann lies in Kapitel 12.3, wie du dazu vorgehen kannst.

189 vgl. Schopp, A. (2020), S. 189 ff.
190 vgl. z. B. https://gruenderplattform.de/ [Stand: 05.03.2024].
191 https://www.firma.de/ [Stand: 05.03.2024].

12.3 Mitarbeiter-Akquise „New Culture": Talentstrategien anwenden, um geeignete Mitarbeiter zu finden

Dein Unternehmen ist gestartet, es „floriert“ – herzlichen Glückwunsch! Es funktioniert sogar so erfolgreich, dass du Unterstützung benötigst? Dann kläre zunächst folgende Fragen:

- Du stellst fest, dass du Hilfe benötigst, weil du den Workload in deinem Start-up effektiv, zufriedenstellend und kundenorientiert nicht mehr allein bewältigen kannst?
- Du kannst es dir aus finanzieller Sicht leisten, Mitarbeiter einzustellen? D. h. du hast dir auch schon einen Gehaltsrahmen vorgestellt und durchgerechnet?
- Du traust dir auch zu, Mitarbeiter anzuleiten und den Schritt in die Arbeitgeberrolle „Chef“ zu gehen?
- Du hast bereits definiert, welche Tätigkeiten und Aufgaben du an den Mitarbeiter delegieren möchtest bzw. welchen Bereich – ggf. auch einen neuen – dieser übernehmen soll?
- Du weißt genau, über welche Kompetenzen und Talente der Mitarbeiter verfügen sollte, und hast eine Checkliste parat?
- Du hast bereits für dich geklärt, welche Person du dir als Mitarbeiter vorstellen kannst, der zu dir und deinem Unternehmen passt? Ggf. auch zu deinen Mitgründern?
- Du hast dir bereits Gedanken gemacht, wo dein Mitarbeiter seinen Arbeitsplatz haben könnte – im Büro oder Homeoffice?

Wenn du diese Fragen allesamt mit JA beantworten kannst, dann ist es an der Zeit, sich um einen geeigneten Mitarbeiter zu kümmern. Wenn du zurückblickst, so hast du dich in Kapitel 8 und 9 damit auseinandergesetzt, wie die Steps für eine gelungene Bewerbung ausschauen und wie man in einem Bewerbungsgespräch feststellt, wer der passende Bewerber ist. Der Unterschied ist jetzt, dass DU nun derjenige bist, der attrahiert (Stellenausschreibung o. ä.) – also Bewerbungsunterlagen liest – und in einem Vorstellungsgespräch die Rolle des Interviewers einnimmt – also die Auswahl für den besten Kandidaten trifft. Du kannst also die Aspekte und Ausführungen aus den Kapiteln 8 und 9 hernehmen und jeweilig *mit der Arbeitgeberbrille* die Bewerbungsunterlagen lesen und später im Bewerbungsgespräch die entscheidenden Fragen stellen. Somit bist du hierfür gut aufgestellt.

Aber bevor du Bewerberunterlagen lesen und -gespräche führen kannst, stellt sich eine andere Frage: Wie findest du einen geeigneten Mitarbeiter? Du hast eine konkrete Vorstellung eines Mitarbeiters mit definierten Kompetenzen und Talenten. Für die Suche und das Finden hilft dir, dich an einem Vorgehen zu orientieren, das gezielt und strategisch Talente adressiert und attrahiert. Denn heutzutage musst du geschickt sein, um in der „New Culture"-Mentalität der Arbeitnehmer DEN geeigneten Mitarbeiter zu finden. Nicht jeder möchte z. B. in einem Büro arbeiten, bevorzugt ggf. viel Homeoffice-Zeit, lehnt zu starre Bürozeiten ab – wegen mangelnder Flexibilität – und das Thema Work-Life-Balance ist allumfassend prominenter denn je. Hinzu kommen Faktoren wie Fachkräftemangel und geburtenschwache Jahrgänge. „Der Faktor Talent wird immer mehr zum entscheidenden und knappen Erfolgsfaktor. Damit werden gleichzeitig zentrale HR-Aktionsfelder, nämlich das Finden, das Entwickeln und das Binden von Talenten, zu Herausforderungen."[192]

Hier kannst du Tipps nachlesen, wie du vorgehen kannst, um ein Talent für dein Unternehmen zu finden, zu begeistern und möglicherweise auch zu binden:

Passive Mitarbeitergewinnung:

- **Employer Branding:** Du hast bereits in Kapitel 7.3 nachlesen können, wie wichtig die Außendarstellung von Unternehmen ist, damit Arbeitnehmer sich für diese Firma oder Einrichtung interessieren. Überlege auch du für deine Firma, wie du dich nach außen zeigst und präsentierst, z. B. Homepage, Ausstellungen/Messen u. a.
- **Karriere-Seite:** Deine Homepage sollte neben einem freundlichen und professionellen Auftritt auch eine „Karriere-Seite" beinhalten. Auf dieser Seite schilderst du, welche Talente bei dir „ein Zuhause finden" können. Du stellst die Firma in knappen Worten vor, stellst Vorteile, USPs, Innovationen, ggf. Umsatzzahlen o. ä. vor. Zugleich beschreibst du auch, welche Person – mit welchen Talenten – gesucht wird. Versuche den Einstieg so darzustellen, als wenn der Mitarbeiter in eine „Familie" aufgenommen wird. Es geht um gegenseitiges Vertrauen, gerade dann, wenn die Firma noch jung ist und erst anfängt zu wachsen.

192 Athanas, C./Graf, N. (2013), S. 27.

- **Anreiz-Systeme:** Zu den Anreiz-Systemen, die du offerieren kannst, gehören einerseits Aspekte wie Gehalt, Erfolgsvariablen, ggf. Dienstwagen, Modi für Dienstreisen usw., zum anderen Punkte wie Urlaubszeiten, flexible Arbeitszeiten und alles weitere, was mit einer möglichst hohen Work-Life-Balance zu tun hat.
- **Attraktive Karrierewege:** Damit ist das In-Aussicht-Stellen von Entwicklungsschritten gemeint. Kann ein Mitarbeiter Projektleiter, Abteilungsleiter oder Partner in deinem Unternehmen werden? Welche Szenarien kannst du hier aufzeigen?

Aktive Mitarbeitergewinnung:
- **Multiple Kanäle nutzen:** Nicht nur die kostenlosen Online-Jobportale/-börsen für eine Stellenausschreibung nutzen, sondern ebenfalls die Social-Media-Kanäle gekonnt bespielen, z. B. XING, s. auch Kapitel 12.4.
- **Anzeigen in Zeitungen und Zeitschriften:** Auch das klassische Anzeigenschalten in einer angesehenen Zeitung solltest du ausprobieren, z. B. in der FAZ[193]. Eventuell wird gerade zu dem Zeitpunkt, wenn du deine Anzeige schalten möchtest, über Themen deiner Branche geschrieben. Hier empfiehlt sich der Kontakt mit der Zeitung, um ein geeignetes Zeitfenster für deine Annonce zu finden. Ebenso solltest du für deine Anzeigen Fachzeitschriften bedenken, darüber hinaus die Online-Ausgaben wie beispielsweise von der WirtschaftsWoche[194].
- **Flyer-Werbung:** Es gibt Anlässe, bei denen sich das Auslegen oder Verteilen von Flyern lohnen könnte, z. B. Fach-Messen. Hier solltest du bedenken, dass die Auslage mit dem Veranstalter abgeklärt sein muss.
- **Zielgruppen-Scouting:** Überlege, wo sich Personen deiner Zielgruppe aufhalten. Ggf. kannst du dort „vor Ort sein“, z. B. bei Sportvereinen/Sportveranstaltungen oder Konzerten. Auch hier: Erlaubnis klären.
- **Wettbewerb-Kontakte:** „Wettbewerber beflügeln das Geschäft“, so die Volksweisheit. Du könntest Kontakte zu Wettbewerbern aufbauen oder pflegen, denn es gibt immer wieder Situationen, in denen Arbeitnehmer den Wunsch nach Veränderung äußern, ohne dass es zum Schaden des bisherigen Unternehmens sein muss. Beispielsweise wird eine Abteilung umstrukturiert oder Arbeitsgebiete ändern sich/fallen weg, bei dir hingegen sind

193 Frankfurter Allgemeine Zeitung.
194 vgl. https://www.wiwo.de/themen/karriere [Stand: 05.03.2024].

sie existent oder im Ausbau. So könnte ein Transfer ausgehandelt werden. Und du erfährst zudem etwas über die Arbeitsleistung deines potenziellen neuen Mitarbeiters.

- **Headhunter:** Wenn mit eigenen Schritten kein Mitarbeiter-Recruiting gelingt, besteht in der Kooperation mit Headhuntern eine weitere Möglichkeit, geeignete Talente zu finden. Eruiere, welcher Headhunter für deine Branche der richtige Ansprechpartner ist, lass dich von der Person überzeugen und vergib den Auftrag.
- **Zeitarbeitsfirmen:** Hier sind Personen bei einem Personaldienstleister angestellt und arbeiten wechselnd in den Kundenunternehmen der Personaldienstleister. Denkbar ist, dass du über diesen Weg ein Talent finden kannst, das vom Personaldienstleister zu dir in dein Unternehmen wechselt. Es gibt auch weltweit agierende Personaldienstleister.[195]
- **Bundesagentur für Arbeit**[196]: Auch „Arbeitsamt" genannt. Es wird eine Vielzahl von oftmals gut qualifizierten arbeitssuchenden Personen vermittelt. Es ist wichtig, möglichst offen nach Talenten Ausschau zu halten und sich aber auch darauf einzustellen, dass eventuell erst viel Anlernen anfällt, bevor die Person eigenständig arbeiten kann.
- **Alumni-Netzwerke:** Ursprünglich sind das ehemalige Hochschulstudenten, die in sogenannten Netzwerken organisiert sind. Trifft das auch auf dich zu? Alumni-Netzwerke können helfen, Talente zu rekrutieren, z. B. indem du hier auf Gleichgesinnte triffst,[197]also sehr zielgerichtet nach einem Talent Ausschau halten bzw. einer Empfehlung durch einen Alumnus folgen kannst.

Tipps zur Mitarbeitergewinnung findest du auch auf Online-Portalen.[198]

ÜBUNG 49: Strategie zur Talentgewinnung

Gehe nun die Tipps Punkt für Punkt durch und überlege, was du bereits umsetzt, besser machen kannst oder noch gar nicht begonnen hast. Fertige zur besseren Übersicht eine Tabelle an. Halte auch Anmerkungen oder Ideen fest:

195 vgl. z. B. https://remote.com/de-de [Stand: 05.03.2024].
196 https://www.arbeitsagentur.de/ [Stand: 05.03.2024].
197 https://www.ey.com/de_de/alumni/how-alumni-networks-help-recruit-talent-and-grow-careers [Stand: 05.03.2024].
198 vgl. z. B. https://karrierebibel.de/personalgewinnung/ [Stand: 05.03.2024].

	Bereits in Umsetzung	**Optimierung erforderlich**	**Noch nicht umgesetzt**
Passive Mitarbeiter-gewinnung	Ideen/Anmerkungen:		
Employer Branding			
Karriere-Seite/ Stellenausschreibungen			
Anreiz-Systeme			
Attraktive Karrierewege			
Aktive Mitarbeiter-gewinnung	Ideen/Anmerkungen:		
Online-Jobportale & Social Media			
Anzeigen in Zeitschriften – Print und/oder online			
Flyer-Werbung			
Zielgruppen-Scouting			
Wettbewerb-Kontakte			
Headhunter			
Zeitarbeitsfirmen			
Bundesagentur für Arbeit			
Alumni-Netzwerke			

Selbstredend ist die Tabelle durch dich erweiterbar.

TIPP Das Finden eines geeigneten Mitarbeiters ist ein „dynamischer Prozess" – es kann schnell gelingen oder etwas mehr Zeit in Anspruch nehmen. Nimm dir ausreichend Zeit, die passende Person für dein Unternehmen zu finden. Lass dich nicht von übereiligen Entschlüssen leiten. Je zufriedener beide Seiten sind, desto größer und nachhaltiger der Erfolg!

Im anschließenden und zugleich letzten Kapitel dieses Buches kannst du noch weitere relevante Ansätze des strategisch sehr relevanten Aspekts von Netzwerken nachlesen. Denn nicht nur Alumni-Netzwerke sind wichtig.

12.4 Die Bedeutung von Netzwerken für Gründer und Selbstständige

Networking ist das Zauberwort für Berufstätige, insbesondere für Selbstständige bzw. Gründer. Netzwerken bedeutet ein „Geben und Nehmen". Es geht deswegen darum, nicht immer nur zu nehmen. Also sich nicht nur bei anderen zu melden, wenn man etwas möchte oder Hilfe benötigt. Vielmehr ist ein Netzwerk eine Plattform für Austausch, Information, Gemeinsamkeit und selbstverständliches Geben und Nehmen. Überdies ist das Interessante an einem Netzwerk, dass hinter jeder partizipierenden Person wieder weitere spannende Kontakte stehen können. Die Multiplikationsformel im Networking lautet: Hinter jeder Networking-Person stehen 5–10 weitere. Das insgesamt macht Networking so wertvoll und hilfreich.

Es gibt verschiedene Arten von Netzwerken, die dir nicht nur Freude bereiten und interessant sind, sondern dir auch wirtschaftlich und inspirativ-ideengebend hilfreich sein können. In Kapitel 8.4 hast du dich bereits mit der Relevanz von Netzwerken beschäftigt (Kontakt-Netzwerke & Netzwerk-Aufbau). Dies aus der Sicht eines Studierenden, der sich auf seine Bewerbung bzw. seinen Job vorbereiten möchte. Hier sind einige relevante Netzwerke für Gründer und Selbstständige erläutert:

Alumni-Netzwerke

Im vorhergehenden Kapitel hast du bereits etwas über eine der Arten des Networking als ein hilfreiches Mittel zur Talent-Akquise erfahren, die *Alumni-Netzwerke*. Die Verbindung zu ehemaligen Mitstudierenden lohnt sich in mehrfacher Hinsicht. Neben dem Aspekt, ggf. einen geeigneten Mitarbeiter über diese Kontakte zu finden, gibt es Vorteile wie z. B. das Mitbekommen von Innovationen, das Sich-Austauschen in Gruppen, sich zu wechselseitigen Vorträgen oder Inputs als kleine „Mini-Workshops" zu treffen und Einblicke in andere Berufe, Branchen, Herausforderungen, Problemlagen, Erfolge o. ä. zu erhalten. Da dies im vertrauten Rahmen abläuft, kannst du unbefangen Fragen stellen, auf die es ehrliche Antworten gibt. Das erweitert deinen Horizont. Mehr über Alumni-Netzwerke kannst du beim Alumniportal Deutschland[199] nachlesen.

199 vgl. https://www.alumniportal-deutschland.org/de/unsere-angebote/fuer-alumni-netzwerke/ [Stand: 05.03.2024].

Next Generation Alumni

In deinem Uni-Netzwerk sind die Absolventen deines Jahrgangs. Die Jahrgänge nach dir sind vermutlich in eigenen Netzwerken aktiv. Es kann für dich interessant sein, die Mentalität, die Denke, Bedarfe, Sprache „der Jugend“ verstehen zu können. Dies insbesondere dann, wenn du in einem Bereich gegründet hast oder selbstständig bist, der junge Menschen als Käufer-Zielgruppe hat, beispielsweise in der Modebranche oder Gaming-Industrie. Deswegen könntest du vorfühlen, ob du z. B. einmal als Gast bei einem Netzwerk-Treffen dabei sein könntest. Du könntest auch anbieten, mit einem Vortrag teilzunehmen, z. B. zu Entwicklungsprozessen neuer Produkte o. ä.

Job-Netzwerke

Job-Netzwerke sind Karrierenetzwerke wie z. B. LinkedIn oder XING. Hier geht es um den geschäftsmäßigen Austausch; darüber hinaus werden berufliche Kontakte verwaltet. Diese sozialen Netzwerke sollten als Selbstständiger zu deinen Standard-Netzwerken gehören. Auch Jobbörsen wie Stepstone sollest du dir anschauen. Die Reichweite dieser Netzwerke und Jobbörsen ist enorm und international, zudem bieten sie eine gute Möglichkeit zur Mitarbeiter-Akquise, s. auch Kapitel 12.3.

Online-Netzwerke

In Online-Netzwerken kannst du Inhalte, Ideen, Erlebnisse usw. mit anderen teilen. Du stellst Informationen öffentlich. Diese beziehen sich vorwiegend auf private Themen. Andere lesen deine Beiträge und reagieren darauf. Über diesen Austauschkanal können ebenfalls Kontakte entstehen. Identifiziere jene Social-Media-Kanäle, die dir am meisten zusprechen – sowohl inhaltlich als auch von den Personen in diesem Netzwerk. Über die 18 besten Sozialen Netzwerke kannst du dich auch online informieren, etwa bzgl. Blogger-Plattformen.[200]

Fach-Netzwerke

In Fachnetzwerken sind Personen miteinander verbunden, die in fachlichen Gebieten gleiche Ansichten haben und vertreten. Oftmals steht ebenso der Erfahrungsaustausch im Vordergrund des Vernetzens. Hier gibt es zumeist keine feststehenden Gremien, sondern offene Plattformen – organisiert wie

200 vgl. https://www.gruenderkueche.de/fachartikel/marketing/die-besten-10-soziale-netzwerke-und-wie-sie-sie-nutzen/ [Stand: 05.03.2024].

die zuvor genannten. Fach-Netzwerke gibt es in zahlreichen Branchen und Themenfeldern, z. B. Fachnetzwerk Mittelstand[201], VDI-Gruppe (Verband Deutscher Ingenieure)[202], Bundesvereinigung Logistik[203], Netzwerk Ernährungskultur[204], Kuratorium Deutsche Altershilfe[205] oder Ärztenetzwerk[206] (z. B. regionale Zusammenschlüsse von Ärzten).

„Freizeit"-Netzwerke

Bei den Freizeit-Netzwerken kannst du unterteilen in die Bereiche Sportvereine und sonstige Vereine. Wenn du in einem Verein Sport treibst, kennst du vielleicht schon deren Vernetzungsplattform. Die meisten Sportvereine betreiben inzwischen Social-Media-Accounts. Aber auch beispielsweise Musikvereine, Fischervereine oder Vereine für Kunst und Malerei bieten häufig Netzwerke an.

Wissenschafts-Netzwerke

Wissenschafts-Netzwerke sind spezifische Plattformen. Hier geht es darum, in den wissenschaftlichen Austausch zu treten[207], die Publikation wissenschaftlicher Arbeiten vorzunehmen und sich in der Science Community „zu präsentieren". Bist du beispielsweise im Bereich Forschung[208] und Entwicklung tätig, so könnten diese Netzwerke für dich interessant sein, s. auch Kapitel 8.4.

Nicht jedem ist die Fähigkeit zum Austausch und Networking mitgegeben. Fällt es dir schwer zu networken? Wüsstest du gerne, wie man in einem Netzwerk bzw. generell Smalltalk führt?
Dann lies die folgenden Hinweise.

201 https://www.mit-bund.de/fachnetzwerke [Stand: 05.03.2024].
202 https://www.vdi.de/ueber-uns/organisation/vdi-gruppe [Stand: 05.03.2024].
203 https://www.bvl.de/ [Stand: 05.03.2024].
204 https://esskult.net/ [Stand: 05.03.2024].
205 https://kda.de/ [Stand: 05.03.2024].
206 https://www.aerzteblatt.de/archiv/59101/Aerztenetzwerke-im-Web-Profitieren-von-der-Gemeinschaft [Stand: 05.03.2024].
207 z. B. https://www.netzwerk-wissenschaftsfreiheit.de/ [Stand: 05.03.2024].
208 z. B. https://www.dfg.de/ [Stand: 05.03.2024].

Du bist noch nicht gut vernetzt? Du möchtest aber gerne damit starten? Hier erhältst du ein paar wesentliche ***Tipps,*** wie du netzwerken kannst. Siehe dafür auch das Video von Adriana Girdler:[209]

1. *Show up:* Suche in Gruppen oder bei Anlässen den Augenkontakt zu den Personen, die dir interessant erscheinen und widme ihnen volle Aufmerksamkeit, wenn du mit ihnen sprichst.
2. *Listen up:* Höre bewusst zu (nicht nur „mit einem Ohr“) und konzentriere dich auf das Sprechen des anderen. Ein Trick: Wenn du antwortest, beginne mit dem zuletzt gesagten Punkt des Gegenübers. Das unterstreicht dein bewusstes/aktives Zuhören und ermöglicht dir ein vertieftes Gespräch.
3. *Network up:* Mache jemanden ausfindig, der dir tatsächlich hilfreiche Tipps und Ratschläge geben kann („Kompetenzträger“) bzw. wiederum weitere für dich interessante Personen kennt und dich ggf. ihnen vorstellen kann.
4. *Mentor up:* Identifiziere jemanden, der wertvolles Wissen vermitteln und ggf. Entwicklungen für dich ermöglichen kann. Dann fungiert diese Person wie ein Mentor für dich. Hierdurch kannst du dich selbst besser kennenlernen und weiterentwickeln (Kompetenzentwicklung).
5. *Speak up:* Stelle dich in Gesprächen selbstbewusst vor und achte dabei neben deiner Wortwahl auch auf die nonverbalen Signale wie z. B. Körpersprache, Mimik und Gestik. Als Tipp: Wende die *ford*-Regel an, dann hast du immer Gesprächsideen und erhältst zumeist auch Antworten zurück:

   f = family (Partner, Kinder etc.)
   o = occupation (Beruf oder sonstige Verpflichtungen)
   r = recreation (Erholung/Hobbys etc.)
   d = dream (Wünsche, Planungen)

6. *Link up:* Bediene dich der sozialen Netzwerke, z. B. LinkedIn. Sei dort mit deinem aussagekräftigen Profil präsent. Hier suchen auch Personen nach Jobs bzw. Jobanbieter nach Mitarbeitern, s. auch Kapitel 12.3.

209 https://www.bing.com/videos/riverview/relatedvideo?&q=Networking&&mid=E1E02D3029A27E28FED5E1E02D3029A27E28FED5&&FORM=VRDGAR [Stand: 05.03.2024].

ÜBUNG 50: Bewertung und Bearbeitung der Netzwerke

Welche Netzwerke sind für dich relevant? In welchen Netzwerken bist du bereits aktiv? In welchen bist du noch nicht aktiv, solltest aber ggf. aktiv werden? Hier kannst du vorgehen wie in der Übung 49. Erstelle eine Tabelle zur besseren Übersicht und plane deine weiteren Aktivitäten. Greife dafür nach Bedarf auf die sechs zuvor genannten Tipps zum Netzwerken zurück:

	Bereits aktiv	**Nicht aktiv**	**Status ändern?**
Relevante Netzwerke	Ideen/Anmerkungen:		
Alumni-Netzwerk			
Next-Generation-Alumni-Netzwerk			
Job-Netzwerke			
Online-Netzwerke			
Fach-Netzwerke			
„Freizeit"-Netzwerke			
Wissenschafts-Netzwerke			

Selbstredend ist die Tabelle durch dich erweiterbar.

TIPP Wenn jeder in einem Netzwerk stets versucht, mehr zu geben als zu nehmen, dann ist das Netzwerk „gesund, reichhaltig und nachhaltig". Wenn du in einem Netzwerk aktiv bist, denke immer auch daran, ungefragt von dir aus zu geben, um im Bedarfsfall optimal von deinen Netzwerkpartnern profitieren zu können.

Hier schließt sich nun der Kreis des Buches.
Von der Uni/Hochschule über Bewerbung und Job oder Unternehmensgründung zurück zur Uni/Hochschule:

Gestartet hast du mit dem Entschluss, an einer Universität oder Hochschule studieren zu wollen. Du hast die Phasen des *Student Life Cycle* durchlaufen und bist im Berufsleben und Job angekommen – egal ob als Angestellter oder Selbstständiger/Gründer. Du hast es gemäß dem Titel des Buches geschafft: *Erfolgreich studieren und glücklich im Traumjob!*

In diesem Kapitel erfolgt jetzt der Schulterschluss mit der Universität oder der Hochschule, indem du dich u. a. an Uni-Netzwerken beteiligst und deine Bildungsherkunft stets im Positiven mit dir trägst.

Schlusswort

Es war mir ein großes Anliegen, diesen Ratgeber derart zu verfassen, dass jeder einzelne Studierende seinen individuellen Weg gehen und vor allem sein persönliches Ziel erreichen kann.

Wie eingangs gesagt und durchweg stets betont, ist es wichtig, sich selbst, seine Träume, Wünsche und Fähigkeiten zu kennen, dann zeichnen sich das Ziel und auch der Weg dorthin ab. Wie der chinesische Philosoph *Laozi* schon sagte: „Nur wer sein Ziel kennt, findet den Weg." Und dabei sind alle Phasen gemeint, die dieses Buch adressiert, eben der gesamte *Student Life Cycle:* die Entscheidung für oder gegen ein Studium, die Identifikation des richtigen Studiums, das perfekte Lernmanagement, das Erlernen von Methoden des wissenschaftlichen Arbeitens und die Überwindung von Prüfungsängsten, die Orientierung für die Zeit im Berufsleben sowie dementsprechend das Absolvieren von Bewerbungsgesprächen oder Assessment und schließlich das Finden des passenden Jobs oder die Gründung eines Start-ups.

Nach Lesen dieses Buches wäre es wunderbar, wenn der Weg und das Ziel in den einzelnen Phasen nun deutlich vor Augen liegen und überdies schon Schritte des Tuns eingeleitet oder sogar erfolgreich gegangen worden sind. Denn allein zu lesen, reicht nun einmal nicht aus. Zum Erreichen unserer Ziele müssen wir stets viel tun, wie schon *Johann Wolfgang von Goethe* proklamierte: „Es ist nicht genug zu wissen – man muss auch anwenden. Es ist nicht gut, zu wollen, man muss auch tun." Aber jedes Tun wird sich auszahlen! Das kann ich aufgrund meiner vieljährigen Beratungen und Begleitungen von Studierenden und Berufseinsteigern versichern.

Es ist eine große Freude zu sehen, wenn jeder Einzelne dort angekommen ist, wo er hinwollte.

Das wünsche ich nun von ganzem Herzen jedem Leser dieses Buches.

Viel Erfolg bei den Schritten und alles Gute!

Literaturverzeichnis

Arnold, R./Schüßler, I. (1998): Wandel der Lernkulturen. Ideen und Bausteine für ein lebendiges Lernen. Darmstadt: Wissenschaftliche Buchgesellschaft.

Athanas, C./Graf, N. (2013): Innovative Talentstrategien. Talente finden, Kompetenzen fördern, Know-how binden. Freiburg: Haufe-Lexware GmbH & Co. KG.

Bastian, J./Groß, L. (2012): Lerntechniken und Wissensmanagement. Stuttgart: UTB Verlag.

Bohl, Th. (2008): Wissenschaftliches Arbeiten im Studium der Pädagogik. Arbeitsprozesse, Referate, Hausarbeiten, mündliche Prüfungen und mehr … Weinheim und Basel: Beltz Verlag.

Dodson, J. D./Yerkes, R. M. (1908): The relation of strength of stimulus to rapidity of habit-formation. Harvard: Journal of Comparative Neurology and Psychology, Harvard Psychological Laboratory.

Enders, W. u. a. (2008): So macht Lernen Spaß. Praktische Lerntipps für Schülerinnen und Schüler. Weinheim: Beltz Verlag.

Erdmann, W./Silbernagel, E. (2021): Berufswahl und Studienwahl. Finde einen Traumberuf, der dich glücklich macht. Barnitz: Plakos GmbH.

Fischer, P. (2002): Neu auf dem Chefsessel. Erfolgreich durch die ersten 100 Tage. München: Verlag Moderne Industrie.

Friedrich, H. F./Mandl, H. (1992): Lern- und Denkstrategien – ein Problemaufriss. In: Ders.: Lern- und Denkstrategien. Analyse und Intervention. Göttingen: Hogrefe Verlag.

Glaubitz, U. (2014): Der Job, der zu mir passt. Das eigene Berufsziel entdecken und erreichen. Frankfurt am Main: Campus Verlag.

Gulder, A. (2013): Finde den Job, der dich glücklich macht. Von der Berufung zum Beruf. Frankfurt am Main: Campus Verlag.

Gudjons, H. (2008): Pädagogisches Grundwissen. Bad Heilbrunn: Julius Klinkhardt Verlag.

Hafner, B./Kronenberger, U. (2015): Entspannt Prüfungen bestehen. Ein Manual für Studierende in Lern- und Prüfungszeiten. Bern: Hans Huber Verlag.

Heidrich, N. (2021): Wissenschaftliches Arbeiten. Einfach erklärt & praxisnah präsentiert. Leipzig: Caesius Verlag.

Hempel, M. (2002): Grundlagen der Schulpädagogik, Band I: Lernwege der Kinder. Subjektorientiertes Lernen und Lehren in der Grundschule. Baltmannsweiler: Schneider Verlag Hohengehren GmbH.

Herrmann, N. (1991): Kreativität und Kompetenz – Das einmalige Gehirn. Fulda: Paidia Verlag.

Hesse, J./Schrader, H. (2015): Was steckt wirklich in mir? Die Potenzialanalyse. München: Stark Verlagsgesellschaft mbH & Co. KG.

Heublein, U. et al. (2017): Zwischen Studienerwartungen und Studienwirklichkeit. Ursachen des Studienabbruchs, beruflicher Verbleib der Studienabbrecherinnen und Studienabbrecher und Entwicklung der Studienabbruchquote an deutschen Hochschulen. Hannover: Deutsches Zentrum für Hochschul- und Wissenschaftsforschung GmbH (DZHW).

Heublein, U. et al. (2022): Die Entwicklung der Studienabbruchquoten in Deutschland. Hannover: Deutsches Zentrum für Hochschul- und Wissenschaftsforschung GmbH (DZHW).

Hilmer, T. (2023): Mein Einstieg in die Selbständigkeit. Unternehmensgründung – von der Ideenfindung über den Businessplan bis zum Marketing & vieles mehr. Jever: RPU Verlag.

Hüther, G. (2016): Mit Freude lernen – ein Leben lang. Göttingen: Vandenhoeck & Ruprecht GmbH & Co. KG.

Kolb, D. A. (1981): Leaming Styles and Disciplinary Differences. In: Chickering, A. W. (Hrsg.), The Modern American College. San Francisco: Jossey-Bass.

Konrad, K./Traub, S. (2018): Selbstgesteuertes Lernen. Grundwissen und Tipps. Baltmannsweiler: Schneider Verlag Hohengehren GmbH.

Kornmeier, M. (2021): Wissenschaftlich schreiben leicht gemacht für Bachelor, Master und Dissertation. Bern: Haupt Verlag.

Kosel, M. (2012): Aktiv und konsequent führen. Gute Mitarbeiter sind kein Zufall. Wiesbaden: Gabler Verlag | Springer Fachmedien.

Krengel, M. (2019): Bestnote. Lernerfolg verdoppeln, Prüfungsangst halbieren. Berlin: Easybookz Verlag.

Loch, W. (1998): Entwicklungsstufen der Lernfähigkeit im Lebenslauf. In: Brödel, R.: Lebenslanges Lernen – lebensbegleitende Bildung. Neuwied: Hermann Luchterhand Verlag GmbH.

Naumann, J. et al. (2008): Working memory capacity and reading skill moderate the effectiveness of strategy training in learning from hypertext. Learning and Individual Differences. Peking: Elsevier BV.

Neubauer, A. (2018): Mach was du kannst. Warum wir unseren Begabungen folgen sollten – und nicht nur unseren Interessen. München: Deutsche Verlags-Anstalt.

Pioch, S. (2015): Trojanized. Ein verblüffend wirksamer Weg, um den passenden Job zu finden. Hamburg: Verlag tredition GmbH.

Piolot, P. (2016): Don't panic. Studienabbruch als Chance. Konstanz/München: UVK-Verlagsgesellschaft mbH.

Plötz, F. (2020): Das 4-Stunden-Startup. Wie Sie Ihre Träume verwirklichen ohne zu kündigen. Berlin: Ullstein Buchverlage GmbH.

Purps-Pardigol, S. (2021): Leben mit Hirn: Wie Sie Ihre Potenziale entfalten, egal was um Sie herum geschieht. Frankfurt am Main: Campus Verlag.

Rath, T. (2018): Entwickle deine Stärken. München: Redline Verlag.

Rauthmann, J. F. (2017): Persönlichkeitspsychologie: Paradigmen – Strömungen – Theorien. Heidelberg: Springer Verlag.

Reinhaus, D. (2016): Lerntechniken. Freiburg: Haufe-Lexware GmbH & Co. KG.

Ripptal, K. (2020): Startup mit System. Mit dem Gründer-Prinzip Schritt für Schritt ein profitables und nachhaltiges Unternehmen aufbauen. Brieselang: PMCE GmbH.

Rogner, L. (2012): Ein zeitgemäßes Bildungskonzept. United Kingdom: Akademikerverlag.

Rogner L. (2023): Individuelles Lernen im Deutschunterricht. Hamburg: Persen Verlag.

Scheller A./Muth, C. (2019): Finde raus, was DU drauf hast! Der persönliche Berufs-Check-up für Jugendliche. Karlsruhe: Schulwerkstatt-Verlag.

Schneider, E. (2019): Selbstbewusstsein. Im Alltag & Beruf. München: Wolf Digital GmbH Verlag.

Schopp, A. (2020): Der Startup Kompass. Souverän Unternehmen gründen und selbständig machen. Heidesee: André Schopp Verlag c/o Zeuner Publishing.

Schreiber, A. (2018): Die Sehnsuchtsstrategie für Studierende & Hochschulabsolventen. Wie du deinen Berufseinstieg passgenau vorbereitest. Berlin: littera Redaktionsbüro.

Schwab, A. (2019): Der erste Job nach dem Studium. Herausforderungen und Wege wie der Berufseinstieg gelingt. Herzogenaurach: Eigenverlag.

Seiwert, L./Gay, F. (2016): Das 1 × 1 der Persönlichkeit. Mehr Menschenkenntnis & Erfolg mit dem persolog-Modell. München: Gräfe und Unzer Verlag.

Siebert, H. (1997): Didaktisches Handeln in der Erwachsenenbildung. Didaktik aus konstruktivistischer Sicht. Neuwied: Luchterhand Verlag GmbH.

Sperry, R. (1975): Left-Brain, Right-Brain. New York: Saturday Review 9. August 1975.

Tietgens, H. (1999): Anthropologische und bildungstheoretische Implikation lebenslangen Lernens. In: Arnold, R./Gieske, W.: Die Weiterbildungsgesellschaft. Band 1. Bildungstheoretische Grundlagen und Perspektiven. Neuwied: Luchterhand Verlag.

Turecek, K. (2011): Erfolgreich lernen mit dem Lernprofil. Erkenne deinen persönlichen Lerntyp – und finde deine optimale Lernstrategie. Wien: Hubert Krenn Verlag GmbH.

Voigt, M. (2020): Wissenschaftliches Arbeiten. Der kompakte Praxisguide für Studenten. Stuttgart: Williams & Brown Verlag.

Voss, R. (2022): Wissenschaftliches Arbeiten ... leicht verständlich! Tübingen: UVK Verlag.

Wagner, W. (2007): Uni-Angst und Uni-Bluff heute. Wie studieren und sich nicht verlieren. Berlin: Rotbuch Verlag.

Walther, H. (2015): Ohne Prüfungsangst studieren. Konstanz: UKV Verlagsgesellschaft mbH.

Warnecke, I. (2018): Prüfungsangst bewältigen. Paderborn: Ferdinand Schöningh Verlag.

Wolf, D./Merkle, R. (2007): So überwinden Sie Prüfungsängste. Psychologische Strategien zur optimalen Vorbereitung und Bewältigung von Prüfungen.

Zimbardo, P. (1992): Psychologie. Berlin/Heidelberg: Springer Verlag.

Verweise auf Internet-Plattformen oder -Seiten

https://www.arbeitsagentur.de/bildung
https://www.auslandsjahr.org/
https://www.kulturwerke-deutschland.de/auslandsjahr-kanada/oeffentlich
https://www.nach-dem-abitur.de/orientierungsjahr/
https://www.yobbers.com/de
https://www.bundes-freiwilligendienst.de/fsj-freiwilliges-soziales-jahr/
https://studieren.de/stipendien.0.html
https://www.wegweiser-duales-studium.de/infos/was-ist-ein-duales-studium/
https://www.uniturm.de/studienwahl/studienwahltest-studiumsfinder
https://studiengaenge.zeit.de/sit?wt_zmc=sea.int.zonpmr.adwords.sea-sit.sit.sea.2.x&utm_medium=sea&utm_source=bing&utm_campaign=sea-sit&utm_content=sit_sea_2_x&msclkid=ba28540f7be0130c0f01311e52b03eb5&wt_ref=https:%2F%2Fwww.bing.com%2F&wt_t=1695623514014
https://www.hochschulkompass.de/studium/studiengangsuche.html
https://studienwahl.de/studieninfos/studieren-im-ausland
https://www.ieconline.de/
https://www.som.lmu.de/de/studium/studienangebot/master-international-triple-degree/index.html
https://www.che.de/2023/che-hochschulranking-2023/
https://studiengaenge.zeit.de/ranking
https://www.chronocollege.de/was-ist-ein-chronotyp/
https://plakos-akademie.de/lerntypentest-kostenloser-schnelltest/
https://www.dge.de/presse/meldungen/2023/neues-modell-zu-personalisierter-ernaehrung-2/
https://doi.org/10.1007/s00337-017-0331-z
https://studyflix.de/studientipps/wissenschaftliches-arbeiten-5608
https://www.studihub.de/wissenschaftliches-arbeiten-was-bedeutet-das/
https://bubbl.us/
https://conceptboard.com/de/blog/fishbone-diagramm-template/
https://www.edrawsoft.com/de/fishbonediagramtemplate.html
https://projekte-leicht-gemacht.de/blog/softskills/kreativitaet/walt-disney-methode-einfach-erklaert/
https://www.psyonline.at/lexikon/angst
https://nlpportal.org/nlpedia/wiki/Lernen
https://www.impulse.de/selbstmanagement/stop-regel/7486543.html#Wie_funktioniert_die_STOP-Regel
https://www.dzhw.eu/pdf/pub_brief/dzhw_brief_05_2022.pdf

https://wirsindnext.de/studienabbruch/
https://www.tecis.de/alles-ueber-uns-wissen/pressebereich/pressemitteilungen/tecis-studie.html
https://www.wiwo.de/erfolg/jobsuche/studie-das-ist-jungen-arbeitnehmern-wichtig/29426052.html
https://web.arbeitsagentur.de/berufetv/studienberufe
https://www.fraunhofer.de/
https://www.instaff.jobs/arbeitsvertrag/muster-arbeitsvertrag-vorlage
https://www.humanresourcesmanager.de/future-of-work/rollen-statt-stellen-die-arbeitswelt-der-zukunft/
https://www.bing.com/videos/riverview/relatedvideo?&q=was+ist+eine+gewerkschaft&&mid=1F6A27A2647681F66E821F6A27A2647681F66E82&&FORM=VRDGAR
https://www.bing.com/videos/riverview/relatedvideo?&q=Was+ist+ein+Personalrat%3f&&mid=CD7A89E53A3759776701CD7A89E53A3759776701&&FORM=VRDGAR
https://www.bing.com/videos/riverview/relatedvideo?&q=arbeitnehmervertretung+deutschland&&mid=F6F464D3C78A50181473F6F464D3C78A50181473&&FORM=VRDGAR
https://www.betriebsrat.com/wissen/recht-und-gesetz/arbeitsrecht
https://www.wiwo.de/erfolg/jobsuche/studie-das-ist-jungen-arbeitnehmern-wichtig/29426052.html
https://www.meinchef.de/
https://www.glassdoor.de/Bewertungen/index.htm
https://www.kununu.com/
https://arbeitgeber.de/
https://www.igmetall.de/
https://www.verdi.de/
https://www.flutlicht.biz/leistungen/employer-branding/
https://plakos-akademie.de/vorbereitung/oeffentlicher-dienst-einstellungstest-online-testtrainer/
https://www.easy-quizzz.com/de/einstellungstest/einstellungstest-industriemechaniker/siemens-einstellungstest/
https://www.lebenslauf.de/?show=front-page&utm_source=bing&utm_medium=cpc&utm_campaign=SN-LebenslaufDE-DEU-DE|SRC|GEN|Bewerbung-Lebenslauf|EXM&utm_content=deckblatt_bewerbung_superschall&utm_term=bewerbung%20deckblatt%20vorlage&acc=478-918-4925&camid=405859326&adgid=1154489039592064&adid=kwd-72156252232092:loc-10&msalt=0ac861eb06bf1e539a04048c3b0b3fdd&msclkid=0ac861eb06bf1e539a04048c3b0b3fdd
https://www.jobseeker.com/de/bewerbungsschreiben?msclkid=d6ce10eb16fa130f670c758c2eb09e10&utm_source=bing&utm_medium=cpc&utm_campaign=02%20%7C%20DE-WW%20%7C%20Cover%20Letter&utm_term=anschreiben%20vorlage&utm_content=anschreiben%20vorlage
https://www.livecareer.de/lp/de/ldersmlp09.aspx?utm_source=bing&utm_medium=sem&utm_campaign=396560949&utm_term=lebenslauf%20vorlage%20word&network=o&device=c&adposition=&adgroupid=1243548222347601&msclkid=f02fbeb220911cff6feadbd51fff9239&utm_content=lebenslauf%20vorlage%20word
https://openai.com/chatgpt
https://resume.io/resume-templates?ga_utm_source=bing&ga_utm_medium=ppc&ga_utm_

campaign=377587790&ga_utm_term=englischer%20lebenslauf&msclkid=014acfdbab-2112c49b05aaad460502b8&utm_source=bing&utm_medium=cpc&utm_campaign=-resume.io%20-%20EU.DACH%20-%20EN%20-%20search&utm_term=englischer%20 lebenslauf&utm_content=EU-DACH%20-%20resume.io%20-%20german

https://www.myperfectresume.com/lp/mprrwzlp03.aspx?ref=10432&utm_medium=-sem&utm_source=bing&utm_campaign=MPR%20-%20ROW%20-%20Beta%20-%20 CV&msclkid=a133bda128581dd02182d8d7c294fc92&utm_term=+cv%20+format%20 +english&utm_content=english%20cv%20format

https://www.europaeischer-referenzrahmen.de/sprachniveau.php

https://www.dfg.de/de/foerderung/foerdermoeglichkeiten/wissenschaftliche-karriere/veranstaltungen

https://de.wikipedia.org/wiki/Eisenhower-Prinzip

https://www.bing.com/videos/riverview/relatedvideo?&q=Bewerbungsgespr%c3%a-4che+f%c3%bchren&&mid=06BE4C1BF88B9249515606BE4C1BF88B92495156&&-FORM=VRDGAR

https://www.bing.com/videos/riverview/relatedvideo?&q=strukturiertes+interview&&-mid=B63F959BA5B43F7B5625B63F959BA5B43F7B5625&&FORM=VRDGAR

https://www.bing.com/videos/riverview/relatedvideo?&q=Bewerbungsgespr%c3%a-4che+f%c3%bchren&&mid=AAF43C72B02DC6CD90F5AAF43C72B02DC6CD-90F5&&FORM=VRDGAR

https://www.bing.com/videos/riverview/relatedvideo?&q=Bewerbungsgespr%c3%a-4che+f%c3%bchren&&mid=295864617A629E90906A295864617A629E90906A&&-FORM=VRDGAR

https://www.stepstone.at/Karriere-Bewerbungstipps/unzulassige-fragen-im-bewerbungs-gesprach/

https://www.gesetze-im-internet.de/agg/BJNR189710006.html

https://karrierebibel.de/fangfragen-im-bewerbungsgespraech/

https://www.stepstone.at/Karriere-Bewerbungstipps/dresscode-beim-bewerbungsge-sprach/#Schritt%203:%20Dresscode%20beim%20Bewerbungsgespr%C3%A4ch%20 f%C3%BCr%20Mann%20und%20Frau

https://www.resilienz-akademie.com/wiki/resilienz-definition/

https://judith-eggers.com/blog/berufseinstieg-nach-studium/

https://judith-eggers.com/blog/fuehrung-lernen/

https://de.smartsheet.com/14-free-swot-analysis-templates

https://www.gruenderlexikon.de/checkliste/informieren/finanzierungsbedarf-ermitteln/

https://www.gruenderlexikon.de/checkliste/informieren/marktanalyse/zielgruppenana-lyse/

https://plandisc.com/de/marketing-de/?msclkid=b5cc223c06c11b281b24478e0a862c08

https://www.similarweb.com/blog/de/research/market-research/competitor-analysis-fra-meworks/

https://www.studysmarter.de/studium/bwl/innovationsmanagement/start-up-manage-ment/

https://www.gruender.de/versicherungen/versicherungen-fuer-startups/

https://www.fuer-gruender.de/wissen/existenzgruendung-planen/organisation/meilen-steine/

https://www.business-in-a-box.com/?a=business-in-a-box&s=google&c=world&gad_source=1&gclid=EAIaIQobChMIzoi29Z3dhAMVEFFBAh3dLwhmEAAYASAAE-gIL1_D_BwE

https://www.fuer-gruender.de/wissen/existenzgruendung-planen/finanzen/
https://www.fuer-gruender.de/wissen/existenzgruendung-planen/organisation/meilensteine/
https://www.fuer-gruender.de/wissen/unternehmen-gruenden/unternehmen-anmelden/handelsregister/
https://www.firma.de/
https://gruenderplattform.de/
https://www.ey.com/de_de/alumni/how-alumni-networks-help-recruit-talent-and-grow-careers
https://karrierebibel.de/personalgewinnung/
https://www.wiwo.de/themen/karriere
https://remote.com/de-de
https://www.arbeitsagentur.de/
https://www.alumniportal-deutschland.org/de/unsere-angebote/fuer-alumni-netzwerke/
https://www.gruenderkueche.de/fachartikel/marketing/die-besten-10-soziale-netzwerke-und-wie-sie-sie-nutzen/
https://www.mit-bund.de/fachnetzwerke
https://www.vdi.de/ueber-uns/organisation/vdi-gruppe
https://www.bvl.de/
https://esskult.net/
https://kda.de/
https://www.aerzteblatt.de/archiv/59101/Aerztenetzwerke-im-Web-Profitieren-von-der-Gemeinschaft
https://www.netzwerk-wissenschaftsfreiheit.de/
https://www.dfg.de/
https://www.bing.com/videos/riverview/relatedvideo?&q=Networking&&mid=E1E02D3029A27E28FED5E1E02D3029A27E28FED5&&FORM=VRDGAR

Darstellungsverzeichnis